Sept. 2007.

Querido Gerardo —
La lucha continua.
Un abrazo,
ian

¿QUÉ SIGNIFICA HOY SER DE IZQUIERDA?

Reflexiones sobre la Democracia en los tiempos de la Globalización

Diseño de tapa: Juan Pablo Cambariere

FERNANDO A. IGLESIAS

¿QUÉ SIGNIFICA HOY SER DE IZQUIERDA?

*Reflexiones sobre la Democracia
en los tiempos de la Globalización*

EDITORIAL SUDAMERICANA
BUENOS AIRES

Iglesias, Fernando
 ¿Qué significa hoy ser de izquierda?. – 1ª ed. – Buenos Aires : Sudamericana, 2004.
 256 p. ; 23x16 cm. – (Ensayo)

 ISBN 950-07-2541-X

 1. Ensayo Argentino. I. Título
 CDD A864

Todos los derechos reservados.
Esta publicación no puede ser reproducida, ni en todo ni en parte,
ni registrada en, o transmitida por, un sistema de recuperación de información,
en ninguna forma ni por ningún medio, sea mecánico, fotoquímico, electrónico,
magnético, electroóptico, por fotocopia o cualquier otro,
sin permiso previo por escrito de la editorial.

IMPRESO EN LA ARGENTINA

*Queda hecho el depósito
que previene la ley 11.723.*
© 2004, Editorial Sudamericana S.A.®
Humberto I 531, Buenos Aires.

www.edsudamericana.com.ar

ISBN 950-07-2541-X

*A Anita y Armando, que soñaban con la revolución,
y a Cloé y Martina, Pablo y Fernando, Lola,
Agostina y Alejandro, Stefania, Vera y Pablo,
Valentín, Irene y Esteban, Milagros y Agustín, Lasse,
Manuel, Lucky y Vero, Bernardo, Bianca, Jerónimo,
Luli, Esther y los diez ahijaditos globales
de Sandro y Zeza,
que soñarán nuevos y mejores sueños.*

1. PASADO, PRESENTE Y FUTURO DE LA IZQUIERDA[1]

En los frecuentes intentos de definir el pasado de la izquierda y sus perspectivas futuras quedan definidas las razones de su crisis presente. Y no ya en lo que generalmente se afirma, sino más bien en lo que se omite y se niega: el desequilibrio de poder entre un sistema económico transnacionalizado, global, mundial, y un poder político democrático territorial, acotado, limitado, nacional y, por lo tanto, *ineficaz*. Esta contradicción central de la realidad en la que vivimos, que se omite, se niega o se menciona marginalmente, es de tal importancia y actualidad que la postergación de su debate sólo puede llevarnos a la impotencia.

En un mundo donde la economía tiende a la mundialización y la política al fraccionamiento, el choque entre estos dos movimientos contrapuestos sólo puede conducir a la parálisis y al conflicto. Hoy, cuando las mismas fuerzas que originaron las naciones modernas impulsan la globalización de la economía y la mundialización de la sociedad civil, la inexistencia de

[1] (N. del A.) En abril de 1997, la revista de cultura *Punto de Vista* convocó a Carlos Altamirano, Isidoro Cheredsky y Julio Godio a un debate político que fue publicado, bajo el título de "¿Tiene futuro la izquierda?", en el número 57. Este breve ensayo ("Pasado, presente y futuro de la izquierda"), escrito en mayo de aquel año como un intento de contribución al tema planteado, fue ofrecido al consejo editorial de *Punto de Vista*, pero no fue publicado. Posteriormente, he desarrollado algunos de estos temas en la introducción y los últimos capítulos de *República de la Tierra - Globalización: el fin de las modernidades nacionales*, publicado en el año 2000 por Editorial Colihue.

un sistema político mundial y su contracara obligada: la atomización nacional del poder democrático y sindical, ponen la situación en las manos hegemónicas de los únicos capaces de operar en la escala mundial del mercado que han creado: los capitales transnacionales. Por lo tanto: ¿qué sentido tiene seguir discutiendo sobre las facetas, angulosidades y minucias del pensamiento político de izquierda, qué importancia tiene la correcta definición técnica de la palabra "izquierda" cuando la puesta en práctica de un proyecto progresista es imposible porque los instrumentos antiguamente capaces de llevarlo adelante (las organizaciones políticas nacionales) son rehenes de la lógica económico-instrumental de un capitalismo transnacionalizado?

Si una parte fundamental de la tradición de la izquierda es la defensa de las razones de la política sobre las de la economía ("la izquierda ha sido la expresión característica de la voluntad política"[2]), y si "la intervención pública para contrapesar el poder de la minoría propietaria de la riqueza" es uno de sus principios basilares: ¿cómo hará una izquierda que quiera ser "política y no sólo crítica cultural" para operar dicha intervención con unas instituciones desactualizadas e ineficientes? ¿Qué podrá hacer cuando "los elementos básicos de la vida parecen articulados en una red fuera del alcance de cualquier voluntad política"? ¿No es la actual "deslegitimación de la política" una consecuencia esperable de la ineficacia de sus instrumentos?

Contrariamente a las ideas sostenidas por el marxismo vulgar, la hegemonía del sistema económico sobre el político no es un signo de la historia. Se trata, en cambio, de una característica original de la civilización capitalista mercantil burguesa. Pero tachar al mismo Marx de economicista parece ya excesivo. ¿No puede interpretarse su entera obra como un intento de

---

[2] Todos los entrecomillados pertenecen a afirmaciones de Altamirano, Cheredsky y Godio extractadas de "¿Tiene futuro la izquierda?" (véase nota 1). No he considerado necesario hacer una distinción entre las tesis de unos y otros ya que, en lo que se refiere a los aspectos analizados en este artículo, sus argumentos son coincidentes.

reapropiar para la política el control sobre un sistema económico que comenzaba a superarla y domeñarla? ¿No era la toma del poder por el proletariado un intento de reproclamación del predominio de la política sobre la economía, de la libertad sobre la necesidad, de lo superior sobre lo inferior? ¿No ha sido el fracaso definitivo de la revolución socialista obrera (explicitado por la caída del Muro) el vía libre a la clausura de la política por la economía, y al fin simbólico de la historia? Y, abandonando los territorios de la revolución para incluir a las tradiciones de la izquierda reformista: ¿no fueron los partidos políticos socialdemócratas y progresistas, y los sindicatos, y un estado controlado por un gobierno democrático representativo, los instrumentos políticos con los cuales los débiles, humillados y ofendidos limitaban y constreñían el poder creciente del sistema económico, poder que tendía a instaurar una desigualdad contraria a los enunciados de la modernidad social?

Las socialdemocracias de post-guerra han sido el modelo de sociedad más cercano a la tradición de la revolución fundante de la modernidad política y de la tradición de izquierda que proclamó "Libertad, Igualdad, Fraternidad". Pero el equilibrio del trípode en que se basaban (sistema económico capitalista-sindicatos de trabajadores asalariados-sistema político democrático representativo) se ha roto desde que uno de sus elementos constitutivos se ha transnacionalizado, globalizado, mundializado; es decir: se mueve ahora en una escala que reduce a sindicatos *nacionales* y gobiernos democráticos *nacionales* a la inoperancia, a sucumbir a las imposiciones de una racionalidad instrumental cuyos fines no incluyen el progreso económico y social de las mayorías.

La actual imposibilidad de una redistribución social de los vertiginosos aumentos en la productividad y sus implicancias planetarias en términos de desocupación, caída de los salarios, destrucción del estado de bienestar y avasallamiento de las conquistas sociales, son consecuencia de esta contradicción entre políticas nacionales y economía global sobre la que se desarrolla el drama de la actual crisis. ¿Qué medidas de fuerza pueden tomar unos sindicatos nacionales en defensa de la ocupación, del salario, de las condiciones de trabajo y de vida cuando un sistema económico supranacional las neutraliza con una facilidad creciente a través del desplazamiento de inversiones hacia regiones donde es socialmente aceptado un régimen de semiesclavitud? En estas condiciones: ¿cómo enfrentar el chantaje global "Bajos salarios o desocupación"? ¿Qué medidas económicas redistribucionistas puede tomar un gobierno nacional sin provocar una estampida de capitales, es decir: crisis financiera, devaluación, recesión, hiperinflación?

Y dado que los gobiernos nacionales no son más que gerentes de las sucursales locales de un capital transnacionalizado: ¿no es una política inteligente la de votar al gerente que mayor confianza despierta en el propietario, es decir: el gerente neoliberal o neoconservador? ¿No es sintomático que el reciente acceso de la "izquierda" europea a los poderes ejecutivos nacionales sólo ha sido posible luego de sendos *autos de fe* sobre la intangibilidad de la política económica y financiera favorable a los capitales mundializados? ¿No es claro que, en este marco mundial, otro país *no* es posible[3]? ¿No lo muestra con dramaticidad la polémica en Italia entre el Partito Democratico della Sinistra y Rifondazione Comunista sobre los alcances y la velocidad de los nuevos recortes al estado de bienestar, sobre cuya necesidad apenas si se discute[4]? ¿No tendrá razón (una razón lamentable, pero una razón al fin) esa humanidad desesperanzada que sigue votando a sus victimarios neoliberales y conservadores? ¿No tendrá, por lo menos, más razón que quienes nos lamentamos y autoconsolamos por los rincones pero somos incapaces de proponer algo verdaderamente diferente, no ya en términos ideológico-ético-estéticos sino en el de las dramáticas condiciones de supervivencia de las mayorías empobrecidas del paraíso global?

En las actuales condiciones, el intento de producir un proyecto *nacional* de *izquierda* es ya un contrasentido. Si una política económica progresista sólo puede ser aplicada mundialmente, ningún otro país es posible. Y dado que "una izquierda empeñada en una concepción reformista deberá tener en cuenta al conjunto de la sociedad y no sólo a aquellos sectores que procura

---

[3] Aludo al lema actual de la izquierda argentina: "Otro país es posible".
[4] Escrito en 1997.

representar", dicha izquierda no puede ser ya nacional; dicha izquierda es, necesariamente, una izquierda *mundial*. Además de evocar los fantasmas del socialismo nacional y del nacional-socialismo, una izquierda solamente nacional es —por definición— ineficaz y parcial, y sólo puede representar —en el mejor de los casos— al "pueblo de una nación" y no ya al conjunto de una sociedad civil progresivamente mundializada.

Hoy, la crisis ecológica, la crisis demográfica, la crisis de control de la tecnología, sólo se pueden abordar supranacionalmente. Para no mencionar problemas "menores" como el del tráfico de drogas, el SIDA, el desarme nuclear. Precisamente, un período histórico en el que los principales problemas de la humanidad se instalan por encima de unas fronteras nacionales en descomposición acelerada es el mejor de los mundos posibles para una izquierda consecuente con sus banderas universalistas, una izquierda que debería percibir la emergencia de la sociedad mundial como una oportunidad y no ya como una amenaza o una condena.

La imposibilidad de respuestas nacionales a problemas globales vale también, y acaso *principalmente*, en lo que respecta a la crisis económica. El sistema económico global que impone sus exigencias a los sistemas políticos nacionales obliga, necesariamente, a una competencia "nacional" por los puestos de trabajo disponibles y, en definitiva, a la competencia entre trabajadores de diferentes naciones, es decir: a la internalización de la competencia capitalista por parte de los asalariados. Esto supone el exacto opuesto del principio basilar de toda organización sindical: la anulación o, al menos, la limitación de tal competencia. ¿Cómo sorprenderse de sus efectos perversos y regresivos? ¿Por qué asombrarse de que el paradigma vigente sea el de la competitividad y de que la solidaridad sea vista como una ingenuidad utópica y fuera de época? ¿Cómo no dar por descontada la crisis terminal de legitimidad que sufren los sindicatos nacionales?

Sólo una unidad supranacional de los trabajadores como la que a fines del siglo pasado[5] impuso la jornada legal de ocho horas puede ser capaz de organizar medidas de fuerza efectivas, transnacionales, contra una política de ajuste mundial que el

[5] Escrito en 1997.

FMI y el Banco Mundial sostienen, que el chantaje virtual de los capitales que traspasan las fronteras nacionales y continentales impone, y que los gobiernos nacionales vehiculizan como cómplices, pero como cómplices básicamente impotentes. Y dado que las políticas aplicadas por un sistema económico mundial son, más allá de que sean hoy ejecutadas por gobiernos nacionales, *necesariamente globales*, la discusión cobra otra dimensión. En realidad, no se trata ya de si una política económica mundial es necesaria o no, sino de si ha de ser elaborada y aplicada por el FMI y sus burócratas de turno o por algo así como un Ministerio de Economía que forme parte de un sistema político mundial democráticamente elegible y presionable.

Y si, en las actuales condiciones creadas por la globalización de los procesos financieros, una política económica redistribucionista sólo puede ser aplicada a escala global; si implica, pues, un sistema democrático mundial en grado de acordarla, sancionarla y llevarla a la práctica: ¿no es el mismo principio elemental de la representatividad democrática el que está siendo violentado cuando el FMI, el G7 o el Banco Mundial deciden un nuevo ajuste que afectará decisivamente la vida de millones de individuos que no los han elegido para ello y frente a los cuales no tienen que responder por sus consecuencias?

Así como el tríptico FMI-Banco Mundial-OMC se ha transformado en un virtual ministerio de economía global, también muchas de las organizaciones inter-nacionales existentes (la ONU, la Unesco, la OMS, etc.) deberían ser percibidas como formas embrionarias de poderes políticos mundiales a los que es urgente (no sólo para la izquierda, sino para la humanidad) sujetar a la lógica de la representatividad democrática. Y dado que los enormes progresos en las condiciones materiales de vida de los pueblos de los países avanzados sólo tuvieron lugar en la medida de la consolidación y legitimación de sus organizaciones sindicales y civiles, y de sus sistemas políticos democráticos: ¿cómo no entrever el enorme potencial democratizante e igualitario de la construcción de las instituciones políticas democráticas en la —hoy decisiva— escala global?

En este marco, la objeción de que una mayor coordinación entre los gobiernos nacionales podría representar una solución es impertinente: si la representatividad democrática no es una mera opinión, los representantes políticos de clientelas nacionales deben atender a los intereses de los ciudadanos de su propia nación y no a los de los seres humanos del resto del planeta. Por ello, sin una representatividad democrática global y una delegación progresiva de la soberanía nacional no existirán jamás formas viables de gestionar los bienes públicos mundiales, ni los emergentes intereses comunes y el patrimonio colectivo de la humanidad. ¿Qué influencia tendría una limitación del uso de la energía nuclear que Francia no acatase, o un acuerdo sobre preservación de las forestas que Brasil no quiera cumplir, o una baja de tasas que el Bundesbank no respetase, entre otros cien ejemplos posibles?

Por otra parte, los límites de los organismos inter-naciones son cada día más evidentes: después de las guerras del Golfo y de la ex Yugoslavia cualquier discusión sobre sus incapacidades parece innecesaria. Y si organismos inter-nacionales como las Naciones Unidas son incapaces de defender un bien común indiscutible como la paz mundial: ¿cómo habrían de ponerse de acuerdo en asuntos más controvertidos y opinables como las crisis económica, ecológica y demográfica? Por estas y otras razones, una superación de la idea de la coordinación inter-nacional hacia la constitución de organizaciones e instituciones democráticas *mundiales* permanentes se hace necesaria más allá de la inevitable progresividad de los pasos que se den en este sentido.

También la irrupción de una desocupación global masiva debiera ser analizada bajo una óptica mundial. Cuando se sostiene que la desocupación generalizada es una consecuencia inevitable del aumento de la productividad originado en la revolución robótica e informática se cae en el mismo tipo de análisis por el cual los ludditas quemaban máquinas de vapor que a nadie parecen ya peligrosas y que fueron el fundamento de un progreso económico y social sin precedentes. El difundido argumento del "desempleo tecnológico" olvida con demasiada facilidad que los crecimientos de la productividad debidos a la aplicación de la tecnología han sido contrarrestados, desde el inicio mismo de la civilización, con superiores incrementos del consumo, en función de ese "carácter productivo de la demanda" que analizó Marx a mediados del siglo pasado y cuyas conclusiones los economistas keynesianos aplicaron con éxito en el presente. Políticas redistributivas de los incrementos de la productividad para las cuales es condición necesaria la existencia de un poder político democrático eficaz y sin las cuales es inevitable el simultáneo crecimiento de la producción y de la miseria, con un posible 1929 global a la vuelta de la esquina.

Si las clases obreras de los países desarrollados avanzaron desde las tristes condiciones de los suburbios londinenses hasta el pleno empleo, los salarios crecientes, el estado de bienestar y los derechos políticos y sociales imperantes durante el apogeo del consenso socialdemócrata, ello se debió a la eficacia de sus organizaciones políticas y sindicales. ¿No se encuentran hoy en una situación homóloga las masas empobrecidas y privadas de toda representación política eficaz del Tercer Mundo? ¿Por qué asombrarse del actual retroceso de la ocupación y de los salarios, del desmantelamiento del estado social y de sus consecuencias políticas: el auge de la discriminación, el racismo, el fascismo y el retroceso de los valores morales, políticos y civiles que forman parte de la tradición de la Izquierda cuando la abrumadora mayoría de los seres humanos carece de voz y voto en las decisiones globales que afectan directamente sus vidas? ¿Cómo olvidar que han sido los capitalistas los únicos capaces de llevar hasta sus últimas consecuencias una internacionalización económica que Marx describió genialmente en la primera parte del *Manifiesto Comunista*, mientras una izquierda cautiva del nacionalismo era impotente para llevar adelante la consigna de unidad política con la que el mismo *Manifiesto* se cerraba, el célebre "¡Trabajadores del mundo, uníos!"?

En una perspectiva histórica más amplia, toda la evolución de las sociedades humanas (desde la manada original, pasando por las tribus bárbaras, las ciudades-estado e imperios de la Antigüedad, hasta llegar a las naciones-estado que han sido su forma característica durante la Modernidad reciente) ha respetado un doble orden progresista: la ampliación de su extensión geográfica exterior y la democratización del poder en su interior. Como "partido del progreso", la izquierda siempre ha reivindicado ambas tradiciones. Sus posiciones fueron, por lo tanto, consecuentemente universalistas y democratizantes. Es por esto que, en los albores de la modernidad política, la izquierda sostuvo las razones del estado nacional contra las de los feudos y dinastías premodernas. Así, la nación-estado se constituyó en el vehículo político y administrativo central de la Modernidad y en el más formidable agente del desarrollo económico, de la democratización política y del progreso social de la historia humana. Es este mismo éxito el que originó su actual crisis.

La nación moderna fue el artefacto en el que coincidieron una frontera económica y política construida a la medida de un sistema industrial de producción, transporte y comunicación que había hecho aparecer reducidos y obsoletos los dominios y reinos feudales. Dado que su estado, sus fronteras y sus mercados fueron edificados a la medida de la máquina de vapor, era perfectamente previsible que el formidable crecimiento de la potencia productiva del industrialismo pusiera en crisis estos límites geográficos y estructurales de la nación-estado y que el imperialismo —como intento de exportación de productos y capitales "sobrantes" en el mercado nacional— fuera su consecuencia directa e inmediata.

La nación moderna se feudalizó y pasó a reivindicar una especificidad racial, lingüística y cultural que ella misma se había inventado y de la que era originariamente la negación, habiendo sido fundada sobre la convicción de que hombres de diferentes raíces étnicas y culturales podían convivir como miembros iguales de la misma unidad política. Así, de vehículo hacia la universalidad y el cosmopolitismo, la nación se transformó en su mayor obstáculo. El genocidio armenio, las guerras mundiales, la Shoá judía, fueron las bárbaras consecuencias del retorno al particularismo feudalista que constituyó la parte fundamental de la historia del siglo XX. Su exponente político prototípico y extremo, el Nacional-Socialismo, intentó enfurecidamente aniquilar a los "enemigos de la nación", es decir, al primer pueblo "transnacional" de la historia, fácilmente identificable con las fuerzas que habían conmovido los cimientos de la nación alemana refeudalizada: el progreso científico, el desarrollo económico, las teorías políticas internacionalistas y las migraciones transnacionales. En efecto, el pueblo judío fue masacrado por moderno, por ser simultáneamente científico, banquero, revolucionario y emigrante; nómade, capitalista y comunista, y, sobre todo, por ser un pueblo sin patria visible, que demostraba que una tradición podía sostenerse y evolucionar sin las pretensiones étnica y culturalmente uniformizantes de un estado territorial que la sustentase.

El nazismo no constituyó (como sostuvieron equivocadamente tantos marxistas) el postrer intento de salvación del sistema económico capitalista sino del sistema político centrado en naciones, que había comenzado a entrar en colisión con aquel progreso económico, social y político que era la fuente original de su legitimidad. No fue la expansión económica capitalista la que provocó las guerras interimperialistas, sino la resistencia que a este valor progresista (que "derribaba hasta las murallas de la China y hacía capitular a los bárbaros más fanáticamente hostiles a los extranjeros", según el *Manifiesto Comunista*) oponía la idea de una nación culturalmente uniforme y económicamente autárquica; concepto que necesariamente supone limitaciones nacionales a la exportación de capitales y productos, y lucha inter-nacional por la hegemonía económica y militar.

En términos más actuales, tampoco es la globalización económica capitalista la que genera este universo de crecimiento productivo y empobrecimiento creciente sino la incapacidad (y más señaladamente: la incapacidad *de la izquierda*) de elaborar instrumentos políticos acordes al grado de desarrollo tecnológico y económico alcanzado por la civilización humana. La confusión entre globalización y neoliberalismo (es decir: entre el fenómeno de la globalización en sí y la forma que la misma está asumiendo en el presente) sólo puede favorecer a una derecha neoliberal que se propone, gracias a estas graciosas concesiones de la izquierda, como la única propuesta modernizadora posible.

Hoy, de vehículo de la modernización, el estado nacional ha pasado a ser el defensor del derecho de herencia político, el principal de los privilegios feudales sobrevivientes en la era moderna. En un mundo global, el carácter nacional de la ciudadanía conlleva directamente a restricciones territoriales de los Derechos Humanos, como —entre muchos otros ejemplos posibles— las prerrogativas nacionales a los bienes públicos comunes y al derecho al trabajo y a la residencia basadas en el derecho de la tierra y de la sangre. Ante ello, y por las mismas razones por las que impulsó la nación moderna contra el *ancien régime*, la izquierda debiera ser hoy no sólo internacionalista, sino antinacionalista, globalista y mundializante; y trabajar en la construcción —estratégicamente imprescindible para su futuro— de un sistema político en condiciones de dar respuesta a los problemas económicos, demográficos, ecológicos y tecnológicos frente a los que el estado nacional es ya impotente.

Es esta tradición específicamente moderna de la nación como asociación política (que se ha dado en llamar la "nación a la francesa" por oposición a la "nación romántico-alemana" basada en la raza, la identidad colectiva y las tradiciones territoriales) la que forma parte del patrimonio político de la izquierda y la que debería fundamentar su actual republicanismo mundialista, es decir: el impulso y sostén de la unidad política multicultural y multiétnica más amplia e igualitaria posible en un determinado marco de desarrollo económico y tecnológico, ayer nacional y hoy mundial. En el actual contexto abierto por la globalización de los procesos sociales, sólo una república planetaria puede ser capaz de organizar el desarrollo económico, el progreso social y la democratización política en el espacio de una comunidad humana que hoy ocupa el planeta todo.

Internacionalismo y democracia (ampliación de la extensión geográfica "exterior" y democratización del poder "interior"), por oposición a nacionalismo y autoritarismo, han sido los dos elementos inseparables de la tradición política de la izquierda hasta la irrupción del leninismo. Y es sumamente curioso que cuando la caída del socialismo real obliga a una profunda revisión de sus consecuencias, el análisis se limite a la crítica de sus aspectos *autoritarios* (el centralismo democrático) olvidando las consecuencias igualmente execrables de sus teorías *nacionalistas* (la autodeterminación y soberanía de las naciones). En efecto, desde el año de edición de *El imperialismo, etapa superior del capitalismo* (1916) y dado el inmediato "triunfo" de la revolución bolchevique, el leninismo condujo a la "izquierda" hacia el reemplazo de la idea marxista de un mundo "dividido en clases" por la de uno "dividido en naciones", al concepto de "explotación de una nación por otra" y a la consecuente reivindicación del "derecho a la autodeterminación de las naciones", a la legitimación wilsoniano-leninista de la división del mundo en naciones-estado, a la idea de la ruptura del "eslabón más débil de la cadena imperialista" y, en definitiva, a su producto final y demoledor: el "socialismo en un solo país" del Comisario de las Nacionalidades del bolchevismo, un tal Stalin.

¿No fue este acuerdo entre la derecha nacionalista y la II y III Internacional sobre el carácter nacional/inter-nacional de la organización política del mundo la condición necesaria para las dos guerras mundiales, para el resurgir del fascismo en Alemania, para el *Lager* hitleriano y el *Gulag* stalinista? ¿Ha existido algún totalitarismo que no fuese fuertemente nacionalista? En el binomio nación-estado: ¿no es la nación (y no solamente el estado, como pretenden los liberales) el elemento imprescindible a todo totalitarismo? ¿No fue Adolf Hitler (como ha sostenido Eric Hobsbawm) poco más que un nacionalista wilsoniano consecuente? ¿No lo es hoy Slobodan Milosevic? ¿No necesitó el "padrecito de la patria rusa", Joseph Stalin, proclamar otra vez una alianza entre socialismo y nación (el "socialismo en un solo país") antes de pasar a las purgas y a las guerras inter-nacionales? ¿No ha representado el gobierno bolchevique una enorme traición a los ideales internacionalistas y democráticos de la izquierda, bajo la advocación de los cuales tomó el poder en Rusia levantando la consigna *internacionalista* de "paz inmediata" y la *democratizante* de "todo el poder" a las organizaciones más democráticas existentes en la Rusia de entonces, es decir: los consejos de obreros y soldados?

En términos actuales: ¿no es la incapacidad de la izquierda de proponer la reconstitución de la idea de República al nivel planetario que está alcanzando la globalización económica una heredera directa de las claudicaciones leninistas? ¿No se basan ambas en la introducción de un corpus teórico y una metodología política autoritaria y nacionalista que es ajena y contrapuesta a la misma idea de "izquierda"? ¿No es la proclamación de una República mundial que iguale nuevamente las escalas del mercado económico y de la soberanía del poder político democrático una operación política análoga a la que realizó la Asamblea Francesa al sancionar los Derechos del Hombre y el Ciudadano y no ya los derechos de los "ciudadanos franceses"? ¿No necesitó ésta referirse a un derecho "natural" (es decir: común a todos los seres humanos) para fundamentar moderna y secularmente lo que anteriormente era pensado como hereditario, y lo que (¡dos siglos más tarde!) es aún concebido como *nacional*? Tras la disputa por predominios étnicos y culturales, ¿no se esconde la sencilla verdad de que es la pertenencia a una nación —el carácter de "ciudadano de una nación"— el elemento político que nos otorga el derecho a la residencia, al trabajo y a los derechos políticos más elementales?

Un siglo y medio después de la Revolución Francesa y pocos años después del fin de la mayor tragedia sufrida por el género humano, los mismos principios fueron proclamados y asumidos globalmente. En 1948, la Declaración Universal de los Derechos Humanos aprobada por la Asamblea de la ONU afirmó: "*Toda persona tiene todos los derechos y libertades proclamados en esta Declaración, sin distinción alguna de raza, color, sexo, idioma, religión, opinión política o de cualquier otra índole, origen nacional o social, posición económica, nacimiento o cualquier otra condición*". Declaración que los gobiernos nacionales suscribieron pero que violan sistemáticamente al impedir el tránsito de extranjeros por el "propio" territorio, al fijar cupos y limitaciones al derecho a la residencia y el trabajo y al defender, de mil maneras, los privilegios de sus ciudadanos.

Pero: ¿qué *Igualdad* es posible entre un ciudadano de Ruanda y uno del Primer Mundo? ¿Qué *Libertad* y qué *Fraternidad* son posibles en un mundo nacionalmente fragmentado? ¿Qué sentido tiene la construcción de una igualdad republicana que —en el mejor de los casos— abarcaría a los ciudadanos de un solo estado? ¿Habremos de consentir que con las piedras sobrantes del muro de Berlín sean levantadas nuevas ignominias en las fronteras de las naciones avanzadas? ¿Reconstruiremos los muros de la ciudad feudal en las fronteras del mundo "civilizado"? ¿Están las organizaciones políticas de la izquierda del Primer Mundo dispuestas a legitimar una versión del *apartheid* a escala planetaria?

Más en general: ¿es posible seguir pensando, desde la izquierda, en términos nacionales? ¿No es la simultaneidad de la aparición (a fines del setecientos) de las ideas de "derechos humanos" y de "izquierda", emblemática? ¿No es la izquierda, básicamente, el "Partido de la Igualdad y los Derechos Humanos", es decir, de los derechos iguales que se derivan de la pertenencia a la humanidad y no de la posesión de un pasaporte nacional? ¿No constituye la proclamación de una República de la Tierra y de una ciudadanía mundial el proyecto político indispensable para la reafirmación del futuro de una izquierda que sepa escapar a las imposibilidades de la utopía y la esterilidad del posibilismo? ¿No es éste el verdadero "desafío al orden político existente en nombre de una promesa" sin el cual la misma idea de "izquierda" se vacía de contenido?

Tengo, en estas difíciles cuestiones, más preguntas que respuestas y más dudas que seguridades. Pero mis pocas certezas se refieren, invariablemente, a las nefastas consecuencias de los errores de la izquierda en el análisis del que, ya sea por vía de la globalización como de la tribalización fascistoide, es el principal problema político del siglo: la cuestión nacional, es decir: el problema de la unidad política de lo culturalmente diverso.

Sólo por una claudicación al mito de la nación justificable en términos de su eficacia pasada puede comprenderse el episodio ridículo de que, en plena batalla por los derechos civiles y por su integración a la sociedad estadounidense por parte de los afroamericanos, la III Internacional Comunista propusiera (en una aplicación extrema de la furia leninista) la creación de un estado racial negro en el sur de los Estados Unidos. Y solamente por un apego inexplicable a las razones identitario-feudales del nacionalismo puede entenderse la actual resignación de las banderas históricas de la izquierda (internacionalismo, cosmopolitismo, universalismo) en el preciso momento en que el mundo entero no cesa de repetir las metáforas centrales de la época: Globalización y Mundialización.

Es este reiterado abandono de sus propias banderas históricas por parte de la izquierda el que continúa imposibilitando la elaboración de un proyecto progresista no utópico que relacione su mejor tradición política, democrática y universalista, con la situación que el desarrollo capitalista está generando: un mercado económico unificado por la tecnología y una sociedad civil *progresivamente* mundiales. Si la derecha logra aparecer hoy a los ojos del mundo como modernizadora, confinándonos al rol de nostálgicos llorones de un universo perdido, ello sólo puede explicarse por nuestra imperdonable claudicación a las razones de nuestros adversarios políticos y por el abandono de un terreno que (como la globalización está demostrando) *era el propio del futuro y del progreso.*

Sin un proyecto profundamente transformador y progresista la izquierda no tiene sentido, ni más rol que el de lamentable cómplice de estos administradores de lo existente que el conservadurismo neoliberal nos endilga. Una izquierda concentrada en la defensa de las instituciones que representaron su anterior fuente de legitimación y poder (los partidos políticos, sindicatos y gobiernos democráticos nacionales), una izquierda conservadora y defensora del pasado, no tiene futuro. Al menos, no tiene más futuro que la prolongación de sus melancólicas alternativas presentes: el revolucionarismo utópico, fundamentalista y violento de las sectas; el resignado posibilismo post-moderno de los "políticos de izquierda"; la crítica cultural.

Sin la construcción de instituciones democráticas mundiales la presente crisis de la izquierda es insuperable y la misma idea de política queda fuertemente cuestionada. Acaso el "fin de la historia" haya, efectivamente, llegado. Cualquier oposición a las políticas regresivas del capitalismo salvaje es ineficaz, cualquier tentativa de aplicación de medidas económicas distribucionistas conduce a la crisis financiera, cualquier intento de solución racional a los problemas centrales a los que hoy se enfrenta la civilización humana (la crisis económica, demográfica, ecológica, y de control de la tecnología) es imposible sin un redimensionamiento del rol de la nación-estado, sin una reformulación de la idea de "nosotros" y, muy particularmente, sin la construcción de un sistema institucional mundial capaz de impulsar hasta los límites planetarios las promesas incumplidas de la revolución política de la burguesía, según fueron definidas en el acto fundacional de la modernidad política: *Libertad, Igualdad, Fraternidad.*

2. AVENTURAS DE PINOCHO EN EL PAÍS DE WORLD[1]

◆

En el país de World existen cientos de Parlamentos provinciales, pero ningún Parlamento nacional. Como consecuencia de ello, la peligrosa crisis ecológica que padece World es enfrentada en minúsculos foros interprovinciales, a los que los provincianos representantes de las provincias de World concurren con el único fin de evitar que les sean impuestas limitaciones a las enormes cilindradas de sus vehículos, a la tala de forestas, a la experimentación y almacenamiento de armas nucleares provinciales, etc. Así, en algunos municipios de World se instala el mismo tipo de centrales nucleares que en otros es demolido. Mientras en unas provincias ciertas producciones contaminantes están prohibidas, en otras son estimuladas. Mientras aquí está vedada la caza de coleópteros, allá son masacradas las ballenas y los worldianos de colores no oficiales.

Como lógica consecuencia, las industrias más contaminantes, los residuos nucleares, la explotación salvaje del ambiente se propagan por las provincias más pobres y necesitadas de World. Y en todas, todos contaminan, alegremente, contentos de que los platos rotos sean pagados a medias con los vecinos.

---

[1] "Aventuras de Pinocho en el país de World" fue originalmente redactado en el momento de la detención del general Pinochet en Londres por iniciativa del juez español Baltasar Garzón. Una versión primitiva del texto fue publicada en *República de la Tierra* y otras fueron traducidas al francés e inglés y publicadas digitalmente por *Décadi* y la World Citizen Foundation.

En el país de World no hay un Ministerio de Economía nacional. Como consecuencia de ello, las decisiones económicas de cierto peso son tomadas por el FMI, es decir: por el Fondo Monetario Interprovincial de World. Cuando en una provincia de World el gobierno provincial intenta elevar los salarios, aumentar los impuestos destinados a salud y educación o disminuir la edad requerida para jubilarse, los capitalistas de World retiran sus depósitos de los bancos provinciales y se los llevan (junto a sus fábricas, sus empresas de servicios, y a todo lo que logran transportar cada vez más económica y rápidamente) a otras provincias donde los salarios sean más bajos, los impuestos sociales inexistentes y no se tenga noticias de la palabra jubilación. Como es fácil imaginar, ello provoca que las provincias de World compitan ferozmente por atraer a los fugitivos capitales transprovinciales, y que éstos se aprovechen de ello, por ejemplo: solicitando financiaciones y créditos sin interés y flexibilizaciones laborales como condiciones *sine qua non* para conceder su momentánea y fugaz radicación. Los torbellinos financieros que así se generan en World se están haciendo famosos por su peligrosidad, varias veces superior a la de huracanes y tornados. A su vez, éstos están comenzando a recuperar su anterior prestigio destructivo gracias a las ventajas que produce la falta de una regulación nacional del impacto ambiental, al que los worldianos denominan, algo optimistamente, "cambio climático".

Tampoco existe en World un Ministerio del Interior, por lo que los desacuerdos entre sus provincias son tratados en la UPA (Unión de Provincias Asociadas) en cuyo Consejo de Inseguridad sólo están representadas las provincias más ricas y con mejores ejércitos. Éstas disponen de la cobertura de la UPA para realizar todo tipo de bombardeos inteligentes sobre las más pobres y desvalidas, pero cuando un genocidio tiene lugar, la UPA suele abstenerse de intervenir en nombre de la "Autodeterminación de las Provincias", supremo principio político-jurídico que impera en World.

En el país de World no existe una ciudadanía nacional sino ciudadanías provinciales. Por ello, los habitantes de una provincia worldiana pueden denegar el acceso a "su" provincia a los que hayan nacido en otros lugares de World. Así, los productos de las industrias worldianas pueden venderse en todo el país pero quienes los han producido sólo pueden trasladarse por medio de visas y autorizaciones. En World, para residir o trabajar en una provincia en la que no se ha nacido es necesario realizar complicados trámites ante los burocráticos consulados provinciales. Pero si se es de los pocos afortunados que logra un lugar en el pequeño cupo de visas interprovinciales de World, entonces se puede habitar en una provincia en la que no se ha nacido, con la obvia condicón de renunciar a todos los derechos políticos.

Cualquiera puede imaginar que, pese a esto, los pobres de World tratan de emigrar mientras que los habitantes de las provincias ricas tratan de evitarlo por todos los medios. Así, los worldianos pobres que intentan atravesar los muros electrificados que se han construido en las orillas de las provincias democráticas y civilizadas de World son expulsados en las fronteras, amontonados en barcos y arrojados al mar, o expulsados a los desiertos. Obligados por el *apartheid* worldiano a permanecer en sus lugares de origen, los pobres de World se dedican a tener hijos que los ayuden en sus tareas agrarias y que puedan cuidarlos en su vejez, ya que las provincias pobres de World desconocen (como hemos mencionado) el significado de la palabra jubilación, así como el tractor y los métodos anticonceptivos. Como consecuencia, la población de las provincias más pobres está creciendo desmesuradamente, a un ritmo insostenible ecológica y económicamente para el entero país de World.

En el país de World no hay tribunales nacionales. Por eso, a cualquier delincuente le basta cruzar las fronteras provinciales y burlarse de la Justicia desde el otro lado del Río Bravo. Cientos o miles de asesinos confesos y torturadores se pasean impunemente en las provincias de World, amparados en la territorialidad del derecho worldiano. Para que alguno de entre miles de genocidas corra el riesgo de ser juzgado por un tribunal independiente debe cometer dos grandes tonterías. La primera: incluir entre sus tantas víctimas a ciudadanos de otra provincia. La segunda: visitarla por motivos personales. Todo esto ha hecho un tal Pinocho, pero pese al entusiasmo del juez Basaltar

Garsón, los derechos humanos provincializados de World y la tradicional inoperancia worldiana han logrado salvarlo de la cárcel.

Mientras esto sucede, las provinciales izquierdas de World continúan sus complicadas disputas acerca de la estrategia óptima para alcanzar los gobiernos provinciales de World y se van a dormir soñando con la Tercera Vía —una serie de medidas económico-políticas que serán aplicadas metafísicamente por intervención de un gurú, o acaso por telehipnosis— esperanzados en que los problemas económicos, demográficos y políticos de World caigan en sus progresistas manos.

3. DIEZ TESIS CONTRA LA GUERRA PERPETUA[1]

> "El máximo problema para el género humano,
> cuya solución le es exigida por la naturaleza,
> es el de llegar a una sociedad civil
> que haga valer universalmente el derecho."
>
> IMMANUEL KANT

Tesis 1: la guerra, que ayer podía ser justificada por razones de supervivencia individual y grupal, se ha convertido en una estrategia de suicidio colectivo.

Es posible suponer que, en un mundo sometido al atraso y a la escasez, la guerra era una estrategia de supervivencia racional, dado que las posibilidades de perecer por hambre o inanición eran superiores a las de morir en la batalla por los alimentos o por el espacio geográfico del hábitat. En cambio, en un universo en el que la capacidad tecnológica y productiva existente podría garantizar una vida digna a todos los seres humanos y en el que la escasez extrema depende de la insuficiencia del sistema político, todo conflicto armado es injustificable a los fines de la supervivencia y se torna, por ende, irracional e inmoral; una excrecencia

---

[1] (N. del A.) Estas "Diez tesis contra la guerra perpetua" fueron escritas en 1999 en Italia, durante la Guerra del Kosovo. Un resumen de las mismas fue publicado por la revista *Décadi* (Tolouse) y por Civitatis, grupo académico de investigación de la Universidad de Gales (Aberystwyth), como parte del programa "Peace through research", del cual formo parte. Los sucesos en Afganistán (2001-2002) e Irak (2003-2004) han actualizado la preocupación acerca de estos problemas, intrínsecos a un orden global gestionado nacional/internacionalmente.

política y cultural de la barbarie primigenia que se constituye, además, como obstáculo a su superación. En especial, en un mundo nuclear sometido a riesgos globales crecientes, la guerra se ha convertido en una estrategia de suicidio colectivo.

Tesis 2: la nación moderna se ha feudalizado, convirtiéndose en un instrumento de guerra.

La nación moderna, originalmente proclamada como asociación política de hombres libres que se unían para garantizar y defender sus *Derechos Humanos* en abierta oposición al despotismo monárquico y feudal, no pudo exceptuarse de los condicionamientos de escasez y aislamiento a los que un sistema económico-tecnológico poco desarrollado la condenaba. Contrariamente a los ideales de *Fraternidad* universal sobre los que decía fundarse, la nación-estado se organizó aislada, condicionada por la dificultad para establecer acciones a distancia y relaciones pacíficas con sus similares y por la necesidad de armarse en prevención de que otras lo hicieran. La nación decimonónica se transformó así, de proyecto democrático, expansivo e incluyente, en principio restrictivo, excluyente y antimoderno. Tal evolución, a la que condujo la fragmentación de un sistema político que debía garantizar unos *derechos* definidos como *humanos* se ha hecho particularmente peligrosa con la paulatina globalización del sistema económico-tecnológico.

El nacionalismo resultante de la construcción de los estados nacionales fue un eficaz sucesor del feudalismo tribalista. Como tal, elevó la trágica división del género humano entre "nosotros" y "ellos" —extraída de las necesidades de la escasez tribal y de los principios ideológicos legitimados por la lucha por la supervivencia— a la categoría de valor moral consagrado. Las obligaciones respecto de los miembros del propio grupo y las obligaciones respecto de los individuos o grupos fuera de éste fueron consideradas no sólo diferentes sino, con la mayor frecuencia, opuestas: colaboración y solidaridad *entre* "nosotros", competencia y guerra *contra* "ellos".

La feudalización de los estados nacionales llevó al militarismo, a una distorsión sobre las instituciones democráticas que no fue indiferente al surgir de autoritarismos, tiranías y totalitarismos, y a esas piruetas que aún tipifican el accionar de las naciones respecto de la paz: discursos acerca de la necesidad del desarme internacional (es decir: del desarme *de los otros*) y desarrollo de los *propios* recursos militares.

Las exigencias de la escasez y las consiguientes imposiciones de la guerra se hallan en el origen de toda división (racial, nacional, continental) de la unidad del género humano; pero si fueron acaso ineludibles en los tiempos tribal-feudales y en los de una Modernidad nacionalmente organizada, han perdido toda justificación racional debido a la emergencia de una Modernidad mundial.

Hoy, cuando la convivencia entre individuos y pueblos de diferentes orígenes culturales deviene una realidad inevitable y creciente, la distinción moral entre "nosotros" y "ellos" se transforma con facilidad en guerra y genocidio. La desarticulación de toda discriminación basada en el origen étnico, la aceptación de que *las discriminaciones nacionales a los Derechos Humanos son discriminaciones*, la abolición de toda diferencia entre las obligaciones *públicas* respecto de los miembros del propio grupo y las obligaciones respecto del resto de la humanidad, la construcción de un orden moderno planetariamente basado en la *igualdad* de derechos de quienes son culturalmente *diferentes*, constituyen una exigencia de la supervivencia en los tiempos del arsenal biológico y atómico y de las crisis (económica, ecológica y demográfica) globales. En una sociedad civil mundializada, *"nosotros" somos la humanidad*.

Tesis 3: la guerra es consustancial a la división en unidades políticas que se reclaman soberanas.

La teoría liberal-democrática de la guerra como producto natural del despotismo y de la tiranía es tan incompleta como la marxista y la leninista, que consideran como causa decisiva las determinaciones de la estructura económica. La guerra ha existido antes del imperialismo y del capitalismo y aún "después", es decir: entre estados precapitalistas y post-capitalistas. La guerra ha enfrentado también a estados democrático-parlamentarios y a éstos con regímenes totalitarios. La actual brutal acción armada contra el Kosovo por parte de una alianza de naciones cuyos jefes de gobierno se reivindican "progresistas" es una dramática denuncia de la incapacidad de los sistemas políticos nacionales para promover una resolución racional y negociada de los conflictos mundiales o para imponer, al menos, una limitación de las tendencias más destructivas de los poderes globales realmente existentes.

Los intereses derivados del régimen económico capitalista y del despotismo político pueden ser parte importante en el desarrollo de un conflicto bélico, pero no son su condición necesaria, ni mucho menos su condición suficiente. La enorme variedad de motivaciones económicas, religiosas y culturales que han estado en el origen de los conflictos bélicos demuestra que la verdadera condición necesaria a la guerra es más elemental. En efecto, *la condición necesaria para la guerra es la existencia de estados independientes que se reivindiquen soberanos y dispongan de un aparato militar*. Con un poco de pesimismo podríamos agregar también que, dadas las amplias demostraciones efectuadas en el transcurso de los siglos, es ésta, a largo plazo, su condición *suficiente*.

En palabras de Bobbio[2], la guerra es consecuencia natural de una *política de potencia* que es posible independizar del sistema ideológico, del régimen político y del sistema económico del estado. Consecuentemente, todo estado que reivindique el monopolio de la violencia y se considere soberano y con derecho para aplicar esa violencia a un enemigo "externo" tiene un carácter potencialmente belicista. Por lo tanto, el orden mundial de las naciones-estado y de las organizaciones internacionales es, por definición, incompatible con una paz permanente y generador de un estado de guerra *perpetua*.

Tesis 4: la aparición de procesos globales hace que el orden nacional/inter-nacional pierda progresivamente legitimidad, eficacia y racionalidad.

Cuando las fronteras del territorio nacional desaparecen bajo el embate común del mercado de capitales, de los acuerdos económicos y monetarios supranacionales y de los mass-media glo-

---

[2] Norberto Bobbio, "Rapporti internazionali e marxismo", en *Né con Marx né contro Marx*.

balizados, las fuerzas armadas nacionales se vuelven anacrónicas y expresan patéticamente el desajuste entre las viejas instituciones territoriales y el mundo real, así como lo peligroso de esta convivencia forzada. La persistencia de guerras inter-nacionales es inseparable del reconocimiento de una legitimidad fundada en una lógica geográfica cuyo valor se considera superior a los Derechos Humanos. Y si agregamos que tales adscripciones, pertenencias y "derechos" se derivan de privilegios adquiridos por virtud de "suelo" y/o "sangre", su carácter feudal y premoderno se hace aún más evidente. Su relación con los conflictos bélicos también lo es: si los derechos civiles, sociales, políticos y económicos de los seres humanos se derivan de su estatus de *ciudadano de una nación* (es decir: de la posesión de un pasaporte nacional que puede exigir el sacrificio de la propia vida "en aras de la seguridad, el bienestar y la grandeza de la patria", cuya riqueza y poder afectan *verdaderamente* las condiciones económico-sociales en que esa vida se desarrolla), la guerra puede ser fácilmente promovida como defensa racional de los intereses del individuo.

En el actual marco de tecno-economía mundializada y poderes democráticos territorialmente limitados, la escala nacional resulta eficaz para proporcionar razones para la guerra pero insuficiente para vehiculizarla. Así, la caducidad de las instituciones nacionales se expresa en el hecho de que la mayor parte de los conflictos bélicos han asumido (precisamente desde la Primera Guerra *Mundial*) un carácter multinacional, transnacional o globalizado. En particular, la reciente Guerra del Golfo y los conflictos derivados de la disgregación de la ex Yugoslavia, al escapar por encima y por debajo del marco nacional, continúan la tendencia abierta en 1914, mediante la cual las nuevas formas de la guerra expresan la caducidad del orden surgido en 1648 en Westfalia.

Este orden, de tipo nacional/inter-nacional, asume hoy un carácter claramente perverso que la Guerra del Golfo y la catástrofe yugoslava han mostrado en todas sus sanguinarias consecuencias. Su enorme destructividad no parece excepcional sino una consecuencia directa de la capacidad que organismos globales no representativos y burocráticos crecidos a la sombra de las insuficiencias de los estados nacionales tienen para decidir sobre la vida y la muerte de millones de personas que no los han elegido para ello. En particular, la reciente masacre desatada en Kosovo, cubierta bajo la invocación de razones humanitarias, demuestra la imposibilidad de una renovación de la socialdemocracia —de una "tercera vía" en términos de Giddens— mediante el recurso a instituciones nacionales e internacionales obsoletas e intrínsecamente conservadoras. La violación reiterada de las reglas constitucionales de los países intervinientes[3] y el desconocimiento de los principios vinculantes de la OTAN[4] constituyen una ulterior demostración de la incapacidad del orden nacional-internacional para vehiculizar una respuesta efectiva a las cuestiones de seguridad globales.

Finalmente, las reiteradas apelaciones a la intervención de la ONU no sólo son inefectivas sino que, aun en el caso de ser escuchadas, difícilmente implicarían un efectivo paso adelante. Como plena demostración del carácter antidemocrático de los poderes globales realmente existentes, la propia carta constitutiva de la ONU bendice la desigualdad entre sus estados componentes, otorgando derechos (como el de veto) y representatividades (en el Consejo de Seguridad, por ejemplo) que transgreden toda lógica igualitaria. Las desastrosas intervenciones de la ONU y su reiterada incapacidad para dar un marco legítimo, pacífico y neutral para la resolución de controversias entre sus miembros adherentes no son el producto de una violación de sus principios y de su carta constitutiva sino más bien una consecuencia inevitable de la lógica inter-nacional de la organización, la cual no puede sino reflejar las disparidades de poder entre sus integrantes.

En todo caso, más allá de las falencias de la ONU, la organización inter-nacional de un mundo global es intrínsecamente antidemocrática, porque el principio de "una nación-un voto" (es decir: la aplicación artificial del principio democrático a los estados nacionales) es inviable: una Organización de las Naciones Unidas en la que el peso decisional de los pocos miles de habitantes de San Marino valga tanto como el de los más de mil millones de habitantes de China es un *non sensu* jurídico y polí-

---

[3] En la mayor parte de los países participantes en el conflicto, la guerra de Kosovo no fue decidida a través de los Parlamentos nacionales sino por acciones unilaterales de los Poderes Ejecutivos.

[4] Los estatutos de la OTAN le asignan un carácter meramente defensivo, incompatible con las acciones llevadas a cabo en Kosovo.

tico cuya irracionalidad legitima directamente el "rol de las grandes potencias".

Por último, en el actual marco en que el rápido deshilachamiento de los proyectos autárquicos nacionales cuestiona fuertemente la justificación histórica del militarismo, la renuncia de la izquierda a plantear la batalla política por la desmilitarización de la sociedad humana es peligrosa, ya que abre el camino a la creación de grandes bloques asociados a nuevas fragmentaciones del mercado (CEE, Nafta, Japón y los tigres asiáticos, China, Mercosur) que puede sólo acarrear nuevos Golfos y nuevos Kosovos a escalas proporcionalmente mayores.

Tesis 5: es urgente extender la experiencia internamente pacificadora de la construcción de las naciones-estado y de la Unión Europea a la escala planetaria.

Siglos atrás, los pueblos que hoy conviven pacíficamente dentro de las naciones-estado modernas se debatían en guerras fundamentadas en intereses económicos, políticos, religiosos y culturales *geográficamente* determinados; guerras que eran poco menos que la continuación de los conflictos tribales por la supervivencia y la hegemonía. La paz entre etruscos y romanos, entre francos y galos o entre las provincias argentinas sólo pudo ser alcanzada mediante la construcción articulada de un poder político que podía definirse *super partes* en virtud de que para el mismo las partes eran invisibles, es decir: un sistema institucional democrático que operaba en nombre del interés común y cuya legitimidad era reconocida por todos, cuya Constitución otorgaba a cada uno de sus habitantes el estatus de ciudadano sin distinciones derivadas del origen étnico-cultural-religioso y cuyo sistema decisional permitía una dirimición pacífica de los conflictos de intereses.

La paz *interna* entre los pueblos como condición necesaria a su desarrollo económico, su democratización política y su progreso social ha sido la más importante contribución a la civilización que ha brindado la nación-estado. Hoy, como la tragedia yugoslava muestra ejemplarmente, es la desaparición de la legitimidad reconocida de un poder *super partes* la condición suficiente para el retorno de lo que Kant y los iusnaturalistas llamarían el estado de natura previo a la constitución del estado, y para la reaparición de la guerra entre etnias que se pretenden cultural y racialmente uniformes y políticamente soberanas. Así también, la inexistencia de un sistema político democrático global, de una ciudadanía mundial y de una identidad fundada en la pertenencia a la raza humana continúa legitimando la persistencia bárbara de guerras y ejércitos.

Si un grupo de las "fuerzas de seguridad" californianas tomara o bombardeara una ciudad texana, la estólida ilegitimidad de tal acción sería evidente, y el gobierno federal norteamericano mandaría apresar a unos vándalos que carecerían de cualquier posibilidad de transformar un evento policial en político. Por otra parte, a ningún texano se le ocurriría iniciar una represalia contra una ciudad californiana. Pero similares operaciones ejecutadas por los serbios contra ciudades bosnias, croatas y kosovares han abierto todas las posibilidades de generalización de la destrucción, de represalias sobre inocentes y de diversas formas de genocidio, rebajando nuevamente la política al nivel de la crónica policial.

A casi medio siglo de la fundación de la "Comunidad del Carbón y el Acero", el carácter tendencialmente pacificador de la difusión y extensión de los procesos económicos y la posibilidad de ampliar la experiencia de la construcción de las naciones-estado al plano supranacional parece ampliamente demostrada por la Unión Europea, es decir: por el proyecto político que, más allá de sus insuficiencias e imperfecciones, inauguró el más prolongado período de paz en el continente. ¿No habría sido tildado de utopista quien hubiera afirmado en 1947 que en la continentalización del mercado económico europeo se hallaba el germen de la unidad política y de la pacificación de un Viejo Mundo devastado por siglos de tribalismo belicista? ¿Y quién hubiera dicho por entonces que el proceso de unificación y pacificación de Europa habría de ser liderado por Francia y Alemania, los dos "irreconciliables" enemigos que con sus disputas habían originado tres guerras en setenta años, dos de las cuales tuvieron alcances mundiales?

Tesis 6: en un universo global, la "no-intervención" no es ya democrática ni humanitariamente sostenible.

Como con increíble anticipación sostuvo Kant[5], la visibilidad global de las violaciones a los Derechos Humanos más elementales las hace intolerables a la conciencia del mundo civilizado. Esto configura una comunidad materialmente cubierta por una red de informaciones y comunicaciones globalizada y que empieza a constituirse como sociedad civil mundial. En esta comunidad moral y discursiva planetaria basada en el concepto clave de la modernidad política (los Derechos Humanos), el *principio de no-intervención*, sostenido en nombre de la soberanía territorial estatal, ha sido reemplazado por la *obligación* de la *"injerencia humanitaria"*. Mediante este trascendental cambio, que va del estado nacional al hombre[6] como sujeto de la historia, las modernidades nacionales dejan paso —no ya en el plano económico-tecnológico sino en el moral, ético y político— a una Modernidad mundialmente organizada.

Cincuenta años después de la *Shoá* judía, el desastre yugoslavo reactualiza la terrible opción "guerra o genocidio". La no intervención en el genocidio llevado a cabo en nombre de la limpieza étnica implica la aceptación de *Crímenes Contra la Humanidad*; pero la intervención implica poco más que una guerra que difícilmente resolverá el problema y cuyas consecuencias son imprevisiblemente destructivas. En un universo global regido por sistema nacional/inter-nacional, la "no intervención" no es ya democrática ni humanitariamente sostenible, pero una intervención eficaz y legítima no es tampoco posible.

---

[5] "Dado que en la asociación de los pueblos de la Tierra se ha llegado progresivamente a tal situación que la violación del derecho ocurrida en un punto del planeta es advertida en todos los puntos, la idea de un derecho cosmopolita no es una representación fantástica de mentes exaltadas, sino la necesaria integración de un código no escrito." Immanuel Kant, "Tercer artículo definitivo por la paz perpetua", en *Por la paz perpetua*.

[6] En su doble significado de "individuo" y de "especie".

Tesis 7: la carencia de instituciones mundiales democráticas deslegitima toda intervención.

Una verdadera intervención basada en el derecho de injerencia humanitaria requiere dos presupuestos incumplibles bajo el orden nacional/inter-nacional: una perspectiva razonable de eficacia y una legitimidad que se derive de su neutralidad, en especial: de la abstención de los intereses nacionales en la determinación de las acciones. Ninguno de estos requisitos puede cumplirse en las condiciones institucionales fijadas por el marco internacional centrado en naciones-estado.

Los llamados a la actuación de la ONU tampoco suponen una alternativa válida. Una ONU prisionera de la misma lógica inter-nacional que la fundamenta tampoco representa ninguna garantía de legitimidad democrática, en especial si las operaciones militares son comandadas desde un Consejo de Seguridad en el que los poderes atómicos poseen, además, poder de veto. Para no mencionar los riesgos globales que puntualmente se desatan cuando una nación o una alianza entre ellas se autoadjudica la función de "gendarmes globales" o de representantes autoelegidos de la humanidad y la democracia.

El impulso superador promovido por la cercanía de la Segunda Guerra Mundial llevó a la redacción del más acabado documento de la modernidad política: la Declaración Universal de los Derechos Humanos de 1948, pero no alcanzó para la construcción de las instituciones que su misma profunda radicalidad universal requería. Si bien la misma crisis que se había superado al costo de veinte millones de vidas demostraba claramente la incapacidad de las naciones-estado y de las instituciones inter-nacionales, el orden de posguerra se constituyó sobre la voluntaria ceguera acerca de estas causas de la tragedia apenas sucedida.

A más de cincuenta años de la Declaración Universal no faltan razones para lamentarse por la oportunidad perdida. Previsiblemente, unos *derechos* definidos como *humanos* pero confiados a instituciones nacionales han llevado a la consolidación de primeros, segundos y terceros mundos perfectamente definidos por los derechos desiguales de sus habitantes y cada vez más lejanos de la Igualdad proclamada. Finalmente, la carencia de instituciones democráticas mundiales está llevando a la imposibilidad de afrontar racionalmente unos riesgos económicos, ecológicos, demográficos y de control de la tecnología mundialmente extendidos y de peligrosidad creciente.

Las viejas acepciones de la palabra "nacionalista" deben ser actualizadas: en la presente situación, es ya nacionalista quien sostiene que una sociedad mundial puede ser regulada políticamente mediante el recurso a naciones-estado. Para comprender las limitaciones de esta concepción basta imaginar cuán diferente sería la presente situación en Yugoslavia y Kosovo si existiesen un Parlamento planetario en grado de deliberar y laudar en los conflictos sobrevivientes a un orden tribal-feudal-nacional obsoleto, impidiendo que sean dirimidos por medios violentos, y una Corte mundial de Justicia dedicada a perseguir *crímenes contra la humanidad* pasados, presentes y futuros.

Previsiblemente, la existencia de un sistema político democrático mundial disminuiría el prestigio mitológico de la nación-estado y los riesgos consecuentes a su exaltación belicista, y permitiría intervenciones basadas en una legitimidad mundialmente reconocida, ya sea en la prevención de guerras y genocidios como en el castigo de quienes se hiciesen responsables de su promoción y ejecución.

Tesis 8: la oposición a la construcción de un poder político democrático mundial lleva a una Global Governance *elitista y destructiva.*

En un mundo devenido global, la oposición a la constitución de instituciones políticas democráticas mundiales no lleva al paraíso perdido de las democracias nacionales sino que deja la inevitable regulación de los procesos globales —abstractamente denominada *Global Governance*— en manos de los poderes de organismos burocráticos y elitistas como el Consejo de Seguridad de la ONU, el G7 (Rusia aún no había sido incorporada), el Consejo de la OTAN, el FMI, el Banco Mundial y la Organización Mundial del Comercio.

En el plano militar, esta negativa tampoco lleva a la evitación de un poder totalitario o despótico sino más bien a su consumación, a la amenaza de un estado nacional o de una alianza de varios que posean, dado su predominio tecnológico, el monopolio de la violencia en alta escala sobre la faz de la tierra. Lamentablemente, la única alternativa al poder global de los EE.UU. y la OTAN que permite el sistema de las naciones-estado está representada por el reiterado llamado europeo a construir una política exterior y de defensa continental común. Pero este proyecto estatal-nacionalista aplicado a la escala continental conduce directamente a la vieja coincidencia entre intereses económicos y poderes militares geográficamente determinados que ha llevado siempre al nacionalismo y la guerra y que es la negación misma de los principios en que la Unión Europea ha sido fundada.

Otra vez se evidencia aquí la capacidad que explica el dominio hegemónico de la alianza entre el neoliberismo[7] globalista y el neoconservadurismo nacionalista, es decir, entre el capital transnacionalizado y los intereses privados de los representantes políticos de las naciones-estado: sus beneficiarios son los únicos que han desarrollado una propuesta moderna y global (en el doble sentido de *planetaria* y *completa*) que armoniza los propios intereses con los procesos de mundialización en curso.

Tesis 9: el antimilitarismo es parte fundamental de la tradición de la izquierda democrática.

Dado que la idea fundamental que define el pensamiento político de izquierda es la de Igualdad[8], ignorar el contenido pacifista y antimilitarista de la tradición progresista equivale a traicionarla. La disposición de armamentos constituye una desigualdad suprema entre individuos y estados. Por el contrario, una paz global y permanente llevaría a sentar las bases de una lógica regida por el igualitarismo y la democracia.

Las ideas de *Democracia* e *Internacionalismo* no son otra cosa que la manifestación interna y externa de la *Igualdad* en un mundo dividido en naciones. Su abandono, a partir de las ideas de la "dictadura del proletariado" (Marx-Engels) y del "derecho a la autodeterminación de las naciones" (Lenin), ha desembocado en una nueva horrenda alianza entre socialismo y nacionalismo,

---

[7] Para una consideración acerca del uso del término "neoliberismo" en lugar del más corriente "neoliberalismo", véase el capítulo 15 ("Notas argentinas", b) "El país que volvió de la muerte"/ "Sobre el 'Neoliberalismo' y los valores liberales".

[8] Un interesante desarrollo de esta tesis en, Norberto Bobbio, *Destra e Sinistra*.

y en el militarismo y la guerra. A la justa crítica de las ideas marxistas y leninistas en nombre de la democracia falta, en el debate actual de la izquierda, un fuerte contenido antinacionalista que deje definitivamente atrás los horrores perpetrados por el leninismo-stalinismo.

No es refugiándose en el viejo y angosto margen nacional como pueden combatirse los riesgos de un mundo sometido a crisis progresivamente globales, sino elaborando una propuesta antimilitarista, antiautoritaria, universalista y progresista en la mejor tradición de la izquierda democrática. Y esta propuesta no puede ser otra que la del desmantelamiento definitivo de los ejércitos y organizaciones militares nacionales *sin que sean reemplazados por ninguna organización equivalente*, lo que implicaría alcanzar un antiguo y permanente anhelo de la mejor parte de la humanidad: la desmilitarización de la sociedad humana. En este sentido, el desarme de las naciones constituiría un importante paso hacia el desarme de los individuos y el estado, y hacia la abolición definitiva de la violencia como medio de relación entre seres humanos, todos ellos presupuestos imprescindibles a la instauración del principio de Igualdad.

La fácil objeción de que los ejércitos nacionales son necesarios para proteger a las comunidades nacionales de la agresión "externa" puede ser respondida con brevedad. Si los ejércitos feudales no han dado lugar a ejércitos regionales, provinciales y comunales esto fue, precisamente, porque la existencia de un poder cuya legitimidad era reconocida por todos hizo que la paz entre las provincias no dependiese del mutuo armamento. Similares consideraciones merece hoy la situación europea, en la que una guerra por el dominio territorial entre sus naciones constitutivas ha quedado completamente fuera de cuestión. Nada impide prever que los mismos efectos operarían en la escala global que están asumiendo los más decisivos procesos sociales.

Tesis 10: la proclamación de una República de la Tierra es tendencialmente democratizante, pacificante y antitotalitaria.

En 1795, Immanuel Kant sostuvo: "Para los Estados que están entre sí en relación recíproca, no puede existir otra manera racional para superar el estado natural sin leyes, que es simplemente el de la guerra, que no sea la de renunciar, como cada individuo, a su libertad salvaje (sin leyes), aceptar leyes públicas coercitivas y formar un Estado de pueblos (*civitas gentium*) que se extendería y abrazaría finalmente todos los pueblos de la Tierra. Pero, dado que aquéllos, según su idea del derecho internacional, no lo desean en absoluto y rechazan por lo tanto como hipótesis aquello que en tesis es justo, así, en lugar de la idea positiva de una República Universal (y a fin de que no todo se pierda) queda solamente el sustituto negativo de una liga permanente y progresivamente extendida, como único instrumento posible que ponga al reparo de la guerra y detenga el torrente de las tendencias contrariamente hostiles hasta el infinito; siempre, sin embargo, con el peligro continuo de que éstas resurjan nuevamente"[9].

En la era del poder nuclear y de las redes digitales y de los procesos y crisis mundiales, al mismo tiempo que el "temporáneo reparo" de una "Liga" o "Sociedad" de Naciones ha demostrado repetidamente su incapacidad para sostener una paz permanente, la globalización económico-tecnológica materializa las condiciones infraestructurales (comunicaciones, transportes, mercados) necesarias para la constitución de una *República Universal*. La necesidad y posibilidad de su proclamación deviene así una operación fundamental para el mantenimiento de una paz, si no perpetua, por lo menos duradera, o para decirlo de otra forma: para el fin de la *guerra perpetua* promovida por las naciones-estado en la que el mundo ha vivido al menos desde Westfalia (1648).

Dada la trágica experiencia del siglo XX europeo, una República de la Tierra debiera ser fuertemente diferenciada de la idea de "Estado Mundial". Del conjunto de instituciones estatales, una República federal planetaria propone únicamente la constitución mundial de su sistema político (especialmente: de un

---

[9] Considero esta afirmación de Kant de la mayor importancia para demostrar que su propuesta era la de una "República Universal" y no la de una agrupación confederal de estados, como sugieren quienes ven a las Naciones Unidas como la única alternativa democrática para la escala planetaria. Ver Immanuel Kant, "Segundo artículo definitivo para la paz perpetua", en *Por la paz perpetua*.

Parlamento planetario y de una Corte Mundial de Justicia) que pueda intervenir solamente en los procesos y conflictos que han escapado a los alcances de los estados nacionales, en la extensión planetaria de los Derechos Humanos, en el sostenimiento de la paz y en la prevención de las crisis globales.

Como la experiencia de la Unión Europea ha demostrado, la unidad política no implica la construcción de un enorme y costoso aparato administrativo-militar, ni la insistencia en una identidad común étnica o culturalmente definida, ni la centralización burocrática del poder político. Por lo tanto, una República planetaria no debiera ser interpretada como la concentración monopólica de la violencia por parte de un estado mundializado sino como una forma de quebrar la propiedad monopólica de la política democrática y de los medios de violencia por parte de los estados nacionales. Una República de la Tierra se fundamenta así en una perspectiva post-nacionalista y post-estatalista que tiende al definitivo desarme de todo tipo de estado y lleva a la constitución de un marco pacífico y democrático donde los conflictos de la sociedad civil mundial puedan ser dirimidos sin violencia.

El uso de la fuerza coactiva por parte de un sistema político mundializado debería ser excepcional y mínimo, estar en manos de pequeñas unidades multinacionalmente integradas[10], provistas de armamento de tipo policial y protegidas por una legitimidad mundialmente reconocida como imparcial y democrática. Por otra parte, sus intervenciones debieran estar fundamentadas en la necesidad de evitar males mayores, evidentes, inminentes e inevitables por otros medios, ser reguladas por una Constitución planetaria y un Código de Justicia mundial, y estar controladas por un Parlamento democrático mundialmente representativo.

Una República federal mundial debiera basarse en la idea elemental de que, en nombre de la Paz y la Igualdad, es mejor

---

[10] Y no por grandes batallones divididos en su composición y comando según la ciudadanía de sus integrantes y sometidos a autoridades nacionales, como es el caso de la ONU.

desarmar a los que están armados que armar a los que no lo están. Este simple principio es contrario a la mecánica intrínseca de la paz inter-nacional (armarse preventivamente para igualar las fuerzas de los enemigos) tan bien ejemplificada por las carreras armamentistas del siglo XX y cuyo principio es inherente a la división territorialmente soberana del monopolio de la fuerza. Finalmente, una República federal mundializada fundada en la paz y en el desarme debiera ser considerada un medio y no un objetivo, es decir: no una condición suficiente al establecimiento de una paz perpetua sino más bien una herramienta institucional necesaria para luchar contra la perpetuidad de la guerra.

4. QUÉ SIGNIFICA HOY SER DE IZQUIERDA[1]

◆

"Negarse a la globalización, pretender resistirse a ella nacionalmente, conduce infaliblemente a capitular contra esta globalización. No es contra la globalización que hay que luchar, tratando de sustraerse a ella; es en el contexto de la globalización en curso que es preciso luchar por una globalización diferente. La resistencia al capital transnacional no puede ser ella misma más que transnacional; la resistencia a los agentes de esta globalización exige, ante todo, agentes de otra globalización, guiada por una visión, una solidaridad y un proyecto de civilización planetarios".

ANDRÉ GORZ

Dos textos

Para intentar dar una respuesta a la pregunta ¿Qué significa hoy ser de izquierda? quisiera proponer al lector dos textos de contenido opuesto acerca de la globalización, e invitarlo a considerar dos preguntas referidas a los mismos:

1. ¿Con cuál de ellos coincide?
2. ¿Cuál de ellos cree que puede considerarse "de izquierda"?

Texto 1: *"Una revolución continua de la producción, una incesante conmoción de todas las condiciones sociales, una inquietud y un movimiento constantes distinguen la Era de la Globalización de todas*

---

[1] Escrito en 2000 como parte de *Globalizar la democracia-democratizar la globalización* (inédito).

las anteriores. *La globalización recorre el mundo entero, necesita anidar en todas partes, establecerse en todas partes, crear vínculos en todas partes. Mediante la explotación del mercado mundial, ha dado un carácter cosmopolita a la producción y al consumo de todos los países. Con gran sentimiento de los reaccionarios, ha quitado a la industria su base nacional.*

Las antiguas industrias nacionales han sido destruidas y están destruyéndose continuamente. Son reemplazadas por nuevas industrias cuya producción no se consume en el propio país sino en todas las partes del globo y cuya introducción se convierte en cuestión vital para todas las naciones civilizadas. En lugar de las antiguas necesidades, satisfechas con productos nacionales, surgen necesidades nuevas, que reclaman para su satisfacción productos de los países más apartados y de los climas más diversos. En lugar del antiguo aislamiento de las regiones y naciones que se bastaban a sí mismas, se establece un intercambio universal, una interdependencia universal de las naciones, y esto se refiere tanto a la producción material como intelectual: la estrechez y el exclusivismo nacionales resultan día a día más imposibles.

La globalización ha desempeñado un papel altamente progresista: ha destruido las relaciones feudales, patriarcales, idílicas. En poco tiempo, ha creado fuerzas productivas más abundantes y grandiosas que todas las generaciones pasadas juntas. Merced al rápido perfeccionamiento de los medios de producción y al constante progreso de los medios de comunicación, la globalización arrastra a la corriente de la civilización a todas las naciones, hasta a las más bárbaras. Los bajos precios de sus mercancías constituyen la artillería pesada que derrumba todas las murallas y hace capitular a los bárbaros más fanáticamente hostiles a los extranjeros. El aislamiento nacional y los antagonismos entre los pueblos desaparecen de día en día con el desarrollo de la libertad de comercio y el mercado mundial".

Texto 2: *"La destrucción de la esclavitud de los intereses tendrá una importancia inmensa para el futuro de nuestro pueblo. La marcada separación del capital de la Bolsa de Valores frente a la economía nacional ofrece la posibilidad de oponerse a la internacionalización de la economía sin amenazar los cimientos de una autonomía nacional independiente, para una lucha contra el capital.*

Ojalá comprendamos por fin que todas esas doctrinas engañosas sobre el mercado internacional y la fabricación para el mundo son adecuadas para los norteamericanos, y forman parte de las armas con las que nos han combatido siempre, pero que no tienen aplicación alguna entre nosotros, latinoamericanos del Sur. Nuestra unidad, nuestra autonomía y nuestra independencia comercial constituyen el seguro medio para conseguir la salvación y la de todo el continente".

La distinción entre Derecha e Izquierda, que era clara y precisa en el siglo XIX, se ha hecho mucho más polémica durante el siguiente. Hoy, cualquier persona medianamente informada podría atribuir el primer texto a algún autor neoliberal entusiasta de los procesos globales, y el segundo a un pronunciamiento de la "izquierda latinoamericana" sobre la cuestión de la integración de América latina al ALCA. En fin, para develar la modesta incógnita, el Texto 1 está extraído enteramente del *Manifiesto Comunista*, Marx-Engels, 1848, compactando tres partes relativamente poco separadas en el original, y reemplazando tres veces "burguesía" por "globalización" y una vez "revolucionario" por "progresista"; actualizaciones que, supongo, contarían hoy con la aprobación de Marx. El segundo texto resume dos citas: el primer párrafo proviene directamente del *Mein Kampf* (Mi Lucha), de Adolf Hitler, en el que he suprimido las referencias directas a Alemania; el segundo, de uno de los textos básicos del nacionalismo prusiano: los *Discursos a la Nación Alemana* de Johann G. Fichte, 1807, en el que solamente se ha cambiado "extranjeros" por "norteamericanos" y "alemanes" por "latinoamericanos del Sur".

Para volver al tema del ALCA, me parece justo señalar que las sempiternas pretensiones nacionalista-aislacionistas de la "izquierda" latinoamericana serían vistas con simpatía por Adolf Hitler y que en cambio el autor favorito de esta "izquierda", Karl Marx, las calificaría como el *sentimiento reaccionario de unos bárbaros fanáticamente hostiles al extranjero.*

Las claudicaciones de la izquierda (a la violencia, al nacionalismo, al clasismo, al personalismo, al autoritarismo, al colectivismo, al militarismo)

La denominación "izquierda" se remonta a los orígenes de la modernidad política, es decir: a esa Asamblea Francesa cuyas aspiraciones universalistas la llevaron a proclamar no ya los

Derechos del Ciudadano Francés sino los Derechos del Hombre y el Ciudadano[2]. Como es harto conocido, los diputados favorables a cambios rápidos y profundos de la realidad social e institucional se sentaban a la izquierda de la sala.

Tenemos ya aquí algunas definiciones. Sobre la base de la experiencia inicial de la Revolución Francesa podemos caracterizar a la izquierda como el grupo de los partidarios de una aceleración del cambio político y social en el sentido de la democratización igualitaria de los Derechos Humanos. Llevando a su máxima acepción estos términos, pero sin ánimo de monopolizar las políticas democráticas, podemos definir así a la izquierda como el *Partido de la Modernidad, la Igualdad y los Derechos Humanos*.

La posterior forma violenta de la acción política en la misma Revolución Francesa, verticalista y concentrada en pocas manos, desprovista de mecanismos representativos, entregada a jefes mesiánicos, clausuradora de la libre discusión política, antiliberal, antidemocrática, antiigualitaria y pro totalitaria, no constituyó la agudización de los principios proclamados inicialmente por la izquierda sino que fue su primera claudicación histórica[3]. El Terror sólo compartiría con la izquierda la idea moderna de la aceleración del cambio, pero no la dirección de éste ni mucho menos los métodos políticos, que terminaron abrevando en el sanguinario repertorio del absolutismo monárquico. Las consecuencias de este inicial abandono de los principios fundantes por parte de organizaciones e individuos que seguían reivindicándose "de izquierda" fueron devastadoras para la misma Revolución, transformada rápidamente en justificación del militarismo expansionista francés bajo la imperial dirección de Napoleón I.

---

[2] Para el carácter liberal-universal de la Revolución Francesa y sus tempranas contradicciones con el orden nacional, ver "La Revolución Francesa: El liberalismo pensado desde el Estado-nación", de Francsico Letamendia, en *Derechos Humanos y Revolución Francesa*, compilación de Miguel Ángel García Herrera.

[3] Para un análisis de este proceso, ver "Terror, terrorismo y Revolución Francesa", de Nicolás Xamardo y Antton Azkagorta, en *Derechos Humanos y Revolución Francesa*, compilación de Miguel Ángel García Herrera.

Significativamente, el paso previo al Terror francés fue la *"nacionalización de la Revolución"* propuesta por el jacobinismo nacionalista y personalista, es decir: por Robespierre. Este nacionalismo era contrario al universalismo de la Declaración de los Derechos del Hombre y el Ciudadano y fue emblemáticamente reflejado, por ejemplo, en el discurso de Robespierre que prepara la expulsión del *Club de los Jacobinos* y el posterior guillotinamiento de Jean Baptiste Cloots, diputado de la Convención, *"barón en Alemania pero ciudadano en Francia, y orador del género humano"*, como él mismo se declaraba.

Nacido en Clèves (Alemania), de familia belgo-holandesa y autor de un libro significativamente titulado *La República universal*, Cloots sería una de las primeras víctimas del nacionalismo "de izquierda". *"¿Acaso podemos considerar patriota a un barón alemán?"*, exclama Robespierre en la Convención frente al acusado. Y prosigue: *"¡Ciudadanos! Pongámonos en guardia de los extranjeros que quieren parecer más patriotas que los franceses... ¿Cómo se podría interesar el señor Cloots por la unidad de la República, por los intereses de Francia? Desdeñando el título de ciudadano francés sólo quería el de ciudadano del mundo... París es un hormiguero de intrigantes, de ingleses, de austríacos... Cloots es prusiano... Les he relatado la historia de su vida política. ¡Pronunciad la sentencia!"*. Y la condena del cosmopolita ciudadano del mundo y partidario de una República Universal llamado Jean Baptiste Cloots fue la muerte en la guillotina. Sin embargo, no fue solamente él quien perdería la cabeza con el Terror, sino también la tradición democrática y universalizante que originalmente definía la palabra "izquierda", fatalmente guillotinada por el absolutismo personalista, nacionalista y autoritario.

Es necesario destacar aquí que el Terror y el expansionismo territorial franceses no se originaron en la aplicación de los principios y la extensión del impulso democratizante de 1789, sino más bien en el agotamiento de su capacidad propulsiva, en la transformación de consignas universalistas en justificaciones del nacionalismo, en una nueva elitización personalizada del poder político, en las purgas violentas contra los disidentes, en la remilitarización de la sociedad y en el viraje reaccionario desde un intento de democratización interna hacia una guerra inter-nacional[4]; fenómenos perfectamente repetidos cien años

---

[4] Para el viraje de "revolución" a "guerra", ver Karl Marx, *La sagrada familia*.

más tarde por Lenin y Stalin, esos Robespierre y Napoleón del siglo XX.

Desde que no hay nada más desigual que un hombre desarmado y otro que no lo está, desde que la violencia se opone, por definición, al respeto de los más elementales derechos humanos, desde que la concentración del poder político y militar en pocas manos es siempre conservadora y antidemocrática ya que necesariamente tiende a imponer los privilegios de los más fuertes, ninguno de los métodos políticos basados en la aplicación sistemática de la violencia puede ser adscripto con honestidad a la izquierda.

La adopción de métodos violentos lleva siempre al predominio de los más poderosos y crueles y a la militarización de quienes (partidos políticos, sociedades nacionales, movimientos sociales, etc.) los emplean. El carácter elitista, verticalista y antidemocrático de toda organización militar, que se transfiere con facilidad a cualquier organización civil que adopte métodos violentos, no es casual sino necesario. La perversión de las organizaciones "revolucionarias" de Latinoamérica y Europa, rápidamente convertidas al nacionalismo terrorista, y perfectamente duplicada hoy por el IRA, por las FARC y por la ETA, muestra de manera clara que la renuncia a los métodos pacíficos lleva enseguida al abandono de los métodos democráticos.

Se escuchan hoy tantas adhesiones a las teorías sobre la "degeneración filonazi" de la ETA sin que ninguna extraiga la elemental conclusión de que su perversión actual es consecuente con sus objetivos y sus métodos de siempre, perfectamente coincidentes con los del nazismo: una nación autárquica definida por la pertenencia étnica y cultural, y establecida (o defendida) mediante el terror y la violencia.

Los pésimos resultados obtenidos, desde el punto de vista de la democracia, por todos los movimientos que se autoproclamaron "de izquierda" y aplicaron la violencia para hacerse con el control de un estado (en particular en Rusia, China, Cuba y el sudeste asiático) demuestran también la incompatibilidad entre métodos violentos y fines democráticos. La unánime conversión a una u otra forma del nacionalismo autárquico y del anticapitalismo, su carácter intrínsecamente utópico-reaccionario, pro-totalitario y antimoderno son otras características infaltables en los grupos que apelan a la violencia "desde la izquierda".

Cuando el aprovechamiento mediático de la figura de Ernesto Guevara recrea un halo de romántico y quijotesco heroísmo sobre la figura del guerrillero, supuesto ángel vengador de injusticias que tiene gran atractivo para el idealismo juvenil, no parece aleatorio recordar las trágicas consecuencias que el foquismo guevarista ha tenido en las sociedades latinoamericanas, comenzando por la misma Cuba de Fidel Castro. Generaciones de latinoamericanos se han dirigido a la muerte alzando banderas (abolición del régimen burgués, exportación de la revolución, etc.) que los revolucionarios cubanos sólo levantaron cuando estaban cómodamente instalados en el gobierno y no cuando eran un pequeño grupo aislado en la Sierra Maestra que para tener alguna posibilidad de llegar al poder necesitaba el apoyo de la comunidad internacional contra la dictadura de Batista.

Tampoco parece casual que la imagen reivindicada del Che no sea la del triunfante ministro de Economía cubano, preocupado por el desarrollo industrial de la isla y en permanente batalla con el aparato del Partido Comunista, los burócratas rusos y el mismo Fidel, sino la del combatiente derrotado en Bolivia, que arrastró a su grupo y a él mismo a una innecesaria autoinmolación del estilo de los martirios cristianos y abrió un período tristísimo de la historia de la "izquierda" latinoamericana, de la que los Tupamaros uruguayos y los Montoneros argentinos fueron la expresión más confusa y desolada.

La violencia, aplicación de la ley del más fuerte al marco político-social nacido precisamente para contrastarla, no puede ser un medio idóneo de transformación progresista de la sociedad sino un método extremo de preservación de la vida y de la libertad cuyas consecuencias son siempre profundamente negativas para quien se ve obligado a recurrir a ella y para la sociedad en la que tiene lugar. Más allá de sus declaraciones de intenciones, las organizaciones que han utilizado sistemáticamente la violencia para promover el "cambio social" sólo pueden ser consideradas objetivamente ajenas a las tradiciones políticas de la izquierda. La simple necesidad de agregar el adjetivo "democrática" al sustantivo "izquierda" para crear el par "izquierda democrática" denuncia perfectamente la situación. Sencillamente, y dado que ninguna izquierda verdadera puede dejar de ser democrática, las organizaciones de la "izquierda no democrática" no son de izquierda.

Por supuesto, no estoy sosteniendo que toda forma de violencia sea ilegítima ni necesariamente contraproducente, como la Toma de la Bastilla, o el Levantamiento del Gueto de Varsovia, o la Resistencia al nazifascismo han mostrado. En ciertas ocasiones, frente al ataque extremo y militarizado del *ancien régime*, o ante amenazas de males mayores, evidentes, inminentes e inevitables por otros medios, un recurso a la violencia provisorio, limitado, y de carácter defensivo, puede ser necesario. En cambio, lo que constituye un abandono definitivo de toda pretensión de mantenerse en el marco de la izquierda es la entronización de la violencia a método premeditado de acción política, comenzando por los intentos de militarizar un partido, un estado o una organización. Cualesquiera sean los objetivos que se declaren y las justificaciones que se esgriman para ello, ninguna de estas acciones —pasadas, presentes o futuras— puede considerarse honestamente como perteneciente al ideario político de la izquierda.

Como las leyes de la entropía establecen para el orden de los objetos, también en el orden humano nada valioso se construye rápidamente. Lo que realmente vale la pena debe ser desarrollado lentamente, con infinita devoción y paciencia. En el mundo real, los únicos procesos veloces son los destructivos. Así, en el mundo social, cuando es el tiempo de las balas y de los fusiles no es el tiempo de la izquierda ni el del progreso.

Durante largo tiempo se ha considerado que ser "de izquierda" era estar a favor del progreso contra la reacción, de la Modernidad contra el feudalismo, de la República contra la monarquía, de la razón contra la fuerza, de la democracia contra el autoritarismo, del universalismo contra los particularismos, del cosmopolitismo contra el provincialismo, del individualismo moderno contra el colectivismo absolutista, de la igualdad contra los privilegios, de la paz contra la guerra, del internacionalismo contra el nacionalismo, de los derechos humanos contra las prerrogativas de sangre y de suelo, de la libertad contra las agresiones del estado. Sin embargo, todos y cada uno de estos clivajes han sido invertidos y violados por organizaciones que se definían como "de izquierda" desde el inicio mismo de la modernidad política, y especialmente durante el entero siglo XX. Lamentablemente para la izquierda y para el mundo, se ha llegado al extremo de considerar condición suficiente de la pertenencia a la izquierda al hecho de adherir al revolucionarismo, al anticapitalismo y al extremismo antimodernos, cuyo contenido pertenece a la tradición heroico-nihilista del fascismo[5].

La presente crisis mundial, en la que unos capitalistas globales consecuentemente universalistas han reducido a la impotencia a unos "demócratas" que confían aún en la escala nacional de la organización política, es la más contundente demostración de las claudicaciones particularistas que todavía arrastra la izquierda en el nuevo milenio.

El partido de la Modernidad, la Igualdad y los Derechos Humanos

La izquierda, partido de la Modernidad, de la Igualdad y de los Derechos Humanos, no puede definirse sin invocar *simultáneamente* estas tres fuentes legitimantes porque la exaltación parcial de estos principios o el énfasis monotemático en uno de ellos conducen a la negación de los demás.

- La idea de Modernidad, necesaria para fundar la humanidad como comunidad racional, conduce por sí sola a la exaltación positivista y cientificista de la Razón y del Progreso, al reinado instrumental de las lógicas del avance tecnológico y el desarrollo económico, y al auge

---

[5] Para una crítica de estas posiciones, ver Juan José Sebreli, *El asedio a la modernidad* y *El vacilar de las cosas* y Pablo Giussani, *Montoneros, la soberbia armada*.

de las teorías neoliberistas del pensamiento único y el fundamentalismo de mercado. Este proceso configura una "Modernidad de la técnica"[6] que domina y somete a la Modernidad de la Ilustración y la Liberación, y es el principal origen del retroceso social, los desastres ecológicos y las amenazas a la paz global. En su acepción extrema, la aceptación de una modernidad técnica despojada de la idea liberal de "derechos humanos" basada fuertemente en jerarquías sociales y combinada con el anticapitalismo y el antiparlamentarismo, ha sido siempre distintiva de los totalitarismos[7], de los cuales el nazismo alemán, con su entusiasmo tecnocrático y su pasión por la aplicación destructiva de los últimos adelantos técnicos, es el ejemplo arquetípico.

- La idea de Igualdad (necesaria para fundar la humanidad como comunidad de destino), si es invocada independientemente de los valores de Modernidad y Derechos Humanos, tiende a generar sociedades colectivistas como la china, la rusa y la cubana, negación radical del individualismo humanista y condena inevitable al atraso tecnológico y la pobreza. Acaso por su carácter eminentemente campesino, ha sido China la principal representante del igualitarismo entendido como uniformidad: el autoritarismo antidemocrático del maoísmo no podía sino desembocar en esa barbarie que tomó el nombre de Revolución Cultural[8]. Hoy, los "campos de reeducación a través del trabajo" chinos y los miles de víctimas anuales de la pena de muerte, frecuentemente aplicada a autores de delitos menores después de procesos sumarios desprovistos de garantías, muestran con claridad la insuficiencia de la idea de igualdad para fundar por sí sola una sociedad civil y humana.

---

[6] La expresión pertenece a Immanuel Wallerstein.
[7] Para un desarrollo completo de esta idea referida al nazismo, ver Jeffrey Herf, *El modernismo reaccionario*.
[8] Para una crítica de la Revolución Cultural, ver, entre otros, Juan José Sebreli, *El asedio a la modernidad*.

- La idea de Derechos Humanos —necesaria para fundar la humanidad como comunidad moral y base de la entera modernidad sociopolítica— es por sí sola insuficiente para establecer una sociedad verdaderamente civil y progresista. El principio liberal de preservación del individuo de las arbitrariedades y abusos del estado no puede prescindir del principio democrático de Igualdad sin reducirse a defensa del privilegio de una minoría, ya sea ésta determinada socialmente (como en el capitalismo salvaje) o geográficamente (como en los nacionalismos y continentalismos).

La izquierda como partido de la Modernidad

Después de la experiencia del siglo XX, parece imposible olvidar que los grandes genocidios y las grandes guerras, es decir, las violaciones extremas de la Igualdad y de los más elementales Derechos Humanos han tenido lugar, invariablemente, en situaciones de escasez material, crisis económica, retroceso general y amenaza real o simbólica a la supervivencia individual, familiar y social.

Como la entera experiencia de la civilización humana ha mostrado inagotablemente, una sociedad sometida a la escasez extrema termina en la batalla de todos contra todos. La capacidad de constituir una sociedad civilizada depende pues del éxito común del *partido de las titularidades* y del de las *provisiones*[9], es decir: del desarrollo conflictivo pero fructífero de los dos sistemas básicos de la Modernidad: el económico-capitalista y el político-democrático. La abolición de uno de estos sistemas por el otro (la abolición del capitalismo en nombre de la democracia o viceversa) implica una grave violación del que es el corazón de la Modernidad política: la articulación conflictiva pero fructífera del sistema económico moderno con el sistema político moderno, es decir: de capitalismo y democracia.

---

[9] Para un desarrollo completo de esta idea, ver Ralf Dahrendorf, *El conflicto social moderno*.

La abundancia material y la civilidad democrática se solicitan y refuerzan. Una es condición necesaria de la otra. El resurgimiento de las luchas tribales en África, que han llevado al genocidio de un millón de personas en Ruanda recientemente repetido en una escala menor en Somalia y Birmania por otras tribus igualmente excluidas de la sociedad civil mundial, muestra nuevamente esta vieja relación entre desesperación, atraso y tribalismo. Estos dramáticos episodios constituyen además la negación práctica del mesianismo redencionista que intenta elevar a los pobres de la Tierra a emisarios de una verdad revelada. No por casualidad, estos desastres han ocurrido en los territorios más aislados y pobres del planeta: el Asia meridional y el África subsahariana.

La historia humana es, por otra parte, suficientemente clara y demostrativa. Sólo las sociedades en las que ha primado una relativa abundancia han podido desarrollar ideas como las de *civilidad, democracia, libertad, igualdad, tolerancia y derechos humanos*. Donde reina la escasez, nace el autoritarismo, el sometimiento a jefes providenciales, la guerra contra el diferente y el extranjero, en suma: los principios políticos que fueron idealtípicos del tribalismo en la Antigüedad y del feudalismo en el Medievo, y que durante la Modernidad ha hecho suyos el nacionalismo belicista.

La contradicción entre derechos civiles-políticos y posibilidades materiales es, por lo tanto, aparente y cortoplacista: ninguna democracia resiste indefinidamente a la escasez extrema. La miseria, la privación y el miedo son la base material del totalitarismo. Significativamente, ningún régimen totalitario ha nacido de la abundancia, pese a los intentos insistentes de los fascistas norteamericanos y de los neofascistas alemanes y japoneses. Una cultura *moderna* del avance tecnológico y del desarrollo económico, orientada al futuro, que no se enfrente a las modalidades culturales sino a sus eventuales pretensiones de defender el atraso y de amparar violaciones a los Derechos Humanos es, pues, la única estrategia posible para una verdadera izquierda.

El desarrollo máximo de la producción, inevitablemente ligado al auge del sistema económico basado en el capitalismo, no es, como pretenden el fundamentalismo ecologista, el anticonsumismo y otras variantes del anticapitalismo antimodernista, un mero indicador de la corrupción consumista de la sociedad occidental, sino un proveedor de *oportunidades* para el desarrollo de valores morales avanzados. Si los principios económicos se han transformado en el centro vital de la sociedad humana, si el consumismo se propaga por el norte del planeta y la miseria por el sur, las culpas no pueden ser achacadas al sistema económico-tecnológico, perfectamente eficiente en su función de creador material de la riqueza, sino a la incapacidad del sistema político para redistribuir social y territorialmente lo producido.

Como resulta obvio, esta incapacidad está directamente relacionada con las claudicaciones, incapacidades y debilidades de las fuerzas políticas que se autodenominan "de izquierda". Las acusaciones anticapitalistas, que falsamente toman una apariencia "de izquierda", parecen desconocer esta verdad elemental: no es la voracidad del capitalismo (por otra parte: intrínseca e inevitable) sino el *retraso de la política*[10] (que en otros escritos he intentado definir como *asincronía*), la fuente generadora de este universo unidimensional y desigual en el que la economía y sus valores hacen tabla rasa con la democracia.

Por primera vez en la historia humana, la potencia productiva del sistema económico-tecnológico es suficiente para generar condiciones materiales para una vida digna de todos los habitantes del planeta. Sin embargo, buena parte de la humanidad sobrevive en la miseria. Pero acusar al capitalismo de ser incapaz de distribuir socialmente lo producido es acusar a un submarino de su incapacidad para volar. En otros términos, implica desconocer la más elemental de las distinciones del orden moderno: la diferencia y *relativa oposición* entre economía y política. Este desconocimiento tiene su promotor teórico en Marx, quien —con buenas razones para la época— reducía la civilidad moderna a su carácter económico y burgués, hasta el punto de denominarla, llanamente, "capitalismo".

Una izquierda actualizada no se define pues solamente por su intento de constituirse como el partido de la Modernidad, sino por la tentativa de equilibrar y recombinar el conflic-

[10] Para el concepto de "retraso de la política", ver André Gorz, *Miserias del presente, riquezas de lo posible*.

to específicamente *moderno* entre economía y política. El anticapitalismo, el antiparlamentarismo, el intento "no-global" de renacionalizar la economía, la tentativa romántico-reaccionaria de oponerse al avance tecnológico o al desarrollo económico —y especialmente al avance tecnológico o al desarrollo económico *globales*— no concuerdan con ninguna de las tradiciones de la izquierda y violan manifiestamente el tríptico "Igualdad-Modernidad-Derechos Humanos" que le es constitutivo y fundante. La misma idea negativa de "resistencia" (al capitalismo, a la modernización, a la globalización) que permea el discurso "anti-lo-que-sea" es una idea conservadora y, por lo tanto, típicamente de derecha. En cambio, la izquierda debe definirse por el impulso positivo, generoso, inteligente y orientado al futuro hacia una verdadera globalización multidimensional y democrática de la Modernidad.

Las tribus de la "izquierda"

El heterogéneo conglomerado que intenta hoy ubicarse bajo banderas rojas repite con el plural estilo de la época las exaltaciones injustificadas y las aboliciones arbitrarias ya entusiastamente acometidas durante el siglo XX. El fundamentalismo cuasi religioso del "Partido de la indignación moral" no es la avanzada de la izquierda sino un patético furgón de cola atado a la sotana de Su Santidad de Roma.

Como bien se ha visto en el Foro Social Mundial de Porto Alegre, reclaman para sí el nombre de "izquierda" sectas antitecnológicas y fundamentalismos ecológicos que miran el mundo con ojos de oso panda y se pronuncian no ya por el progreso sino por su negación; nihilistas políticos que en nombre de la lucha contra la corrupción abdican de la representación democrática y abren el paso a nuevas formas de la antipolítica protofascista; sectas religioso-románticas que en nombre de los crímenes cometidos por la razón instrumental proclaman la reinstalación de las pulsiones primarias y de las luchas intergrupales como reguladoras de la convivencia social; autoritaristas de todo tipo y laya que proponen a líderes nacionalistas y a terroristas del Tercer Mundo como alternativas a una democracia otra vez peligrosamente descalificada como "mera farsa de los poderosos"; particularistas antiuniversalistas que exaltan una nación, un continente, un sexo, una raza, una tribu existente o simbólica, una religión, o una variante más o menos imposible de dos o más de ellas; neohegelianos que sostienen que alguna de estas tribus es la encarnación de la entera humanidad y proponen la lucha racial, nacional, tribal, clasista, sexista o religiosa como una nueva guerra santa por la salvación colectiva; colectivistas absolutistas que ven en el retorno a algún tipo de comunidad simbólica el refugio para las tensiones y riesgos de la vida moderna; pseudodemócratas de la igualdad de todos los ciudadanos (de un mismo estado nacional) o que llaman a una "Europa plural y democrática" (para todos los ciudadanos *europeos*); belicistas que ven en el armamentismo europeo, japonés o tercermundista una vía racional de resolución al problema de la hegemonía norteamericana; conservadores que sostienen las fuentes pretéritas de legitimación de la izquierda, es decir: los sindicatos, partidos y gobiernos nacionales; defensores corporativos de las prerrogativas de sangre y suelo en las que los pueblos del Primer Mundo basan aún sus disminuidos privilegios; antiglobalistas varios que confunden *esta* globalización neoliberista con la necesaria, inevitable y progresista extensión planetaria de los procesos tecnológico-económico-sociales; nostálgicos que proponen formas de renacionalización de la economía en lugar de avanzar en la globalización de la democracia; en fin: unas verdaderas bandas tribales basadas en la exaltación *ineficaz* de uno solo de los principios en los que se basa la tradición de izquierda y en la demolición *eficiente* de los restantes.

¿Victimismo colectivo o autonomía individual?

Hay que decir, en descargo de todos ellos, que su originalidad es escasa, desde que las desviaciones de la izquierda iniciaron con su mismo episodio fundante, la Revolución Francesa, y han constituido, durante más de dos siglos, una larga y penosa tradición. Buena parte de ella se deriva de ideas religiosas que, con cierta aproximación, podríamos unificar bajo el nombre de *victimismos*[11].

En nombre de la reivindicación de las víctimas de opresiones pasadas, los victimismos terminan legitimando futuros horrores. Por supuesto, el revolucionarismo proletario de Marx se lleva en esto los mejores premios. Pero también puede mencionarse en este rubro al nacionalismo de los países oprimidos usado para justificar la invasión italiana de Etiopía, al armamentismo nazi contra los vencedores de Versailles, la invasión de una dictadura genocida a las islas Malvinas, las revanchas de las "limpiezas étnicas" yugoslavas, los ataques terroristas a la población civil israelí y un innumerable y deplorable etcétera. También el racismo violento de algunas sectas afroamericanas; las muchas mafias de inmigrantes extranjeros; el feminismo fundamentalista que pretende transformar la sociedad en un campo de batalla entre los sexos; el redencionismo milenarista que identifica a los pobres de la Tierra con un dudoso sujeto histórico capaz de salvar a la entera humanidad y otros variados y abundantes delirios particularistas se basan comúnmente en una posición victimista. La lista es interminable y está invariablemente ligada al atraso, a las ideas religiosas de autoinmolación y sacrificio, a la violencia y a la postulación de utopías reaccionarias y autodestructivas[12].

El victimismo (y más en general: las ideas religiosas aplicadas al campo político) no es de izquierda porque niega un valor central de la modernidad social: la autonomía del sujeto[13], que en la óptica victimista pasa de ser actor de su propia vida a considerarse receptáculo pasivo de las acciones de otros. Por este camino, el individuo moderno deja de ser sujeto de derecho para convertirse en objeto de las inútiles lamentaciones propias y de la inmovilizante piedad ajena.

A la ya difícil situación de quienes están sometidos por va-

[11] Para la idea de "victimismo", ver Tzvetan Todorov, *El hombre desplazado*.
[12] Para el concepto de "utopía reaccionaria", ver Héctor Raurich (en *Escritos sobre escritos, ciudades bajo ciudades* de Juan José Sebreli) y Norberto Bobbio, *Né con Marx né contro Marx*.
[13] Para una defensa de la idea de "autonomía", ver David Held, *La democracia y el orden global*.

riadas opresiones —situación que requiere de una intervención protagónica, activa y democratizante— el victimismo tercermundista, etnicista, feminista, fundamentalista, religioso, nacionalista, agrega una invocación a la pasividad o una absolutización de las razones de la víctima que sólo puede conducir a la violencia, a la venganza y a nuevas y peores desigualdades.

Probablemente, la humanidad ha tenido verdadero inicio cuando un homínido observó el sufrimiento de un animal o de un semejante y se compadeció de él, comprendiendo que el dolor que el otro sentía era igual al propio. Esta hazaña es inalcanzable para las especies inferiores, lo que incluye, muy especialmente, a las hordas tribales, incapaces de reconocer a un otro en el otro. Así, la compasión por las víctimas constituye el primer paso en la fundación de la humanidad no ya como simple pertenencia a una especie biológica ni como mera comunidad racional, sino como *comunidad moral y de destino*.

Toda víctima debe ser librada de la opresión que sufre, y el esfuerzo solidario por colaborar en su liberación define al individuo que la ejerce como ser humano y como sujeto, configurando un imperativo categórico universal de connotaciones kantianas. Sin embargo, la compasión no debe tomar el lugar de la justicia, sugiriendo que basta ser débil para tener razón, mucho menos una razón absoluta[14]. Por lo tanto, ningún poder especial, ninguna facultad o derecho preferente puede ser acordada a individuos o grupos aun cuando sean víctimas de algún tipo de discriminación opresiva, ni habrá de reconocérseles un hipotético derecho a la venganza o el carácter de portavoces de la entera humanidad.

En una sociedad democrática, los límites de toda reivindicación están fijados por los dos principios fundantes del sistema político: la Igualdad y la Justicia. Toda víctima tiene absoluto derecho a la reparación de la injusticia que contra ella se comete, pero nada más que eso. Las "discriminaciones positivas" son, pues, ilegítimas, porque se oponen a la Igualdad. La revancha y la venganza lo son, porque se oponen a la Justicia.

---

[14] Para un desarrollo completo de esta idea, ver Tzvetan Todorov, *El hombre desplazado*.

El victimismo —es decir: la adopción acrítica del hipotético punto de vista de la víctima (que en realidad suele ser sólo el punto de vista de los que hablan y actúan en nombre de ella)—, así como la divinización de la víctima y la demonización del supuesto victimario, más que constituir pasos hacia la universalidad democrática propia de la izquierda tienden a generar violencia injustificada y nuevas opresiones. Significativamente, todos los totalitarismos se han basado en la usurpación del lugar de la víctima[15] y en la absolutización grupal, colectivista, antihumanista y antiindividualista de sus pseudorrazones.

Las encarnaciones del profesor Hegel

Las más radicales desvirtuaciones de las tradiciones iluministas, que llevaron a sectores que se reivindicaban "de izquierda" al autoritarismo, al totalitarismo y hasta al genocidio, se han basado en la idea religiosa de "encarnación", retomada sucesivamente por Hegel y aplicada a Napoleón I, el estado prusiano y la nación-estado. Posteriormente, ésta sería cooptada por su discípulo Marx en representación de la clase obrera, nuevo sujeto colectivo capaz de representar a la Razón, el Progreso y la Historia.

La exaltación acrítica de la razón es perfectamente irracional, ya que si algo la distingue es la conciencia socrática de sus propios límites. Nada es más contrario a la razón humana que la glorificación religiosa de sí misma y el sacrificio de seres humanos a las pseudorrazones de la Historia o el Progreso. Consecuentemente, los discípulos obreristas, nacionalistas y racistas de los particularismos pseudouniversalistas disfrazados de "universales concretos" han sido coincidentemente enemigos de una sociedad abierta y racional[16]. Para decir lo obvio, lo uni-

---

[15] Para el concepto de "usurpación del lugar de la víctima", ver Jean-Claude Guillebaud, *La réfondation du Monde*.

[16] Para una crítica de los aspectos irracionales y semirreligiosos del pensamiento de Hegel y Marx, y de las consecuencias totalitarias de sus tesis, ver el clásico de Karl Popper, *La sociedad abierta y sus enemigos*.

versal es necesariamente abstracto (es decir: es fruto de una abstracción) y como tal debe permanecer. El intento de encontrar un "universal concreto" lleva la idea de "encarnación", al substitucionismo y a la exaltación de los más variados particularismos en el nombre de "lo universal". El único ente que puede ser universal y concreto es la divinidad y su constitución como categoría política lleva al fundamentalismo totalitario.

Lo que ha caracterizado unánimemente a las doctrinas totalitarias no es el simple irracionalismo ni la sola exaltación de un grupo racial, nacional o clasista, sino la ontologización de un principio abstracto (la Razón, la Naturaleza, la Historia, la Revolución, el Progreso); su encarnación en una institución, un grupo o un líder; la transformación de estos medios en fines (y en fines superiores a la supervivencia, la realización y la felicidad humanas); y la usurpación de la idea de universalidad por parte de un grupo que intentaba legitimar la defensa cerrada y violenta de sus intereses o visiones en la pretensión de representar a la entera humanidad o a leyes universales y extrahumanas.

Estos falsos universalismos han unánimemente abolido el imperativo categórico moral kantiano por una versión más o menos ontologizada de principio metahistórico, antihumanista y antiuniversalista. Las consecuencias no podían ser más previsibles: la defensa de la propia nación, la propia raza, la propia clase, el propio género, resultaron necesariamente en la justificación perfecta de la manipulación de seres humanos por otros seres humanos y terminaron en la supresión de muchos de ellos, es decir: en la consumación de *Crímenes Contra la Humanidad*.

Es éste el territorio exacto de la derecha extrema: la explotación, manipulación y supresión de seres humanos por otros seres humanos, mediada y justificada por la elevación de medios a fines. Esta entronización de principios abstractos y parciales como el mercado y la eficiencia; pero también como la clase oprimida, la nación oprimida, la raza oprimida y el sexo oprimido, que terminan justificando opresiones individuales y concretas, no pueden ser sostenidas coherentemente por nadie que se reivindique de izquierda, es decir: como partidario de la Modernidad, la Igualdad y los Derechos Humanos.

Todo totalitarismo es un particularismo, es decir: expresa la pretensión de una parte de ser la encarnación terrena de una verdad revelada y es denotado por su vanidad de hablar y actuar en nombre del todo. En este sentido, el vocablo "totalitarismo" es engañoso, ya que el crimen totalitario no depende de la universalidad del todo sino, precisamente, de su negación por un falso universalismo. Esta distinción entre universalismo y falsos universalismos no es borrosa sino sencilla: quien verdaderamente pretenda hablar en nombre del universalismo no puede jamás fundar sus afirmaciones en la pretensión de haberlo alcanzado. El universalismo es un lugar vacío, un mero intento de considerar igualitariamente todos y cada uno de los puntos de vista posibles antes de tomar una decisión mediada por la lógica liberal y democrática.

Basado como está en valores universales que nunca pueden ser completamente alcanzados (la Justicia, la Igualdad, la Libertad, etc.), el discurso genuinamente universalista debe intentar fundarse en la consideración de las razones del todo pero debe abtenerse —como de la peste— de la nefasta pretensión de haber alcanzado su expresión definitiva. Por el contrario, por su mismo carácter universal, se somete a la consideración de las razones de otros y acepta la fuerza del mejor argumento como método racional de dirimir las controversias. Eventualmente, cuando esto no es posible, se somete a la decisión democrática, esto es: al principio mayoritario y al respeto de los derechos de la(s) minoría(s).

Por el contrario, los falsos universalismos hablan en representación del todo y se basan en progresivas sustituciones. Por ejemplo: los intereses de la humanidad están encarnados en los de la clase obrera; después, la clase obrera mundial está representada por los trabajadores del eslabón más débil de la cadena imperialista (Rusia); luego, la clase obrera rusa se expresa a través de los soviets; entonces, los soviets son reemplazados por el Partido Comunista de la Unión Soviética, éste por su dirección: el Comité Central, y el Comité Central por su líder: un señor llamado Vladimiro Lenin. Finalmente, en defensa del país de la revolución obrera triunfante, el camarada Stalin comete un genocidio doblemente justificado por el "socialismo en un solo país", es decir: en una doble ontologización (nacionalista y clasista) particularista basada en las "encarnaciones" del "universal" en lo "concreto". Para completar el disparate, ciertos intelectuales[17] hacen equivaler los crímenes cometidos por el "universalismo" (sic) leninista y stalinista con los producidos por el nacionalismo particularista de los nazis, y establecen una suerte de doble condena al nacionalismo y al universalismo, lo que más que una razón es su mera apariencia.

Este expediente de adjudicar los crímenes cometidos por organizaciones nacionales a las supuestas justificaciones universalistas que éstas esgrimen es uno de los trucos preferidos de los particularismos, y en especial del nacionalismo. Así, si la Inquisición quema herejes y cristianos para defender y ampliar el poder de una organización mística, sectaria, elitista y aristocratizante, la culpa la tiene el Cristianismo, cuya ideología se opone, manifiestamente, a todo sacrificio humano con excepción del propio. Si el general Napoleón invade media Europa en defensa y promoción de los muy concretos intereses franceses, la culpa la tienen los "abstractos" universales Derechos Humanos proclamados por la Revolución Francesa. Si los países avanzados cometen crímenes colonialistas e imperialistas (es decir: crímenes *nacionalistas*) en nombre de la Modernidad, habrá de escupirse sobre las tradiciones universalistas y humanistas de la Ilustración. Si en nombre de una revolución clasista los kulaks son masacrados y se crean los mayores campos de concentración de la historia humana, entonces el universalismo es genocida. Si Fidel Castro tortura a los disidentes en nombre de una revolución que pinta "Patria o Muerte" en las paredes de toda la isla de Cuba, la responsabilidad es del apátrida internacionalismo marxista. La lista de los crímenes cometidos por las organizaciones particularistas en nombre de falsos universalismos es interminable y concluyente, pero no convencerá a nadie, dado que los particularismos no se basan en la razón y la experiencia, sino en su negación y en esos prejuicios que Sartre, siguiendo a Hegel o acaso por experiencia propia, insistía en denominar "falsa conciencia".

El comunismo stalinista no ha sido un universalismo sino un doble particularismo, clasista y nacionalista, impulsado des-

---

[17] Me refiero, en especial, a François Furet y Ernst Nolte. Ver *Fascismo y comunismo*.

de la morada terrena de la revolución social triunfante. Contrariamente a lo sostenido por cierta "izquierda", el stalinismo no ha sido la negación del marxismo y el leninismo sino la aplicación práctica de los principios particularistas (nacional y clasista) del marxismo-leninismo: la triunfal combinación de la "revolución social obrera" proclamada en el *Manifiesto Comunista* con la "autodeterminación de las naciones" pregonada en *El imperialismo, etapa superior del capitalismo*. Más precisamente, el leninismo-stalinismo ha constituido un ulterior paso atrás desde el marxismo; el capítulo decisivo de la perversión de la idea de "izquierda" que permeó el entero siglo XX, con su transformación de la teoría marxiana en un corpus antimoderno que veía al capitalismo y a los países avanzados como una mera negatividad y proponía, muy consecuentemente, la lucha contra el capital y a favor de la autodeterminación de las naciones, es decir: de las naciones atrasadas.

Marx defendía el carácter progresista de la mundialización del capitalismo, calificaba de "imposibles" a "la estrechez y el exclusivismo nacionales" y se burlaba del "gran pesar de los reaccionarios" por su desaparición. Llamaba "bárbaros hostiles al extranjero" a quienes se oponían a la "mundialización del mercado" y a la "corriente de la civilización". Lenin invirtió los términos: salvó al estado-nacional como vehículo idóneo de la modernización económica y la democratización política, y condenó al capitalismo incipientemente transnacionalizado. Si mucho tenía de antimoderno el marxismo, Lenin y Stalin se encargaron de elevarlo a la enésima potencia.

El leninismo no sólo potenció las partes más despreciables del marxismo (la teoría de la revolución inevitable y la dictadura del proletariado, con su carga de teleologismo historicista hegeliano) sino que destruyó su herencia más valiosa: su internacionalismo cosmopolita y mundializante. Con la toma del Palacio de Invierno, la izquierda pasaría de la influencia de una teoría *post-capitalista e inter-nacionalista* (el marxismo) al *anti-capitalismo nacionalista* de Lenin y Stalin.

Para comprender la gravedad de estos hechos, cuyas consecuencias se perpetúan en el actual sometimiento de la izquierda al nacionalismo y al anticapitalismo (lo que lleva directamente a rechazar la globalización económica y a la imposibilidad de proponer la mundialización de la democracia), es útil la puntualización de Norberto Bobbio, quien ha definido a la izquierda por el principio de Igualdad. En efecto: en un mundo dividido en naciones, *Democracia* es el nombre que toma la igualdad entre los ciudadanos de un mismo estado, e *Internacionalismo* el que toma la igualdad entre los ciudadanos de los diversos estados nacionales.

Democracia e Internacionalismo, por oposición a *autoritarismo y nacionalismo*, son principios fundantes de la izquierda. El abandono de la idea democrática, iniciada por Marx en nombre del particularismo clasista obrerista y de la dictadura del proletariado, fue completado por el reemplazo de su internacionalismo cosmopolita por un nacionalismo disfrazado de antiimperialismo, hazaña realizada por Lenin y de la cual se derivaron no sólo incontables horrores para los habitantes concretos de la URSS, sino una confusión monumental por la que la palabra *izquierda* dejó de significar universalismo internacionalista y cosmopolita, democratización política, paz y derechos humanos, para pasar a ser identificada con nacionalismo, populismo, tercermundismo, revolucionarismo, violencia, justificación de métodos atroces en nombre de fines hipotéticos, control totalitario de la sociedad por el estado, armamentismo, para no mencionar las guerras internacionales y las anexiones imperialistas justificadas en nombre de la "revolución triunfante".

El nacionalismo y el clasismo, hijos legítimos de la idea cristiano-hegeliana de *encarnación*, han sido dos fuentes permanentes de penuria para la sociedad humana, ontologizaciones cercanas al animismo tribalista que terminaron describiendo realidades y sistemas sociales como si se tratase de sujetos vivientes, y sacrificando seres humanos de carne y hueso a la exaltación de principios antropomorfizados (la "felicidad de la madre patria", la "misión histórica de la clase obrera", "la encarnación de la Razón y de la Historia", etc.). Apenas terminado de caer el Muro de Berlín, el rápido pasaje de los comunistas rusos al nacionalismo paneslavista constituyó la franca reunificación, en el campo político, de la derecha y la izquierda filohegelianas.

Por sus violaciones sistemáticas de los principios de Modernidad, Igualdad y Derechos Humanos, ninguna de las tristes empresas del marxismo-leninismo-stalinismo merece pertenecer a la tradición inaugurada en 1789 con el nombre de *Izquierda*.

Sin embargo, atónita por el crimen cometido en su nombre, la izquierda del nuevo milenio se demuestra aún incapaz de superar la doble barrera que el revolucionarismo obrerista marxiano y el nacionalismo leninista le han erigido durante el entero siglo XX. En la mayor parte del mundo, con la sola y significativa excepción de los países avanzados, se sigue definiendo a la izquierda como "anticapitalismo" y "antiimperialismo". La optimista teoría política que pretendía hablar en nombre de un futuro mejor se ha transformado así en una "resistencia" sostenida en nombre de un pasado añorado, abandonando el campo de la modernización y la globalización al neoliberismo.

A la justa crítica, por parte de la izquierda moderna, del carácter *antidemocrático* del leninismo y el stalinismo del "partido único" y el "centralismo democrático", falta aún su necesario complemento: la descalificación enfática del "antiimperialismo" y del "derecho a la autodeterminación de las naciones y los pueblos" —es decir: del *nacionalismo*— como vía racional y democrática hacia una sociedad mejor y más humana. Hasta que no supere esta parcialización de su universalismo fundante mediante la elaboración de un proyecto democrático y antinacionalista mundial, la izquierda seguirá caminando con una sola de sus piernas.

La autonomía de la política

El problema geográfico de la Modernidad se ha invertido. Ya no se trata de horribles invasiones militares o simbólicas pergeñadas por los monstruosos europeos contra el resto del mundo sino de millones de seres humanos excluidos que batallan por entrar en la Modernidad sin conseguirlo; mediante el desplazamiento geográfico, cuando no hay otro remedio. Para los habitantes de los países atrasados no se trata ya, pues, de resistir invasiones, sino de evitar la exclusión económica, social y cultural; no de oponerse al imperialismo sino a la xenofobia; no de abogar por la construcción de barreras contra la producción de los países avanzados sino a favor de un progresivo abatimiento bidireccional de subsidios agrícolas y límites aduaneros; no de reivindicar la dudosa voluntad de permanecer en el atraso sino el derecho precisamente opuesto: el de apropiarse de las conquistas políticas, económicas, tecnológicas y sociales de la humanidad en nombre, precisamente, del carácter universal que la misma civilidad moderna reivindica desde sus orígenes.

Lejos de constituir una opción superada, la emergencia de una sociedad civil mundial renueva los clivajes entre conservadurismo y progresismo, entre tribalismo y universalismo, entre sociedades cerradas y abiertas, entre Esparta y Atenas, entre derecha e izquierda.

Lo que define hoy una política de izquierda en el Tercer Mundo no es la oposición a una hipotética invasión europeizante o americanizante, o la reivindicación de la autodeterminación de unas naciones o unos pueblos que en el marco de la globalización ya no se sabe muy bien qué significan exactamente, sino la resistencia a la consumación de un *apartheid* a escala planetaria. No va en contra de los procesos mundializantes sino del carácter meramente económico de la actual globalización neoliberizada y de ese aislamiento político en comunidades nacional, continental o religiosamente cerradas que constituye una nueva utopía reaccionaria. Una posición de izquierda se define hoy por la simultánea oposición a la hegemonía del capitalismo global —esa racionalidad sin sujeto— y a las comunidades cerradas de los particularismos —esa subjetividad desprovista de razón—[18].

En un mundo finalmente mundializado, la autonomía de la política se ve fuertemente comprometida cuando es asociada a sistemas políticos territoriales cuya capacidad de intervención está siendo avasallada y a unos gobiernos nacionales que vuelven a ser aquella junta que administra los intereses locales de

---

[18] Para un más completo desarrollo del concepto de Modernidad como "racionalización + subjetivación", ver Alain Touraine, por ejemplo, en *¿Qué es la democracia?*, *¿Podremos vivir juntos?* o su ya clásico *Crítica de la modernidad*.

los capitalistas globales, según la expresión de Karl Marx, o se convierten en "grandes comisarías", de acuerdo con la más moderna y dramática descripción de Zygmunt Bauman. Así, la política democrática exige hoy ser independizada del estado-nación, cuyo rol principal vuelve a definirse, como en los tiempos del industrialismo incipiente, por la subordinación de la sociedad civil y del sistema político al orden impuesto por el sistema económico.

Por lo tanto, la tarea política de la izquierda no puede ya centrarse en el intento de asumir el control de los estados nacionales dentro del marco asfixiante y omnicomprensivo del consenso neoliberista global. La izquierda debe abandonar estas ilusiones fácilmente vinculables a las ambiciones personales de sus líderes y a los intereses corporativos de sus organizaciones si no quiere perder los últimos restos de credibilidad de los que aún goza. En el marco de la globalización neoliberal, es necesario comprender y aceptar que ningún otro país es posible, lo que no implica abandonar la disputa por los poderes políticos nacionales sino comprender que forman parte (y una parte básicamente defensiva y secundaria) de una estrategia más vasta y global.

Los treinta años de consenso socialdemócrata de post-guerra y el sucesivo apogeo mundial del neoliberismo han demostrado que lo políticamente decisivo no es el triunfo electoral de la izquierda o la derecha nacionales, sino las condiciones globales en que estos triunfos se dan. Si algunas décadas atrás un republicano conservador que desempeñaba la presidencia de los Estados Unidos de América se vio obligado a declarar "Ahora todos somos keynesianos", los gobiernos de centroizquierda en el poder deberían confesar amargamente: "Hoy somos todos neoliberistas y monetaristas".

Por ello, si bien la renuncia a toda fantasía de supervivencia de paraísos nacionales o continentales en un contexto mundial regido por el fundamentalismo de mercado no debe implicar dejar en manos del conservadurismo neoliberista el control de los gobiernos locales y nacionales, resulta vital integrar esta disputa por cada espacio de poder territorial a una tarea estratégicamente más importante, crucial no sólo para la izquierda sino para el porvenir del mundo: la de crear las condiciones institucionales para un nuevo consenso socialdemócrata-progresista a escala global.

Durante largo tiempo, los intereses y proyectos de la derecha política estuvieron ligados al desarrollo del sistema económico globalizado, y los de la izquierda, a los fragmentarios poderes políticos nacionales. Como paradójico resultado de esta parte de la historia, asistimos hoy a un escenario global de polaridades invertidas en el que la derecha se presenta como universalista y modernizante en tanto la izquierda se define como nacionalista y conservadora. Consecuentemente, en un contexto determinado por la globalización de los procesos sociales, la crisis política de la izquierda institucionalizada (partidos, sindicatos, administraciones locales, gobiernos nacionales) es profunda y acaso terminal: consiste en una debacle de paradigmas y proyectos nacionales que la cooptación de la agenda mundial por parte de ONGs globales ha mostrado con abundancia.

La fijación de la izquierda en sus pasadas y caducas fuentes de legitimidad, financiación y organización sólo puede perpetuar su actual anquilosamiento. La continuidad de la actual confusión entre *globalización* y *neoliberismo globalista* (es decir: entre el fenómeno de la mundialización y la forma unidimensional y unidireccional que asume en el presente) genera una confusión y una desorientación fácilmente confundibles con la desaparición de las diferencias entre derecha e izquierda. El consiguiente rechazo *tout court*, utopista y reaccionario, de la globalización, en nombre de los efectos perversos de *esta* globalización neoliberizada, sólo puede favorecer a una derecha que se propone, gracias a estas graciosas concesiones de la izquierda, como la única práctica política modernizadora y universalista realmente existente.

El proyecto de un orden mundial más justo e igualitario es hoy imprescindible a una izquierda que quiera abandonar las utopías reaccionarias que signaron su pasado inmediato y las lamentaciones de estilo papal que conforman su melancólico presente. Contra la crisis secular de la izquierda en el mundo, la instauración de un Parlamento Mundial debiera constituir el primer paso democrático, modernizador y universalista de quienes quieren abandonar la posición de espectadores para intentar retomar la iniciativa política. Asimismo, en una sociedad post-totalitaria y en nombre de la complementariedad de los principios fundantes de la modernidad social, esta batalla democrática debe respetar un límite liberal: no se trata ya de reinstaurar la "primacía de la política", concepto schmittiano que reivindicaron los nacionalsocialistas, sino su perdida *autonomía* y su dignidad secularizada.

Diez dimensiones de la izquierda

Podemos ahora intentar diferenciar Izquierda de Derecha en varias dimensiones:

– Espacialmente, la derecha es territorialista y nacionalista, y la izquierda es *cosmopolita, universalista* y *antinacionalista* en tanto que, temporalmente, la derecha es consagradora del pasado y conservadora del presente, mientras que la izquierda es *moderna, progresista y orientada al futuro*.

– Sistémicamente, la derecha sostiene el reinado de la economía sobre la política (neoliberismo) o su contrario, la hegemonía de la política sobre la economía y la sociedad civil (totalitarismos), y la izquierda se pronuncia por la autonomía y dignidad de ambas. En otros términos, la derecha se pronuncia por el control hegemónico del estado sobre la sociedad civil (totalitarismos) o su contrario, la absoluta independencia de la sociedad civil y la necesidad de reducir al mínimo el estado (neoliberalismo). La izquierda, en cambio, sostiene la necesidad y posibilidad de un conflictivo balance dinámico entre sociedad civil y sociedad política.

– Dimensionalmente, la derecha es partidaria de la *primacía del espacio* (es decir: de la geografía como valor social y político) y de la *clausura del tiempo* en un simbólico pasado glorificado, en un presente inmóvil (el fin de la historia) o en un futuro en el cual se producirá el advenimiento del paraíso sobre la tierra, en tanto la izquierda aboga a favor del *tiempo* (de la historia como escenario de las realizaciones humanas) y por la *cancelación moderna del espacio*.

– Jurídicamente, la derecha defiende los *privilegios filial-he-*

reditarios (es decir: los derechos del suelo y de la sangre); en tanto la izquierda reclama su abolición y su reemplazo por *derechos fraternales y humanos*.

– Ontológicamente, la derecha proclama la *soberanía de los pueblos, las naciones y los estados,* en tanto la izquierda está por la defensa de la *soberanía del individuo y por la promoción democrática de los intereses comunes de la humanidad*.

– Metodológicamente, la derecha ve en la sociedad un territorio en disputa y se pronuncia por la *competitividad económica* y la *violencia política* o, en el orden de ideas opuesto, clama por la *unanimidad de los cementerios*. La izquierda, en cambio, no pretende la armonía universal ni una premoderna y abstracta comunidad de intereses, sino que subraya la posibilidad de que los conflictos sean *dirimidos pacífica y articuladamente*, y promueve la *solidaridad* y la *cooperación* entre los seres humanos, pero sin apelar a ilusorios "sujetos colectivos".

– Socialmente, la derecha tiende a la defensa del *poder de los más fuertes*, y a la *caridad* y el victimismo respecto de los más débiles. La izquierda, a la reivindicación de los derechos de las *mayorías desposeídas* y de las *minorías discriminadas*, no en nombre de la caridad, sino de la *Justicia*.

– Fácticamente, la derecha es *posibilista* y desarrolla *realpolitiks* o, por el contrario, propone *utopías reaccionarias* cuyos despojos suelen desplomarse sobre las cabezas de una doliente humanidad. La izquierda es partidaria de las *practopías*, del *realismo utópico*, de una *ética de la responsabilidad* que pueda distinguirse, sin embargo, de toda *realpolitik*.

– Filosóficamente, la derecha pretende encarnar *particularismos* nacionales, raciales, clasistas, sexistas, sistémicos, culturales o religiosos, en tanto la izquierda los combate en nombre del *sujeto* y de la *humanidad*, es decir: intenta responder de modo universalista a las razones del *hombre*, en su doble acepción de individuo y especie.

– Jerárquicamente, la derecha se define por subordinar los seres humanos concretos a *principios ontológicos* como la Razón, la Historia o el Progreso, en tanto la izquierda es *humanista*, es decir: considera a cada hombre como un *fin en sí mismo*.

Como consecuencia de la monumental confusión producida durante el siglo XX por el abandono de los valores de izquierda por parte de muchas de las organizaciones que se reclaman de izquierda, estos principios se encuentran heterogéneamente distribuidos a lo largo y ancho del arco político. En otras palabras, organizaciones que se consideran de centro y hasta de derecha suelen ocasionalmente defender principios de izquierda, aunque mucho más frecuentemente sucede lo contrario, es decir: que organizaciones que se agrupan bajo banderas rojas defiendan valores completamente opuestos a las tradiciones fundantes de la izquierda, en particular valores nacionalistas y territorialistas.

Lejos de haber perdido relevancia con la globalización de los procesos sociales, la oposición entre Derecha e Izquierda se reconfigura hoy a escala global. En tanto el tan mentado "retraso de la política" consiste, básicamente, en el retraso de las políticas nacionales respecto de una economía globalizada, la supuesta desaparición de la tensión entre Derecha e Izquierda es simplemente la pérdida de relevancia de esta alternativa en la escala nacional. Los estrechos márgenes que un capitalismo globalmente organizado deja a los poderes democráticos nacionales disminuye dramáticamente las posibilidades de llevar adelante una política progresista y acerca peligrosamente a derechas e izquierdas nacionales en una misma resignada sumisión a los poderes económicos globales.

En todo caso, la cuestión decisiva en política sigue siendo: "¿quién (y cómo) toma las decisiones públicas?" Una política de izquierda se define aquí, hoy como siempre, por una respuesta igualitaria y democrática: los representantes de los ciudadanos reunidos en instituciones democrático-liberales. Un simple vistazo a los organismos encargados de decidir sobre las cuestiones globales (desde el Consejo de Seguridad de la ONU hasta la tríada FMI-Banco Mundial-OMC, pasando por los representantes de las naciones más poderosas, que conforman una ínfima minoría de la humanidad) permite afirmar que no se verifica, en la cada vez más decisiva escala global, el más mínimo atisbo de representatividad democrática.

En un mundo finalmente mundial, en el que la batalla por la democracia ha alcanzado la escala global, una política de izquierda se define, como en 1789, por la decapitación política del *ancien régime* y la paulatina construcción de instituciones democrático-representativas en todos los niveles en los que deban ser adoptadas decisiones políticas significativas. Como es obvio, esto incluye todos los niveles supranacionales (continental, regional, inter-nacional y global), cuya importancia ha aumentado dramáticamente en los últimos años y está destinada a crecer aún más rápidamente en el futuro cercano. En breve, una posición política verdaderamente de izquierda se define hoy por la institucionalización democrática de un universo ya globalizado por la técnica y la economía, y por la recuperación de aquellas ideas fundantes desdibujadas en el largo interregno del siglo XX: *Modernidad - Igualdad - Derechos Humanos.*

5. 11 DE SEPTIEMBRE: EL COLAPSO DE LOS ESTADOS NACIONALES[1]

◆

> "Nuestra alternativa es, claramente, el universo o nada."
>
> H. G. WELLS

Millones de páginas se han escrito y se escribirán en todo el mundo sobre lo sucedido el 11 de Septiembre en los Estados Unidos de América. Muy pocas han destacado el factor más importante y novedoso, que da a los acontecimientos el carácter de catástrofe planetaria y parece estar abriendo una nueva era en el devenir histórico de la humanidad. Me refiero a la espeluznante incapacidad del estado nacional más poderoso del planeta para cumplir con la más elemental de sus funciones —la protección de la vida de sus ciudadanos— y al inmenso poder destructivo que frente a éste posee una pequeña red que se organiza desanclada y desterritorializadamente en un mundo global determinado por la tecnología de punta. El dominio de lo mundial sobre lo nacional ha permitido la consumación de los horrendos atentados, simplemente impensables en la fenecida era de las Modernidades Nacionales, y la hegemonía de lo desanclado-desterritorializado sobre lo geográfico extiende ahora sus desastrosas e imprevisibles consecuencias en la escala global en la que acontecen los fenómenos decisivos de la sociedad civil mundializada. Pese a su apariencia retórica, no son éstas afirmaciones meramente teóricas y abstractas, llenas de indiferencia

---

[1] Introducción al libro *Twin Towers: el colapso de los estados nacionales*, publicado por Edicions Bellaterra (Barcelona), en marzo de 2002.

hacia las muertes y la barbarie ocurridas, sino más bien una expresión de preocupación ante la posible barbarie futura y las probables muertes por venir.

En el momento en que redacto estas líneas nadie sabe aún con certeza si ha habido alguna participación de Saddam Hussein en la preparación y realización de los atentados. Sea como sea, estoy seguro de que Hussein estará ya meditando sobre el trágico error cometido a comienzos de la década del 90: si se quiere desafiar el poder económico-militar del estado más poderoso del planeta, las invasiones territoriales, las fuerzas armadas y los ejércitos nacionales no sólo son innecesarios sino *contraproducentes*. Su ausencia ha sido la condición misma del ataque terrorista.

Como para cualquier otra corporación global, el éxito y la seguridad de al-Qaeda dependen hoy de su desvinculación con el territorio, es decir, de su capacidad de anidar y ocultarse en espacios virtuales. El papel subordinado y secundario desempeñado por el estado nacional de Afganistán respecto de la organización terrorista de Bin Laden y la inevitable radicación de al-Qaeda en algún punto del planeta controlado por un estado nacional constituyen sus más evidentes debilidades; no ya su fortaleza sino la brecha por la que la represalia norteamericana se hace posible.

Algunos días después de los atentados, fuentes razonablemente confiables sostuvieron que el *Air Force One* —el avión en el que el hombre que posee el poder de destruir el mundo había buscado refugio— habría recibido una llamada telefónica de los terroristas, quienes, demostrando conocer el código necesario para establecer esa comunicación y el nombre secreto que correspondía durante ese día al presidente del estado nacional más poderoso del planeta, lo habrían amenazado con la aniquilación inmediata. La información desapareció del espacio informativo mundial con la misma velocidad que las imágenes del caza que perseguía al vuelo 93 caído en Pennsylvania; pero más allá de su veracidad o falsedad, su *verosimilitud* se deriva de la eficacia que una red global adquiere sobre un enemigo infinitamente más grande y poderoso pero atado a una lógica territorial obsoleta.

En el fenecido mundo de las modernidades nacionales en el que nuestras representaciones simbólicas nos condenan ilusoriamente a vivir, acontecimientos como los sucedidos resultan simplemente inconcebibles. La foto que registra la expresión atónita de George W. Bush en el momento de recibir la noticia del ataque muestra —como las miradas incrédulas de todo el planeta sobre las Torres en llamas— el desajuste dramático entre la realidad y nuestra comprensión de ella. La última década del siglo XX ha abierto un abismo incolmable entre quienes han entendido a la perfección el carácter global del mundo en el que vivimos (en especial: los agentes del sistema financiero, los narcotraficantes, las redes terroristas y mafiosas) y quienes, aferrados a paradigmas progresivamente desvinculados de la realidad y encadenados a sistemas institucionales obsoletos, preferimos seguir ignorando. Como acontecimiento crucial que inaugura un milenio, la caída de las Torres anuncia la continuidad y profundización de esta brecha.

La primera ley de la Globalización decía: "Toda influencia espacial-territorial dependiente de los costes económico-temporales de los transportes y las comunicaciones será paulatinamente abolida. Toda noción ligada a categorías geográfico-territoriales (externo/interno, centro/periferia, cercano/remoto) será, por lo menos, relativizada y reconfigurada". Hace poco más de una década, la caída del Muro de Berlín se constituyó en el episodio histórico emblemático de la apertura de la Era de la Globalización porque evidenció esta tendencia (existente desde los inicios de la Modernidad o, para ser más exactos, desde el inicio de la civilización) en la emergente escala global-mundial que estaba asumiendo la sociedad humana. Desde entonces, una segunda ley, derivada de la anterior pero cualitativamente diferente, comenzó a determinar los destinos del mundo. Esta segunda ley general de la Globalización dice: "La escala es poder. Lo mundial-planetario-global-universal-desterritorializado-desanclado está destinado a domeñar lo territorial, ya sea éste local, provincial, nacional, continental o internacional. La cantidad de los recursos a disposición será cada vez menos determinante frente a la *escala* de los sistemas y organizaciones intervinientes".

Como ayer la caída del Muro, la catástrofe iniciada con la implosión de las Torres se ha convertido en un hito histórico que anuncia la vigencia de una ley universal destinada a reconfigurar todas las relaciones sociales existentes. Desde hace al menos una década, los seres humanos hemos tenido la oportunidad de observar cómo los principios y valores del sistema económico capitalista globalizado se imponían mundialmente a una política democrática reducida a la escala nacional de sus deliberaciones e intervenciones, y cómo los estados nacionales perdían progresivamente el control de las funciones para las que habían sido creados y se veían paulatinamente restringidos —especialmente en el mundo subdesarrollado— al papel de "grandes comisarías"[2]. Desde hace al menos una década, hemos visto también cómo el sistema inter-nacional del G8, la ONU, el Consejo de Seguridad, la OTAN, el FMI, el Banco Mundial y la Organización Mundial del Comercio no constituía una alternativa superadora hacia la universalidad democrática, sino un método de aplicación planetaria de las parciales y reductivistas lógicas de los estados nacionales y del sistema económico globalizado. Finalmente, el 11 de Septiembre de 2001, el fenómeno irruptivo de la preponderancia de lo global sobre lo territorial ha sido presentado, con toda evidencia y a escala mundial, en su aplicación directa al terreno militar. Evento peligroso.

En el momento en que escribo estas reflexiones no existen aún pruebas concluyentes de que Osama Bin Laden haya sido el responsable de los atentados, aunque la reivindicación de la masacre como "obra de una vanguardia del Islam y de Alá" y las amenazas de "nuevas lluvias de aviones desde los cielos" dejan poco lugar para las dudas. Tampoco puede establecerse hoy cuál ha de ser la reacción a medio y largo plazo de Estados Unidos y su gobierno. Sin embargo, dado que no nos encontramos en el terreno jurídico sino en el político, lo que se conoce es ya suficiente para responsabilizar de la catástrofe al fundamentalismo integrista de la "Nación Islámica", para realizar un diagnóstico sobre las causas y las posibles consecuencias de lo sucedido y para intentar establecer algunas conclusiones sobre el nuevo período que se ha abierto. Los

---

[2] La imagen pertenece a Zygmunt Bauman.

que esperen encontrar en estas páginas más párrafos impregnados de humo negro y sangre o nuevos análisis en la óptica de globalización neoliberal *versus* fundamentalismo, o Primer Mundo *versus* Tercer Mundo, o imperialismo *versus* pueblos oprimidos, Occidente *versus* Islam o cruzadas *versus* guerra santa, pueden ya abandonar la ímproba tarea y retornar a la mayor parte de los diarios, revistas y canales de TV de todo el planeta y a los libros de Samuel Huntington, para no mencionar los probables manuales que ahora mismo se estén escribiendo o publicando a favor de una u otra de las dos partes en las que, muy lamentablemente, parece haberse dividido el mundo. Los críticos a ultranza de la unipolaridad de la *Pax Americana*, efectivamente parcial y sobredeterminada por las naciones avanzadas (y en particular por los Estados Unidos), tendrán ahora, desgraciadamente, la posibilidad de observar cómo en el mundo de la globalización de los procesos sociales y de la tecnología, la fragmentación política supone una alternativa aún más regresiva y peligrosa que la unidad hegemonizada por un estado nacional avanzado y democrático.

La suerte de la humanidad no se dirime ya en antagonismos particularistas, ya sean éstos nacionales o civilizatorios, sino que depende, precisamente, de su superación. El gran desafío que plantean las Torres humeantes es el de conformar una sociedad civil mundial *no ya de hecho, sino de derecho*, que exprese e integre la reivindicación de Igualdad y Justicia de los habitantes del Tercer Mundo con la defensa de la libertad y la modernidad del primero. En un mundo global paulatinamente empequeñecido por la tecnología, no son suficientes la neutralidad, la tolerancia o el equilibrio, sino que se hace necesario pensar y actuar en términos de *participación, cooperación* e *integración*. Hoy, la construcción de instituciones democrático-liberales mundiales y de un espacio público global de discusión y deliberación se ha transformado en una cuestión de supervivencia para todos los seres humanos. Lo decisivo de su importancia para el destino del mundo se hará paulatinamente más evidente. En este sentido, la ausencia de todo tipo de propuesta institucional superadora de la contradicción que caracteriza a nuestra época (procesos sociales mundiales y sistemas político-institucionales nacionales/internacionales) es especialmente preocupante, en particular: la carencia de análisis de este tipo entre las muchas voces sensatas que se alzaron para pedir castigo a los culpables de los atentados pero racionalidad en la respuesta.

Si pusiéramos a un científico formado en las leyes de Newton al mando de los procesos fundamentales de un acelerador de partículas, de un reactor nuclear o de un ciclotrón, lo que obtendríamos sería una catástrofe planetaria. Es exactamente esto lo que está sucediendo en el universo einsteiniano-global con las intervenciones del nacionalismo newtoniano. Así, la catástrofe de las Twin Towers no debe ser comprendida como el mero producto del delirio de un fanático, sino como la primera crisis planetaria a que nos ha conducido la aplicación irracional de lo que Ulrich Beck ha llamado, con gracia y precisión, "categorías-zombie". Veamos: los Estados Unidos quisieron salvarse de la recesión económica rechazando los acuerdos de Kyoto sobre disminución del impacto ambiental y hoy están sumidos en una de las peores recesiones de su historia; quisieron mantenerse al margen de la cuestión palestino-israelí y recibieron un ataque en su propio territorio pseudojustificado en sus intervenciones a favor de Israel en el momento preciso en que éstas alcanzaban el punto más bajo de su historia[3]; quisieron defender a sus ciudadanos con un escudo antimisiles y un satélite-espía y se encontraron con las Torres y el Pentágono en llamas; se opusieron por todos los medios políticos a su disposición a la creación de la Corte Penal Internacional y hoy están al frente de una persecución de delincuentes terroristas aplicada a escala global. Afortunadamente, la administración Bush ha tenido por ahora el reflejo de evitar esa reacción puramente nacional-tribal que pedían los sectores más reaccionarios y ciegos de su sociedad (reacción que denominaré "síndrome de Pearl Harbor"), que llevaba directamente a nuevas Hiroshimas y Nagasakis y hubiera podido conducir al mundo hacia un holocausto generalizado.

En el otro lado de la imaginaria barricada pero siguiendo la misma lógica zombie-newtoniana, el sector más nacionalista y fundamentalista del Islam realizó unos atentados sanguinarios

---

[3] Además de una curiosa cascada de lamentaciones por parte de "antiimperialistas" que siempre habían criticado sus ambiciones hegemónicas planetarias y que ahora los condenaban por "haber abandonado Oriente Medio a su suerte".

en nombre del rechazo al poder imperial norteamericano, que supuestamente hegemonizaba y controlaba el planeta, y demostró —con espantosa eficacia— la insospechada fragilidad de ese poder y la falsedad de su propia tesis; atacó a los Estados Unidos reclamando la "unidad política e independencia de la Nación Islámico-Musulmana", y probablemente conseguirá alguna nueva forma de protectorado en Afganistán y nuevas y más profundas divisiones en el interior —ya suficientemente escindido— del mundo árabe; destruyó las Torres en reivindicación "del Tercer Mundo y de los pueblos árabes" y logrará que millones de sus habitantes deban convertirse en refugiados, que sus emigrantes en los países desarrollados sufran una nueva oleada de racismo y que los capitales financieros globales se retiren de los mercados emergentes, en general, y de los países de Oriente Medio, en particular, descargando sobre sus pueblos el impacto de una recesión global agravada por los mismos atentados.

La conclusión parece muy simple: las intervenciones newtonianas de los nacionalismos en el mundo einsteiniano de la globalización provocan efectos contrarios a los previstos y enormes e incontrolables catástrofes. En el universo de la alta tecnología y de los procesos sociales globales, los estados-nación y las concepciones nacionalistas no pueden ya salvar el mundo, pero pueden aún, perfectamente, destruirlo.

Como el siglo XX ha demostrado con énfasis, los estados nacionales (y muy especialmente los estados nacionales guiados por el nacionalismo) y las sectas y grupos que actúan según los dictados de una lógica particularista —ya sea racial, nacional, clasista o religiosa— son como enormes elefantes... mejor aún, como enormes *dinosaurios* en el bazar de la Modernidad: cada uno de sus movimientos tiende a provocar una tragedia. En un mundo devenido finalmente mundial, sólo unas instituciones democráticas universales pueden ser capaces de decidir y actuar con eficacia y legitimidad tanto en la preservación de la paz mundial como en las emergentes crisis *económica, ecológica, demográfica* y *de control de la tecnología* que la Globalización comporta inevitablemente. Lejos de confiar en imposibles reconstituciones de las economías autárquicas nacionales o en improbables reconstrucciones de la solidaridad nacional, de la autonomía nacional, del estado de bienestar nacional y de las identidades nacionales (como demasiados autores "progresistas" sugieren aún como salida razonable a la crisis), nada queda por esperar de los estados-nación sino que limiten al máximo sus intervenciones globales, acepten que ya no pueden ser el centro de decisión de una sociedad civil mundializada y resignen parte de su soberanía, de su autarquía y de sus poderes en instancias mundiales representativas y democráticas de alcance planetario, reservando para sí las funciones de escala nacional que por definición les competen.

Este mismo análisis debería ser racionalmente aplicado al agonizante orden internacional, que de los estados-nación y de la ideología nacionalista débil depende directa y estructuralmente. Después de cincuenta años de trabajo, en muchos casos heroico pero básicamente infructuoso, nada queda por esperar de la Organización de las Naciones Unidas sino que su Asamblea General convoque a una Asamblea Constituyente de una República Universal de los Ciudadanos del Mundo, de carácter no ya internacional sino mundial, planetario y *humano*.

En el subtítulo de un libro publicado el año pasado en Buenos Aires, he sostenido que la Globalización constituía el fin de las Modernidades Nacionales. Creo justo agregar ahora que la implosión de las Twin Towers ha expresado con imborrable evidencia la aguda crisis terminal del estado-nación. Intentaré defender pues las siguientes tesis:

1. La tragedia que han supuesto los atentados, cuyas consecuencias reales comienzan sólo a vislumbrarse, es producto del desajuste entre una economía y una tecnología globales y una política democrática todavía enclaustrada en los estrechos márgenes de los estados nacionales; en términos más generales: de la aplicación de principios políticos nacionalistas a un mundo globalizado.
2. Como la reacción antiamericanista que se desató paradójicamente después de la masacre y los posteriores mensajes de Bin Laden mostraron explícitamente, los atentados se dirigen no sólo a los pueblos árabes con la declarada intención de impulsar y legitimar la unidad política e ideológica del Islam (la "Nación Islámica" que invoca Bin Laden), sino a un público global cautivo de nociones y principios territorial-nacionales. Significativa-

mente, como sucede siempre en las catástrofes causadas por el nacionalismo, las reflexiones universalistas que pueden ayudar a superar la situación terminan siendo minoritarias. En este caso, han sido avasalladas por el resurgimiento global de un "antiimperialismo tercermundista" que pretende hablar en nombre de los pobres de la Tierra, pero cuyo proyecto político-económico sólo puede empeorar la situación objetiva de aquellos a quienes pretende defender y reivindicar.

3. Las acusaciones que este tercermundismo hace al "imperialismo americano" se basan en hechos concretos pero son conceptualmente absurdas. En primer lugar, porque —como en el caso de todos los estados nacionales realmente existentes— la actuación del gobierno nacional de Estados Unidos ha sido siempre ambivalente: a un crimen —Hiroshima-Vietnam, por ejemplo— corresponde una epopeya —la valiosa contribución a la derrota del nazismo y del stalinismo—. En segundo lugar, porque prácticamente todos los estados nacionales cuentan en su haber con crímenes semejantes, diferentes de los estadounidenses sólo en su magnitud, lo que no depende de la bondad de las intenciones sino de la eficacia o ineficacia de las actuaciones. Pero el argumento más importante en contra del nacionalismo es que su propia lógica no sólo condujo el 11 de Septiembre a los atentados, sino que lleva hoy al "síndrome de Pearl Harbor", es decir, a la venganza bélica (acaso atómica) norteamericana contra Afganistán. Dado que el imperialismo no es más que el nacionalismo de los países poderosos, quienes estén genuinamente preocupados por la suerte de los pobres de la Tierra y no por las hegemonías estatal-nacionales deberían renunciar a la lógica nacionalista y a los análisis territoriales en vez de reforzarlos con sus intervenciones.

4. La crisis que se ha abierto con la caída de las Twin Towers es la primera de las crisis mundiales que la economía, la ecología, la tecnología, la demografía y el narcoterrorismo globales descargarán sobre una humanidad inerte a menos que se den urgentes y progresivos pasos hacia la construcción de instituciones representativas democrático-liberales mundiales; instituciones que sean capaces de tomar decisiones sobre las crisis globales en nombre de los intereses comunes de la humanidad y de la soberanía individual y la autonomía de cada uno de los ciudadanos del mundo.

5. Las consecuencias globales de la situación emergente del 11 de Septiembre influirán negativamente en la vida de todos los habitantes del planeta con independencia de su lugar de residencia, nacionalidad, raza, religión, origen social o familiar. Por ello, el único elemento progresista de lo sucedido depende de la capacidad de cada uno de nosotros para percibirse como parte de una sociedad civil mundial cuyo destino es progresivamente común y para actuar en consecuencia.
6. Pese a las evidentes dificultades que supone la globalización de la democracia, ésta constituye la única respuesta progresista posible a la mundialización de la economía y de los procesos sociales si queremos evitar colapsos económicos globales del estilo de 1929, atentados terroristas bacteriológicos o nucleares, movimientos demográficos masivos y destructivos, deterioro progresivo del ecosistema y amenazas a la seguridad mundial que, en un mundo en el cual el dominio de los hombres sobre la naturaleza no deja de crecer exponencialmente y en que el poder destructivo está destinado a abaratarse y difundirse, amenazan la civilización y la misma supervivencia de nuestra especie.
7. La proclamación y fundación institucional de una República de la Tierra (y no de un estado o un gobierno mundiales) constituye el proyecto político capaz de integrar los aspectos relativamente antagónicos y efectivamente escindidos de la Modernidad, rescatando lo mejor de la herencia universalista de la Ilustración y la experiencia histórica —en su momento progresista e integradora— de los estados-nación y la Unión Europea.

Desde hace demasiado tiempo, las alternativas del mundo se dividen entre una razón sin corazón y un corazón sin razones; entre un neoliberismo globalista que mundializa sólo los procesos económicos y tecnológicos, generando miserias y desigualdades a escala planetaria, y un nacionalismo fundamentalista que tiene en Saddam Hussein y en Bin Laden sus elementos extremos, y en Le Pen, Bossi y Haider su ala "civil" y "moderada". Más generalmente, el egoísmo tribal y antiliberal en que se basa la actuación de Bin Laden no es más que la cruz bárbara y salvaje de esa generalización del egoísmo colectivo primermundista que Jürgen Habermas y Jean Luc Ferry han definido brillantemente como "Chauvinismo del Bienestar"; movimiento político transversal y planetario compuesto por gentes de miras estrechas que hablan todo el tiempo acerca de la Globalización, mientras se obstinan en creer que aún es posible refugiarse detrás de los muros feudales de los estados-nación o en el interior de la Europa avanzada.

He visto pocas expresiones más perfectas de esta ceguera indiferente a la suerte propia y ajena que un aviso de una empresa italiana de servicios domiciliarios aparecido repetidamente en el diario italiano *La Repubblica*, entre fotos de las Torres en llamas y guerreros talibanes con Kalashnikov y turbantes. En él, un bello rostro de mujer sostiene: *"Imagino al paraíso como un lugar en el que llamo al plomero y el plomero viene"*. Después de los paraísos fiscales de la Hawala (organización financiera que sostiene a al-Qaeda) y de los paraísos islámicos ganados mediante el asesinato masivo por los guerreros suicidas del fundamentalismo, nos faltaba aún conocer el paraíso con el que sueñan los chauvinistas del bienestar. Pocas cosas parecen más amenazadoras para la armonía y la paz del mundo que esta división del paraíso soñado por los seres humanos entre guerreros kamikazes y plomeros eficientes.

El sociólogo Ulrich Beck sostiene que vivimos en una sociedad mundial cuya variable fundamental es el *riesgo*. Lo que las ruinas humeantes de las Torres dicen es: en un mundo global, el riesgo es global. Después de la caída de las fronteras del Imperio romano, de la Muralla China, de la línea Maginot, de la Cortina de Hierro y del Muro de Berlín, con las Twin Towers han terminado de estallar todas las variantes nacionales, continentales o primermundistas del *sálvese quien pueda* y, más particularmente, todas las ilusorias percepciones de seguridad y estabilidad que sobre la situación global tenían apenas ayer los habitantes de los países desarrollados. La última barrera de una historia determinada en su médula por la geografía acaba de ser pulverizada. Para quien tenga el coraje de mantener los ojos abiertos entre el humo de la tragedia, resultará cada día más evidente que los seres humanos que habitamos el mundo global somos como aquellos desgraciados que trabajaban en las Torres, y que cinco segundos antes del impacto del primer avión creían que el conflicto entre israelíes y palestinos era una imagen más en las pantallas de la CNN que no les concernía más que indirectamente.

Lo que el horror de Manhattan evidencia es que la Globalización (ya sea globalización de la economía, la cultura o el terrorismo) no es externa sino esencialmente *interna*. Independientemente de la insistencia anacrónica en comprenderla y describirla con categorías territoriales —que la identifican como una fuerza irruptiva *exterior* independiente de nuestros propios actos—, la Globalización está entre nosotros porque somos nosotros, como miembros activos de una emergente sociedad civil mundial, quienes la promovemos de forma voluntaria e involuntaria. No existe demostración más evidente de esta tesis que el uso de todos los medios económicos y técnicos globales a disposición y de las libertades de desplazamiento y circulación características de la Globalización como base organizativa y logística de los atentados por parte de los mismos terroristas que pretenden oponérsele.

El temor derivado de la globalización de la violencia terrorista —temor que determinará al mundo por mucho tiempo y en el peor de los sentidos— es otra confirmación del carácter intrínseco y endógeno de la globalización de los procesos sociales. En la preocupación inteligente suscitada por la aparición de la primera crisis planetaria estriba nuestra única oportunidad. Si queremos evitar nuevas Twin Towers y nuevos Chernobyl y recalentamientos globales, y efectos tequila, vodka, caipirinha y tango en escalas ampliadas, y nuevos SIDA de contagio acaso más rápido y consecuencias más letales, y asaltos a las fronteras del mundo avanzado por parte de una humanidad sufriente, sin esperanza y dispuesta a todo, la falsa alternativa entre tecnócratas globalizadores y fundamentalistas-nacionalistas-antiglobalizadores debe ser superada.

Independientemente de la voluntad de los fanáticos criminales, lo que la tragedia del 11 de Septiembre dice es: pueden construir nuevos muros de Berlín en las fronteras del mundo civilizado, pueden establecer, un *apartheid* a escala planetaria, pueden echar a los mexicanos del otro lado del Río Bravo, arrojar a los albaneses al mar y dejar que se pudran 283 cadáveres en el Mediterráneo durante meses, pero nadie podrá dormir tranquilo en ninguna parte mientras subsistan el consumismo y la ceguera política, por un lado, y la miseria material y el fanatismo religioso y nacionalista, por el otro; ni mientras los jefes de estado de las ocho naciones más poderosas del mundo sigan soñando con que pueden tomar decisiones de efectos planetarios en nombre de miles de millones de seres humanos que nunca los han elegido para hacerlo.

La usurpación de las decisiones globales por parte de los gobiernos nacionales del Primer Mundo, en general, y de Estados Unidos, en particular, la evidente parcialidad de las organizaciones internacionales en las que poseen un predominio hegemónico, las intervenciones planetarias y las injerencias humanitarias necesariamente caracterizadas por discursos universalistas-humanistas e intereses nacionales y corporativos están en el origen del antiamericanismo, del discurso antiglobalización, del tercermundismo fundamentalista y, en definitiva, de la presente crisis, pseudojustificada en las funciones de gendarme global efectivamente asumidas en Oriente Medio por el gobierno y las fuerzas armadas de los Estados Unidos.

Los ataques fundamentalistas golpearon el corazón y el símbolo del actual poder *económico* y *militar* estadounidense, es decir, las Twin Towers y el Pentágono. Todo indica que Camp David, sede de los más importantes *acuerdos internacionales* palestino-israelíes (en especial del que estuvo a punto de firmarse en julio de 2000 y hubiera significado el comienzo de una solución pacífica para el conflicto), y la Casa Blanca, sede del *poder ejecutivo*, estaban en la mira. Sin embargo, no se ha registrado ningún indicio acerca de un ataque directo contra el Capitolio, sede y símbolo del *poder parlamentario*; presumiblemente, porque aun en medio de su cerrado fundamentalismo antimoderno, los terroristas comprendieron que la barbarie de los atentados hubiera quedado aún más al descubierto si intentaban destruir el corazón del poder democrático de la modernidad social, es decir, el Parlamento. Acaso en esto resida una de las pocas certezas que la barbarie ha dejado en pie y una lección que no debería ser desestimada.

Los atentados han mostrado también —en contra de la voluntad de sus perpetradores— el carácter irreversible de los procesos globalizadores, incomprensibles mediante el uso de categorías y esquemas territoriales e incontenibles en el estrecho margen de los estados nacionales. A esta nueva certeza debemos apelar para comprender que el debate *pro* o *anti*globalización es una bizantina discusión de retaguardia. Ya no se trata de estar a favor o en contra de la globalización, sino de *qué* se globaliza (¿el aparato militar o el estado del bienestar?, ¿el terrorismo o la democracia?) y de *quién* regula el proceso: el G8, las corporaciones económicas globales, el FMI, la ONU y la OTAN, como hasta ahora, o un Parlamento mundial en el que aquella mitad de la humanidad que sobrevive con menos de dos dólares por día pueda tener una voz, una representación política y una esperanza concreta de un futuro digno para ellos y sus descendientes.

Tampoco se trata de estar con el Primer o el Tercer Mundo, con la globalización neoliberista o el fundamentalismo islámico. La verdadera alternativa a la que la humanidad se enfrenta hoy se define entre una globalización democrática de la *entera* Modernidad, en la que el Parlamento debiera ser la institución política decisiva, y un colapso progresivo del sistema que tendría consecuencias terribles para todos los habitantes del planeta. Se trata de decidir si se continuará la globalización de las desigualdades, por una parte, y del terrorismo, por la otra, o si se hará un esfuerzo serio y racional hacia la globalización de la Democracia, la Justicia, el Estado de Bienestar, la Paz y los Derechos Humanos.

En 1995, David Held escribió: "No es inconcebible que la ampliación del espacio para la democracia cosmopolita sea el resultado, por ejemplo, del colapso del sistema financiero global, de una grave crisis en el medio ambiente o de una costosa guerra mundial". Seis años después, esta frase que entonces había juzgado yo exageradamente pesimista se ubica ya en los límites del optimismo utópico. Para finalizar esta introducción, intentaré actualizarla insistiendo: si algún elemento positivo contienen la barbarie y el horror desatados el 11 de Septiembre, éste depende completamente de la vocación e inteligencia de cada uno de los ciudadanos del mundo para superar los compartimientos estancos, los egoísmos colectivos, los prejuicios tribales, las barreras paranoicas en las que el nacionalismo nos mantiene aún encerrados, evitando reacciones nacionalistas que llevarían —más que a un "choque de civilizaciones"— a un colapso de la civilización humana. Cualquier movimiento hacia el nacionalismo territorialista, cualquier intento de reconstruir las fronteras y los poderes de los estados nacionales o de consolidar el escandaloso *apartheid* planetario existente resultaría en un daño inmediato y grave para las libertades civiles de la incipiente sociedad civil mundializada y originaría, a mediano plazo, nuevas reacciones particularistas-nacionalistas y mayores peligros para la seguridad y el bienestar de todos.

Son las penosas realidades institucionales y simbólicas del territorialismo, las supervivencias ideológicas y mentales de las épocas tribales, feudales y nacionales las que están en la base del conflicto y de la crisis a la que nos enfrentamos. Siendo la fuente originaria de los problemas, es difícil imaginar que puedan ser, al mismo tiempo, su solución. Exactamente en el sentido opuesto, los habitantes de este pequeño planeta a la deriva necesitamos percibir y aceptar la inevitable emergencia del *mundo* como categoría significativa de nuestras vidas y el surgimiento paulatino e irreversible de una sociedad civil mundial cuyo destino, aun considerando las importantes diferencias que la situación individual, social y nacional comportan, es progresivamente común, universal, *humano*. Lo que la catástrofe planetaria de la implosión de las Twin Towers acaba de enseñarnos con crueldad y precisión imborrables es que, en un mundo devenido irreversiblemente global, *nosotros* somos *la humanidad*.

6. POR UN FORO DE LA DEMOCRACIA MUNDIAL[1]

(WORLD DEMOCRACY FORUM)

◆

Mientras el paradigma democrático obtiene una adhesión planetaria y los gobiernos asumen un carácter más democrático que en cualquier otra época precedente de la historia humana, crece también en el mundo la percepción de que las desigualdades económicas y sociales aumentan en forma exponencial, de que los derechos humanos son sometidos a discriminaciones inaceptables y de que las instituciones políticas existentes se han vuelto ineficaces para impulsar y defender la Igualdad, la Justicia y la Democracia en la escala global que han alcanzado los más determinantes procesos económico-sociales.

En un mundo que no deja de repetir huecamente la consigna que define nuestra época —"Globalización"— los poderes democrático-representativos continúan atados a instituciones, organizaciones y modelos de actuación territoriales, y centrados en los cada vez más impotentes estados nacionales. Reducida a mundialización de las redes tecnológicas y de los mercados eco-

[1] El origen de este texto es el proyecto sobre un Foro de la Democracia Mundial presentado por el autor a la World Citizen Foundation, con sede en Nueva York, hacia fines de 2002. Su aprobación dio lugar a una serie de conferencias en el World Social Forum (WSF) de Porto Alegre, en París y Londres (2003) y en el WSF de Bombay (2004). Un proyecto de realización fue presentado al Gobierno de la Ciudad Autónoma de Buenos Aires, sin que haya obtenido por ahora una respuesta. El 26 de junio de 2003, un proyecto *Forum de la Democracia Mundial Berlín 2006 / Buenos Aires 2007* será presentado en Bonn a la *Coalición por un Parlamento y una Democracia Mundiales*, organización que aglutinará a las aproximadamente veinte ONGs que trabajan en todo el mundo con estos objetivos. En todo caso, está prevista la realización de una edición inicial del Forum de la Democracia Mundial en el marco del WSF de 2005 en Porto Alegre.

nómico-financieros, la globalización es percibida por millones de seres humanos como una mera negatividad; como la simple irrupción destructiva de la lógica de la ganancia y el poder de las grandes corporaciones en ámbitos anteriormente reservados a la política, a la cultura y a las relaciones —afectivas, familiares, comunitarias— ajenas al afán de lucro.

Con una eficacia inseparable de su organización planetaria y de su vocación massmediática, el movimiento "No-Global" ha expresado el malestar imperante en el universo globalizado. Aunque en forma confusa, el llamado "pueblo de Seattle" ha logrado evidenciar dos elementos centrales de la situación política mundial: en primer lugar, el rechazo decidido de una globalización unidimensional, unidireccional y antiigualitaria; en segundo, la extrema desconfianza en la capacidad de las instituciones políticas existentes para regularla y contrastar sus efectos negativos.

Después de haberse organizado mediante movilizaciones de repudio a las organizaciones inter-nacionales señaladas como responsables de la situación mundial (la Organización Mundial del Comercio, el Fondo Monetario Internacional, el G8, etc.), el movimiento "No-Global" ha logrado expresar sus posiciones en forma más articulada a través del Foro Social Mundial, cuyas dos ediciones (Porto Alegre —Brasil—, 2001 y 2002) han obtenido una importante y creciente participación, despertando el interés de la opinión pública mundial.

Sin embargo, pocas cosas pueden manifestar más categóricamente lo que se ha dado en llamar el "retraso de la política" que la cooptación de la agenda política mundial por parte de un foro "social" y de otro "económico". De forma igualmente significativa, los organizadores de Porto Alegre han elegido desarrollar el FSM en forma simultánea al Foro Económico Mundial (FEM) que desde 1971 reúne a muchas de las principales personalidades de la economía y la política internacionales en Davos, Suiza. Esto ha evidenciado también la índole opositora, contestataria y subordinada del Foro Social Mundial respecto del Económico, así como el carácter hegemónico que está asumiendo el sistema económico y sus valores y principios sobre los del sistema político-democrático. La dispar velocidad de evolución de ambos se expresa también en los treinta años que han separado la apertura de ambos foros, y el retraso de la política, en la inexistencia de un foro *democrático* en el que la agenda política mundial pueda ser discutida.

La emergencia de Davos y Porto Alegre y su creciente importancia en el espacio informativo mundial parecen confirmar el carácter comunicativo y planetario que la sociedad humana está alcanzando. Al mismo tiempo, la inexistencia de un foro específicamente *político* y *democrático* muestra con dramaticidad las presentes carencias institucionales de la escala global. Todos los intentos realizados por establecer una comunicación directa entre Davos y Porto Alegre han tenido como corolario un fracaso inmediato y absoluto, del cual la airada disputa entre Hebe de Bonafini (Asociación Madres de Plaza de Mayo, Argentina) y el financista y filántropo George Soros ha constituido, por el valor simbólico de ambas figuras, la manifestación más estruendosa.

Este altercado verbal que sostuvieron Soros y Bonafini excede ampliamente lo ocasional y anecdótico: si en Davos habla la racionalidad instrumental del sistema económico, en Porto Alegre claman los Derechos Humanos de los excluidos y marginados por una globalización regida por el neoliberismo; si en Davos se razona en términos de eficiencia, eficacia y realismo, en Porto Alegre se exaltan la igualdad, la justicia y la utopía; si Davos ofrece su estrado a *managers* económico-financieros globales y a representantes de los estados nacionales más poderosos del planeta, Porto Alegre se abre a la participación de ONGs, movimientos locales de resistencia y líderes alternativos. No hay pues motivos de sorpresa acerca de las dificultades para establecer un diálogo entre estos dos ámbitos, desde que sus principios organizativos aparentan ser incompatibles.

Sin embargo, para que los enormes desafíos que la globalización plantea a la civilización tengan la posibilidad de ser resueltos progresista y democráticamente, y para que en las decisiones globales sean considerados los intereses y promovidos los derechos de la mayoría de los seres humanos, la sociedad civil mundial no puede prescindir de la eficiencia y eficacia del sistema económico-tecnológico ni del respeto de los principios del sistema político democrático. Una conciliación entre lo económico y lo social, entre las ganancias económicas y los Derechos Humanos, entre desarrollo tecnológico y preservación ecológica, entre globalización de la economía y defensa y promoción de las diversidades culturales —en fin: entre Davos y Porto Alegre— resulta hoy tan dificultosa como imprescindible.

En un planeta que se está tornando progresivamente pequeño ante la creciente escala del poder económico y tecnológico, los seres humanos nos enfrentamos a una explosión global de las desigualdades sociales, al aumento de la población con necesidades básicas insatisfechas, a recesiones y colapsos económico-financieros en trance de mundialización, a la degradación del ecosistema, la depredación de los bienes públicos universales y el agotamiento de los recursos naturales no renovables, al crecimiento incontrolado de las migraciones transnacionales, a amenazas biotecnológicas a los mecanismos reproductivos humanos y al patrimonio genético de las especies, a la expansión de nuevas pestes planetarias, al descontrol social sobre medios tecnológicos destructivos de impacto global, a la emergencia de redes terroristas y mafiosas desterritorializadas capaces de acciones devastadoras, a avances autoritarios sobre los derechos civiles y proyectos bélicos que ponen en peligro la paz mundial, es decir: a la aparición irruptiva y el rápido agravamiento de *crisis globales* que se potencian mutuamente, que afectan al conjunto de la humanidad y ante las cuales carecemos por completo de mecanismos institucionales que permitan su deliberación y resolución democrática.

Toda tentativa de abordarlas, todo intento de conciliar las exigencias y reclamos de los actores sociales con las realidades del sistema tecnológico-económico-financiero requiere hoy la intervención de una política democrática ampliada a la escala planetaria que han asumido las más modernas y determinantes actividades sociales. Las flagrantes carencias de la democracia en todas las instancias supranacionales (continental, internacional y mundial) están constituyendo progresivamente un riesgo concreto de colapso civilizatorio.

En este marco, el proyecto de un Foro de la Democracia intenta ser una contribución al debate de estos temas, decisivos para el futuro de la sociedad civil mundial. Su fin inmediato es rescatar y promover propuestas de reforma del orden institucional continental, internacional y mundial con el objetivo declarado de contribuir a su democratización. El método propuesto es el de llamar a una discusión abierta sobre las posibles modificaciones a las instituciones políticas existentes y sobre la creación de otras nuevas, ya sean éstas regionales, continentales, internacionales o mundiales, con el objeto de salvar la creciente brecha entre la riqueza magnificiente y estentórea del mundo globalizado y la pobreza material y simbólica a la que nos hallamos sometidos la mayoría de los seres humanos que lo habitamos.

El Foro de la Democracia Mundial deberá estar abierto a:

1) Organizaciones políticas (partidos, agrupaciones, gobiernos).
2) Organizaciones No Gubernamentales y sindicales[2].
3) Instituciones educativas y académicas.
4) Todos los participantes independientes que quieran presentar propuestas sobre la aplicación de los principios democráticos a la escala continental, internacional o global.

Su estructura operativa deberá respetar la especificidad de las modalidades de participación de cada una de estas esferas y, al mismo tiempo, facilitar el intercambio de ideas y la elaboración de conclusiones y propuestas comunes.

La exigencia única y determinante que legitimará toda participación en el Foro es la de elevar una propuesta fundamenta-

---

[2] Aproximadamente veinte ONGs trabajan hoy en todo el mundo con el objetivo central de crear una democracia mundial, conectándose a través de foros de discusión y organización digitales, participando en actividades políticas y académicas, creando parlamentos mundiales experimentales, asambleas globales de estudiantes comprometidos con el tema y deseosos de discutir las posibles estructuras y funciones de las instituciones democráticas mundiales, y hasta fundando escuelas de democracia global en países como la India. Por la importancia de los miembros de su comité de honor, entre los que se cuentan Nelson Mandela, Felipe González, Amartya Sen, Boutros-Boutros Ghali, Raymond Barre, Danielle Mitterrand, Jacques Delors, Valery Giscard D'Estaing, Shimon Peres, Javier Pérez de Cuellar y Mario Soares, entre otros, acaso el Comité d'action por un Parlement Mondial (Comité por un Parlamento Mundial) presidido por el diputado francés Olivier Giscard D'Estaing sea el más prestigioso. La inminente creación de una Coalition for a World Parliament and Global Democracy (Coalición por un Parlamento Mundial y una Democracia Global), prevista para fines de 2004, es otra de las buenas noticias en este campo.

da de reforma del orden institucional global que sea coherente con los principios democráticos. Las críticas a las instituciones existentes y los diagnósticos de situación sólo deberán ser aceptados si son breves y pertinentes al objeto de fundamentar un proyecto de reforma concreto, ya sea éste parcial —referido a una sola institución o grupo de instituciones— o general.

Las propuestas de legislaciones particulares (por ejemplo: "Carbon tax", "Tobin tax", etc.) sólo podrán ser aceptadas para su discusión y promoción en caso de que tengan impacto directo en la escala global y sean presentadas con datos que sostengan su aplicación inmediata en el marco institucional existente.

Un creciente número de líderes políticos de primer nivel y de intelectuales y académicos de todo el mundo ha expresado sus preocupaciones acerca de las carencias del orden institucional mundial, reclamando una mayor transparencia, legitimidad y representatividad democrática en las decisiones globales que afectan las vidas de millones de seres humanos. También son incontables las organizaciones que se ocupan de desarrollar los embriones de una futura democracia a escala global, desde ciertas agencias de las Naciones Unidas hasta la coalición que impulsó el proyecto de la Corte Penal Internacional, pasando por las cumbres mundiales temáticas sobre ecología, desarme, alimentación y derechos humanos, por las ONGs globales que desde hace décadas se ocupan de estos temas y por las agrupaciones y asociaciones que proponen nuevas formas de poder democrático mundial o que impulsan proyectos de reforma de las instituciones internacionales existentes.

Asistimos pues al surgimiento progresivo de una conciencia planetaria y al florecimiento de una red global de actores políticos cuyo denominador común es la preocupación por políticas mundiales hoy sujetas al triple cepo del mercado económico, de los poderes estatales de las naciones más poderosas y de una red inter-nacional elitista y antidemocrática compuesta por el Fondo Monetario Internacional, el Consejo de Seguridad de la ONU, el G8, la Organización Mundial del Comercio y la OTAN.

El abismo que se está abriendo entre esta "Global Governance" exclusivista y los miles de millones de personas que viven en condiciones infrahumanas, la brecha que hoy atraviesa el planeta, separando a quienes carecen de todo poder político efectivo y quienes se arrogan la potestad de tomar decisiones globales sin que nadie los haya elegido para ello, cuestiona fuertemente la idea de representatividad democrática y no puede dejar de afectar —como los recientes sucesos están demostrando— la estabilidad y la paz en el mundo entero. Así, la incapacidad de las instituciones políticas existentes para regular las crisis globales amenaza volverse contra la misma democracia.

Sólo una reestructuración profunda de las instituciones políticas responsables de intervenir en las crisis globales (económica, ecológica, demográfica, de control de la tecnología y del monopolio de la violencia) puede abrir el camino hacia el respeto universal de los derechos humanos. Por ello, el Foro de la Democracia Mundial deberá intentar constituirse como un ámbito de debate acerca de los estatutos y principios sobre los que la sociedad civil mundial que está emergiendo de la globalización puede democráticamente fundarse. El largo camino que media entre estos objetivos y la realidad existente debería ser iniciado por la apertura de un debate participativo y universal sobre la necesidad, las posibilidades y las modalidades de la aplicación de la representación democrática a todos los niveles en que decisiones públicas significativas deban ser adoptadas.

Cualesquiera sean los plazos para su consumación, un orden político mundial debería ser fruto de la participación activa de los ciudadanos del mundo y no de acuerdos secretos entre elites autoelegidas. En este marco, de la creación global de ámbitos de debate sobre estos temas depende la efectiva democraticidad del orden mundial y la interrupción de su actual elitización autoritaria y antidemocrática.

7. EL CEREBRO ZOMBIE DEL MUNDO GLOBAL[1]

Intentar comprender los fenómenos del mundo globalizado mediante las categorías políticas de la Antigüedad (imperio-imperialismo-guerras tribales, etc.) equivale a poner a un físico formado en los paradigmas de Aristóteles al comando de un reactor nuclear, que se rige por los de Einstein, Heisenberg y Bohr: lo que se obtiene siempre es una catástrofe planetaria.

El último gran estratega nazionalista que intentó tan inteligente hazaña era alemán, se llamaba Adolf, y trató de dotar de los mejores armamentos modernos a sus ideas tribal-feudales sobre la homogeneidad racial y cultural del estado, el carácter vertical y jerárquico de la autoridad política, el contenido básicamente militar de la sociedad humana y el destino trágico-heroico de sus integrantes. Si el mundo aún sigue en pie, esto se debe a la "afortunada coincidencia" de que Adolf fue también lo suficientemente estúpido como para perseguir a los científicos judío-alemanes que estaban a punto de inventar la bomba atómica. He aquí lo que llamaría la verdadera "astucia de la razón": siendo que el mal es intrínsecamente banal, tiende a provocar su propia ruina.

En todo caso, ahora que la Bomba ha sido inventada y altamente perfeccionada, el siguiente intento zombie de coronar un imperio mundial será necesariamente infructuoso, pero será también el último. Como sostuvo Albert, el más famoso de los científicos judío-alemanes que estaban a punto de inventar la Bomba, nadie sabe cómo será la tercera guerra mundial, pero la cuarta será con palos y piedras.

[1] Escrito en 2002 (inédito).

La situación global es aun peor de lo que parece: el peligro no proviene solamente ya de las ambiciones de la administración Bush y sus "realistas" ideólogos (como Robert Kaplan y Samuel Huntington, tan expertos en Cicerón —¡*Delenda est Islam!*—); sino que se extiende, como todos los fenómenos importantes de los últimos tiempos, a la escala global, constituyendo una ideología nacionalista-jurásica que merece el nombre de "el cerebro zombie del mundo global".

Veamos ahora el emocionante fixture de la edición planetaria de "Titanes en el Ring mundial" que el Cerebro Zombie ha organizado este último año[2]: Jihad-Bin Laden versus el Moderno Cruzado, el Tanque Israelí versus el Hombre-Bomba Palestino, el Hindú Atómico versus el Paquistaní nuclear, el Ruso Gase-Oso versus el Suicida Checheno, Sheriff George versus Beduino Saddam. La cruzada global dirigida por el Cerebro Zombie pelea así (digámoslo: heroicamente) por el retorno a los viejos buenos tiempos de las sagradas naciones-estado y sus soberanías territoriales. ¡Y gracias a la CNN todos tenemos nuestras plateas globales aseguradas!

¿Globalizar el sistema financiero y la economía, las redes televisivas e informativas, las mafias y el terrorismo? ¡Sí! ¡Claro! ¡Por supuesto! ¡Faltaba más! ¡Qué moderno! ¿Globalizar la Democracia y la Justicia, el Estado de Derecho, las instituciones democrático-representativas, el Estado de Bienestar y los Derechos Humanos? ¡Nunca jamás! ¡Caca! ¡Dios nos libre y guarde de la "amenaza totalitaria a las soberanías nacionales y las diversidades culturales"!

Así, en todos lados pueden ya observarse los maravillosos frutos de aplicar al desterritorializado mundo global las categorías imperiales y nacionales. ¡No sólo el "imperialismo" ha vuelto a ponerse de moda, sino el "antiimperialismo"! ¡Un brillante viaje marcha atrás emprendido por casi toda la "izquierda" del planeta hacia los gloriosos tiempos del gran Vladimiro Lenin y su profética "última etapa del capitalismo"! Así, si "ellos" son "imperialistas" (es decir: nacionalistas de los paí-

---

[2] Escrito en 2002.

ses avanzados) "nosotros" *tenemos* que ser "antiimperialistas" (es decir: nacionalistas de los países atrasados). Por supuesto, el pronóstico de este enfrentamiento es altamente promisorio para los pobres del mundo. ¡Así funciona el Cerebro Zombie del Tercer Mundo global!

En tanto los hispanos van a convertirse pronto en el primer grupo étnico de los Estados Unidos y el español en el idioma más hablado, y mientras el consumo *per capita* de pizza norteamericano triplica el de Italia, la "izquierda" apedrea valientemente locales de McDonald's y sigue temando con el "imperialismo cultural yanqui", grave amenaza para la diversidad cultural, que —como todos sabemos— era muchísimo mayor en el tiempo de nuestros abuelos aunque nadie (con excepción de los académicos del Primer Mundo) consiguiera verdaderamente percibirlo. En todo caso, apedrear hamburgueserías es siempre mejor que festejar —en nombre de Marx y con champagne— la muerte de miles de trabajadores de más de ochenta nacionalidades a manos de una secta medieval encabezada por un jeque multimillonario, como muchos hicieron el 11 de Septiembre. ¡Pobre Marx! Habrá cometido muchos errores de apreciación histórica pero ciertamente no se merecía esto...

Desde hace ya una década, una pequeña red global y desterritorializada (el sistema financiero mundial) determina la suerte del mundo. Poco tiempo atrás, al-Qaeda mostró con eficacia el poder que otra pequeña red global y desterritorializada puede tener frente al sistema militar-territorial más imponente de la historia. ¿La izquierda? La "izquierda" mira para otro lado: ¡Se acabó la globalización! ¡Volvamos a las autarquías nacionales y al viejo y querido proteccionismo! No tengo nada que agregar, salvo que la última vez que el mundo pasó velozmente de la globalización al proteccionismo nacionalista fue en el emblemático año de 1913 y que éste es un curioso final para los herederos del universalismo ilustrado...

Del otro lado de la imaginaria barricada, las cosas van todavía peor. ¡Basta de utopías de democracia mundial! ¡Volvamos a la seguridad nacional!, reclama Robert Kaplan en nombre de la derecha norteamericana. ¡Preparémonos para el choque de civilizaciones!, le hacen eco los admiradores de Samuel

Huntington. ¡Acabemos con la ONU!, proponen halcones y otras aves rapaces similares. Vistos los brillantes resultados obtenidos el 11 de Septiembre por los escudos antimisiles, los espías satelitales y las agencias de seguridad nacionales, es hora de volver a las concepciones territorial-nacionales del concepto de seguridad. ¡Unas buenas murallas construidas en las fronteras del Primer Mundo con los restos del Muro de Berlín protegerán a los niños ricos de los malvados terroristas con valijas atómicas! Y si la epidemia de SIDA se propaga planetariamente, o el recalentamiento global sumerge las ciudades, o la recesión mundial nos pone de nuevo en 1929, o... ¡Ya se les ocurrirá algo a Kaplan y a sus valientes "guerreros imperiales"! En todo caso, para vencer en el "choque de civilizaciones"... ¡pueden siempre contar con Arnold Schwarzenegger y Sylvester Stallone!

En el reciente Forum Internacional de Montreal, convocado en octubre de 2002 para discutir sobre la "Democratización de la Gobernabilidad Mundial", Troy Davis, presidente de la World Citizen Foundation y director de la Campaña por una Democracia Mundial, interrogó públicamente al ministro de Relaciones Exteriores del Canadá, Bill Graham, sobre las posibilidades de crear un Parlamento Mundial. Se hablaba de la inminente guerra en Irak y Davis afirmó que los conflictos inter-nacionales podrían ser resueltos pacífica y racionalmente en instituciones democrático-representativas globales, para sostener después que las armas de destrucción masiva de Irak y de los Estados Unidos debían ser *bilateralmente* destruidas bajo la tutela de un Parlamento Mundial "armado" de legitimidad democrática. Entonces, el ministro canadiense Bill Graham sonrió y explicó condescendientemente la situación al molesto y utópico activista: "Un Parlamento Mundial no es posible debido a que podría amenazar las diversidades culturales y constituir un peligro totalitario", dijo. Y luego dedicó la siguiente media hora de su conferencia a desarrollar las posiciones que Canadá llevaría a la próxima reunión del G8, institución completamente libre de tan desagradables complicaciones y amenazas...

¡El Cerebro Zombie del mundo global ataca de nuevo! ¡No se pierda los próximos apasionantes episodios!

8. TERRORES GLOBALES EN EL PLANETA-TITANIC[1]

Por si Chernobyl, la epidemia de SIDA, y el ataque a las Torres Gemelas no hubieran sido suficientes, el corazón del mundo desarrollado tiembla hoy frente a una nueva amenaza. Un nuevo fantasma proveniente del mundo subdesarrollado recorre hoy el mundo globalizado por la economía y empequeñecido por sus obedientes criadas, las tecnologías de punta aplicadas a la comunicación y al transporte: se trata del virus de la neumonía atípica (SARS). La misma China, cuyo indetenible crecimiento económico constituía una de las pocas notas optimistas para una economía global marcada por la recesión, acaba de apuñalarla por la espalda. El retraso de Pekín en aceptar la existencia de la epidemia, su agravamiento por esta causa y sus consecuencias deletéreas para el comercio global y el tráfico de pasajeros se instalan ya en el centro de una polémica tan mundial como la misma sociedad que la genera.

Pese a que el número de muertos es cuantitativamente escaso (479) y aunque sólo Canadá haya sufrido consecuencias mensurables entre los países desarrollados (149 contagios y 23 muertos), el impacto global de esta nueva peste sobre las representaciones simbólicas de quienes habitan el Primer Mundo es enorme. Cuarentenas escolares son aplicadas indiscriminadamente a estudiantes extranjeros, jugadores de fútbol se niegan a cumplir contratos en Extremo Oriente, controles de la temperatura corporal devienen obligatorios para los viajeros provenien-

[1] Escrito en 2002 para *Avvenimenti* (Italia).

tes de los países en riesgo, restaurantes chinos cuyos dueños hace décadas habitan —digamos— en Montpellier entran en crisis, en tanto se emiten histéricos pedidos de que la ONU declare una "emergencia sanitaria global".

El repertorio de la paranoia desatada pasa de ser sorprendente a convertirse en infinito. Baste señalar que la más politizada y combativa universidad del mundo avanzado (Berkeley, en California, famosa por la oposición a la guerra de Vietnam y por las batallas de sus estudiantes y profesores en la lucha por los derechos civiles de la minoría negra) ha rechazado a 500 estudiantes por el solo hecho de venir de países asiáticos, argumentando que su *campus* no está en condiciones de organizar una eventual cuarentena.

"Un virus proveniente del mundo atrasado del absolutismo amenaza, como siniestro simbolismo, la salud y los principios del mundo libre e hiperdesarrollado", declara Edgardo Bartoli, editorialista del *Corriere della Sera*[2]. *"Es como si los chinos hubieran introducido en el mundo globalizado el caballo de Troya de su triunfante atraso."* Bartoli concluye: *"La imposibilidad, para el gobierno de Pekín, de seguir mintiendo sobre la epidemia [...] podría obligarlo a reconocer que el absolutismo político es totalmente incompatible con la economía de mercado, si no es al precio de posibles catástrofes"*.

¿Qué une a eventos tan disímiles como Chernobyl, el SIDA, el ataque a las Torres Gemelas y el SARS? ¿Qué fantasmas agitan todos ellos para causar estas reacciones? La respuesta parece muy simple. Lo que todas estas catástrofes anuncian a los ciudadanos del Primer Mundo es que la caída de las fronteras territoriales derivadas de la globalización relativizan, debilitan o destruyen inevitablemente toda idea de salvación nacional o continental. En tanto la mundialización de los flujos económicos, informativos, financieros, comerciales y de personas continúe incrementándose; en tanto la anulación del espacio, la aceleración del tiempo y la conectividad sean los paradigmas en los que la sociedad post-industrial se apoya progresivamente; mientras que los principales procesos sociales sigan tornándose gradualmente globales, todo proyecto de bienestar territorialmente de-

---

[2] Milán, Italia.

limitado cae dentro de lo que Ulrich Beck denominó, en ocasión del 11 de Septiembre, una "categoría zombie".

Lo que Chernobyl, la epidemia de SIDA, el ataque a las Torres Gemelas y el SARS anuncian es que los habitantes del Primer Mundo son pasajeros de primera clase de un planeta-Titanic[3]: pueden disfrutar provisoriamente del paseo y abrigar racionalmente mayores esperanzas de salvación que los que viajan en tercera clase, pero el impacto con los primeros icebergs les dice que, a menos que se cambie de rumbo, el naufragio está asegurado. De allí el temor y la histeria que el SARS genera.

Una economía global lleva directamente hacia una sociedad civil mundial. Si las distancias desaparecen, los contactos se intensifican y la globalización sigue abatiendo fronteras, *las condiciones de vida de cada uno de los habitantes del mundo se vuelven relevantes para todos sus demás habitantes*. El *manager* global que viaja por todo el planeta, que maneja millones de dólares diarios y que gana cientos de miles por año, se encuentra en la primera línea de contagio del SARS cada vez que desembarca más allá de la península Índica. Por otra parte, tampoco puede dejar de sentir un escalofrío cuando, camino de Wall Street, pasa por Ground Zero, ni evitar temblar con cada sobresalto de los mercados emergentes, ni dejar de llevar en su cartera firmada Armani un humilde y universal sobre con profilácticos.

Así, los últimos —invisibles— muros de Berlín están saltando por los aires, incluso para la pequeña elite cuyos actos económico-financieros determinan en buena parte la suerte del mundo. En el marco de la modernización globalizada, el proyecto primermundista que Jean Luc Ferry y Jürgen Habermas definieron críticamente como "Chauvinismo del Bienestar" se torna una contrautopía. Chernobyl, la epidemia de SIDA, el ataque a las Torres Gemelas y el SARS demuestran que, sin una regulación global y democrática de la sanidad, la ecología, los mercados financieros y los armamentos de destrucción masiva, la so-

---

[3] La expresión "planeta-Titanic" aparece en las obras de varios autores, el más conocido de los cuales es Edgar Morin.

ciedad mundial se encamina hacia catástrofes de escala creciente. Lenta pero inexorablemente, la globalización de la economía sin globalización de la democracia empuja hacia los icebergs a nuestro pequeño planeta-Titanic.

9. EN DEFENSA DE LA MODERNIDAD, LA GLOBALIZACIÓN Y LOS ESTADOS UNIDOS[1]

◆

En el emergente universo de la Globalización, los estados nacionales no pueden ya salvar al mundo, pero pueden perfectamente destruirlo. Las cifras son contundentes: 169 millones de seres humanos han muerto durante el siglo pasado debido a la violencia *intencionalmente ejercida* por estados nacionales, y otros 33 millones han dejado sus huesos en guerras por ellos organizadas. La estadística no pertenece a alguna secta kantiana sino a la misma organización que nuclea a los responsables de la masacre: las Naciones Unidas[2]. Calculadora en mano, se trata de 5.534 seres humanos muertos todos y cada uno de los días del corto y sangriento siglo XX. Si me es permitido observarlo: aproximadamente la misma cantidad de víctimas diarias a lo largo de todo un siglo que los caídos civiles en Irak desde el inicio de la guerra.

Ciego a esta dramática evidencia, convencido de que las naciones-estado han sido creadas por Dios el octavo día y de que son capaces de gestionar democrática y pacíficamente un mundo globalizado, el zombie sentido común nacionalista de nuestra época responsabiliza por las muertes en Irak a la Modernidad, a la Globalización y a los Estados Unidos, con el resultado dramático de preservar al verdadero responsable de la des-

---

[1] Este ensayo corto fue originalmente escrito durante la Segunda Guerra del Golfo como parte de *Ten Global Laws on Globalization. The Copernican Revolution in Social Affairs* (en proceso de corrección y edición).

[2] Informe 2002 del Programa de las Naciones Unidas para el Desarrollo, página 87.

trucción: el obsoleto sistema político-institucional centrado en las naciones-estado.

Cuando las bombas caen sobre Bagdad, resulta fácil subirse a una mesa, vociferar contra la Globalización, llamarla "imperialismo" y quemar una bandera norteamericana. Es, también, patéticamente injusto e inefectivo. Basta una somera comparación del último medio siglo de hegemonía estadounidense con el anterior medio siglo para descartar esta visión maniquea. Frente a las dos guerras mundiales, al genocidio judío y a los dos totalitarismos nacidos de un orden inter-nacional *ni hegemónico ni estadounidense*, y ante las concretas alternativas ofrecidas por el fascismo alemán y el comunismo soviético, el predominio de un país democrático y avanzado como los Estados Unidos ha sido, con todos sus defectos, arbitrariedades e imposiciones, la mejor opción disponible *dentro del orden nacional/inter-nacional realmente existente*.

Similares conclusiones surgen de una comparación racional entre la presente realidad y cualquier otra época precedente de la civilización humana. Aún hoy, bajo esta vergonzosa administración republicana (una de las más autoritarias en la historia de los Estados Unidos si no la más autoritaria), la hegemonía estadounidense resulta débil y vacilante cuando es comparada con su impresionante supremacía bélica, sin precedentes en la historia del mundo. Por lo menos desde Vietnam, el carácter democrático y crítico de la sociedad estadounidense sigue impidiendo a sus gobiernos utilizar ilimitada e indiscriminadamente un poderío militar que llevaría a la destrucción completa de Irak en pocas horas de bombardeo atómico.

No existe crítica histórica a los Estados Unidos que no pueda aplicarse al resto de los estados nacionales del mundo entero. Si algo ha caracterizado al nacionalismo estadounidense no es su mayor perversión o salvajismo respecto de otros sino, muy simplemente, su enorme efectividad, derivada de las dimensiones continentales del estado norteamericano y de su avanzado desarrollo. Como los conflictos derivados del 11 de Septiembre[3] han mostrado ejemplarmente, la crítica a la maniquea versión "bushiana" del mundo (América luchando planetariamente contra el Eje del Mal) a través de su simple inversión antiamericanista (América *es* el mal) facilita los peores planes del nacionalismo norteamericano. Predeciblemente, las disputas contra el poder de los estados más fuertes llevadas al terreno militar no sólo tienen consecuencias autodestructivas sino que tienden a reforzarlo.

Lejos de las vulgarizaciones que consideran a CNN una agencia de propaganda norteamericana, las redes globales (TV e Internet, principalmente) estuvieron directamente relacionadas con la extensión planetaria de la oposición a la guerra, de la misma manera en que históricamente favorecieron la difusión global del concepto central de la modernidad política, es decir: la idea de Derechos Humanos. Independientemente de las intenciones de sus propietarios y administradores, las imágenes difundidas por las cadenas globales han provocado un rechazo generalizado y planetario de la destrucción. De esta manera, la globalización de la información condiciona fuertemente las posiciones de los gobiernos nacionales e impulsa las movilizaciones por la paz, cuya extensión e importancia reconocen como único antecedente cercano aquellas que, hace ya más de un siglo, impusieron el límite de ocho horas de trabajo diario. Significativamente, ya sea en la Primera como en la Segunda Guerra del Golfo, estas movilizaciones se han desarrollado en los espacios en los cuales operaban redes globales: Norteamérica y Europa en la primera, casi todo el planeta en la segunda.

Precisamente, dado que los Estados Unidos podrían, desde un punto de vista estrictamente militar, invadir, controlar o destruir cualquier otro estado nacional, es la mundialización de los conceptos de Paz y Derechos Humanos el factor universal del que dependió la protección de las vidas y los intereses de los ciudadanos iraquíes. Por el contrario, el poder militar del gobierno y el ejército iraquíes tendió a perjudicarlos objetivamente por el mero

---

[3] Me refiero, muy claramente, a Afganistán e Irak.

hecho de existir. Este proceso ofrece un nuevo ángulo de observación para las realidades de una sociedad civil progresivamente mundializada que permite afirmar una ley de vigencia planetaria: en el contexto de la globalización, los ejércitos nacionales se han transformado en innecesarios y *perjudiciales* a los fines para los que han sido creados y en los cuales pretenden justificarse.

Contrariamente a las teorías adornianas que insisten en ver en la Modernidad la raíz de la violencia destructiva, desde Hiroshima y Nagasaki la guerra moderna se ha caracterizado por una autorregulación civilizada del poderío militar, regulación que era completamente inexistente en anteriores períodos de la historia humana. A pesar de ser moralmente inaceptables e injustificados, los miles de muertos causados por la invasión norteamericana contrastan fuertemente con el casi millón de víctimas provocado pocos años atrás por la guerra entre Irak e Irán, a pesar de la enormemente inferior potencia destructiva disponible. También aquí, más allá de su manipulación política por parte de intereses deleznables, conceptos como "guerra quirúrgica", "destrucción limitada y selectiva" y "daños colaterales" demuestran ser más que abstracciones vacías.

Si el mundo continúa en pie, esto se debe exactamente a la capacidad, desarrollada en el período *moderno*, de evitar la aplicación indiscriminada e ilimitada del armamento atómico y a su reemplazo por armas *limitadas* y *selectivas*. La derrota de los Estados Unidos en Vietnam frente a un enemigo incomparablemente más débil, la evitación de la mutua destrucción durante la Guerra Fría, la insistencia y efectividad para evitar "daños colaterales" y proveer "ayuda humanitaria" a la población civil en Afganistán e Irak y la sanción de tratados como la Convención de Ginebra constituyen avances específicamente *modernos*, completamente impensables en los tiempos en los que toda guerra se basaba en la destrucción ilimitada e indiscriminada del enemigo.

Junto a los Estados Unidos y la Modernidad, la otra gran acusada de la hora parece ser la Globalización, supuesta responsable de todo crimen cometido hoy en el planeta. Esta visión típicamente nacionalista y antimoderna está completamente alejada de la realidad. Como cualquiera que se interese en el tema puede verificar, la presente guerra ha sido promovida y desarrollada por gobiernos y aparatos militares nacionales, y si ello fue en defensa de intereses económicos, éstos no han sido globales sino fuertemente nacionalistas territorializados.

Ninguna de las teorías acerca de las razones económicas de esta guerra parece ser consistente, pero si hemos de reconocer algún tipo de intervención corporativa en su origen y desarrollo tendremos necesariamente que poner a los gupos petroleros y armamentistas estadounidenses en el primer lugar de la fila de acusados. Ahora bien, las corporaciones petroleras norteamericanas conservan una hegemonía que los Estados Unidos han perdido en otros ámbitos precisamente gracias a la globalización de la economía[4]. Además, todos los análisis confiables prevén una ulterior relativización de la importancia de la economía estadounidense debido al desarrollo de procesos globales como la modernización del aparato productivo de China según el modelo exitosamente seguido en el sudeste asiático. Así, desde el actual 30% del producto económico global, la economía americana pasará a representar el 20% para el 2010 y entre el 10 y el 15% en 2020. Es esto lo que un antiamericanismo tan ciego como militante denomina la "globalización americana" y la "americanización del mundo". Por su parte, tampoco el complejo militar-industrial estadounidense puede ser legítimamente considerado como parte de la economía globalizada, dado que es intrínsecamente dependiente de las ideas de soberanía y seguridad nacionales y de poderes políticos estrictamente nacionales.

En pocas palabras, ninguna de las dos posibles fuentes generativas de intereses económicos promotores de esta guerra —las corporaciones petroleras y armamentistas— es de contenido global sino que, por el contrario, constituyen expresiones prototípicas de una economía nacional. Fatalmente, ambas tienden a acomunar poder político nacional-territorial y beneficios económicos, y a promover alianzas que han causado incontables

---

[4] Significativamente, la mayor competencia global de las compañías estadounidenses está constituida por empresas inglesas como la BP y la holando-inglesa Shell.

conflictos inter-nacionales en el pasado, entre los que se cuentan dos guerras mundiales. En cambio, en descargo de la Globalización debe hacerse notar que se oponen a la guerra innumerables factores y agentes *globales*, por ejemplo: una naciente opinión pública mundial sensibilizada por las imágenes de las redes televisivas globales y el movimiento social pacifista conectado por Internet. Hasta los mercados globales "votan" diariamente contra la guerra, expresando la opinión de los operadores financieros mundiales de que empeorará globalmente la posibilidad de obtener ganancias.

Como he señalado, los enormes costos y riesgos de la operación bélica en curso hacen que ninguno de los intereses económicos mencionados parezca suficiente para justificar por sí solo el conflicto. La única motivación clara e inequívoca de la presente guerra es la estrategia "nacionalista-galtierista" de la administración Bush. En efecto, en el contexto del escandaloso fracaso de su gobierno en todas las demás áreas, una guerra victoriosa constituye la única vía para su reelección o para el futuro triunfo electoral de una administración republicana. Curiosamente, la más elemental de las razones de la guerra es sistemáticamente ignorada por analistas que buscan debajo de la alfombra[5] lo que está perfectamente a la vista: el poder político responsable de decidir por la guerra o por la paz (es decir: la administración *nacional* responsable del gobierno de los Estados Unidos) tiene consistentes intereses en encabezar un conflicto victorioso a fin de continuar en el poder durante el próximo período. Significativamente, el mismo orden democrático-*nacional* se vuelve aquí contra la paz y la estabilidad del mundo.

Sin embargo, descartar las afirmaciones demagógicas y superficiales que identifican a los Estados Unidos y su presidente como "imperialistas" y "fascistas" y los parangonan con Hitler y la Alemania nazi, no significa subestimar la amenaza, sino todo lo contrario. Lo terrible de la situación imperante no depende del pretendido fascismo de Bush o del carácter barbárico o totalitario del "imperialismo americano". Lo terrible es que en un mundo global, aun las intervenciones de un líder conservador y naciona-

---

[5] Por ejemplo: a través de complicados análisis sobre la relación entre la aparición del euro y la lucha planetaria por la hegemonía norteamericana.

lista —pero de ningún modo fascista— y de un estado nacional democrático y avanzado que hasta ahora nunca ha intentado fundar un imperio pese a su abrumadora supremacía militar *tienen consecuencias destructivas a escala planetaria.*

En términos más generales, en el marco actual de desarrollo tecnológico, las capacidades de destrucción en manos de un estado nacional avanzado tienen necesariamente alcances globales. En este contexto, la fragmentación política del mundo asociada al armamento nuclear, químico y bacteriológico crea un escenario en que este potencial destructivo puede ser "racionalmente" utilizado. Se trata de lo que, en otros textos, he denominado "crisis global de control de la tecnología", que está directamente asociada a y reforzada por la "pérdida del monopolio de la violencia por los estados nacionales".

Lo terrible de la situación actual no depende de que Bush sea fascista, sino de que no existe ninguna garantía cierta de que un futuro líder norteamericano, ruso, europeo o tercermundista en cuyas manos caiga arsenal atómico lo sea verdaderamente. En efecto, una guerra nuclear entre estados del Tercer Mundo[6] o un verdadero fascista llegado al poder en los Estados Unidos reducirían a la Segunda Guerra del Golfo a la categoría de simple escaramuza. Y si bien éste parece ser hoy un escenario de ciencia ficción, la derechización y militarización de la política estadounidense posteriores al 11 de Septiembre deberían ser útiles para visualizar las amenazas emergentes. ¿Existe alguien que pueda garantizar que en el marco de una serie de atentados atómicos terroristas en el territorio estadounidense el peligro de un verdadero fascismo norteamericano sea completamente inexistente? ¿No resulta evidente que los alcances globales de los poderes destructivos son incompatibles con las limitaciones territoriales del poder político democrático?

Para decirlo conclusivamente, en un mundo en el que al menos un poder político nacional dispone de una potencia

---

[6] Las recientes disputas entre India y Paquistán por Cachemira han anticipado convincentemente el escenario de dos poderes nacionales correspondientes a países subdesarrollados y (en el caso paquistaní) escasamente democráticos enfrentados en una guerra nuclear de Tercer Mundo.

destructiva suficiente para reducir a cenizas la entera civilización humana, toda la remanida crítica al "déficit democrático" global que siga sosteniendo el carácter nacional/inter-nacional del orden mundial construye un discurso retórico contradictorio, intelectualmente deshonesto y de ínfima categoría.

En tanto los riesgos derivados de la globalización de la tecnología y la economía sin globalización de la Democracia y la Justicia continúan su marcha ascendente, las organizaciones internacionales siguen atrapadas en su antiguo dilema hamletiano: ponerse a la cabeza de las iniciativas de los más poderosos (como en el caso de la Primera Guerra del Golfo) o ser completamente ineficientes para defender la paz y la seguridad mundiales (como en el caso de la segunda).

Así, la invasión a Irak ha mostrado nuevamente el carácter intrínsecamente elitista del actual orden nacional/inter-nacional pretendidamente basado en la democracia. A pesar de que la absoluta mayoría de la humanidad estaba en contra del conflicto, de que millones se movilizaron en todo el planeta, de que las encuestas expresaban una enorme oposición aun en los mismos estados nacionales que la impulsaban, unos pocos aparatos políticos *nacionales* han sido capaces de imponerla como hecho consumado pese a sus efectos inevitablemente mundiales, ante la inoperancia de las instituciones inter-nacionales responsables de preservar la paz en el mundo.

La agresión norteamericana a Irak ha anunciado así la prolongación del estado de guerra de todos contra todos elevado hoy a la escala global. Contrariamente al ingenuo clamor levantado por la ruptura del marco de la ONU por la acción unilateral estadounidense, la guerra *inter-nationes* no constituye una violación del orden inter-nacional sino que es su consumación plena; la consecuencia inevitable de una gestión nacional/inter-nacional del mundo global que lejos de oponerse a la hegemonía de los estados más poderosos tiende a reproducirla y aumentarla a través de artificios institucionales escandalosamente elitistas como el Consejo de Seguridad de la ONU.

Si bien los cientos de miles de seres humanos que, sin despertar el clamor del mundo, murieron recientemente en la guerra entre Irán e Irak tornan perfectamente racional el argumento de la "abolición de armas de destrucción masiva" sobre el que la administración Bush ha montado la toma de Bagdad; si bien su prohibición debe ser defendida en nombre de la protección de la vida del mismo pueblo iraquí, las intervenciones de otros estados resultan inevitablemente ilegítimas y contraproducentes por estar sujetas al inaceptable condicionamiento de los intereses nacionales. Así, las alternativas concretas a disposición dentro del contexto nacional/inter-nacional son:

1) la continuidad en el poder del régimen de Saddam Hussein, especialista en la invasión de países vecinos, en el gaseamiento de las minorías étnico-religiosas y en el control totalitario de la sociedad civil iraquí;
2) la continuidad del embargo, cuyas consecuencias pagan los iraquíes en tanto el régimen continúa incrementando su poder policial y militar y el número de sus palacios y cuentas secretas en el extranjero;
3) la guerra.

Como en el reciente caso de los conflictos derivados de la desintegración de la ex Yugoslavia, la arquitectura nacional/inter-nacional del mundo vuelve a demostrarse impotente para promover e imponer un orden basado en la paz y la democracia.[7]

En un mundo global, la batalla por la democracia y por la paz alcanza una escala global. Para cualquier intento viable de desarmar pacíficamente a Irak *y a los mismos Estados Unidos* (el estado nacional que mayor cantidad de armas de destrucción masiva posee en el planeta), se requiere de un poder superior, mundial, democrático y representativo que por estar basado en la lógica democrática "un hombre-un voto" goce de legitimidad ante las grandes potencias.

Lamentablemente, esta guerra reforzará todas las tendencias contrarias al establecimiento de un orden democrático mundial: el tercermundismo aislacionista y "antiimperialista" en las naciones atrasadas, el fundamentalismo terrorista en las

---

[7] Para un análisis más detallado de estos temas, véase "Diez tesis contra la guerra perpetua".

islámicas, la posibilidad de extender la estrategia de conflicto a otros países por parte de la administración republicana, el militarismo de Israel, el antiamericanismo antimodernista en todos lados. Aun peor: promoverá el debilitamiento de la unidad supranacional continental europea (debido a disidencias entre sus sectores "pro" y "anti" americanos) o, en su defecto, legitimará las peores tentaciones de construir un estado continental europeo dotado de fuerzas armadas unificadas. Resulta difícil establecer hoy cuál de éstas constituye la peor opción.

Finalmente, la guerra y sus consecuencias acaso tornarán posible por primera vez el nacimiento de una verdadera derecha protofascista a escala nacional en los Estados Unidos, similar a la ya existente en Francia (Le Pen), Austria (Haider), Italia (Bossi) y en casi todos los países de Europa. Todas estas variantes nacionalistas y militaristas son fuente incontable de peligros y amenazas a la paz global y al bienestar de los ciudadanos del mundo.

Las verdaderas opciones democráticas para una sociedad civil mundial no se definen hoy por la alternativa entre Bush y Saddam Hussein ni entre el despotismo asiático y el Occidente invasor, ni entre el tercermundismo y el primermundismo, sino por la superación de todas estas antinomias. Ambos gobiernos, el estadounidense y el iraquí, son los principales responsables de la destrucción. "Casualmente", si algo identifica a los responsables de esta crisis global es su carácter común de gobiernos *nacionales*.

Quienes creen que Tony Blair es el mejor aliado de George Bush y su proyecto belicista se equivocan gravemente. El mejor aliado de Bush ha sido Bin Laden, sin cuyo festejadísimo 11 de Septiembre la presente guerra hubiera resultado políticamente inviable. El uso de armas químicas o bacteriológicas por Saddam Hussein, un nuevo atentado como el de las Torres Gemelas o cualquier otra reacción zombie belicista-nacionalista de cualquiera de los gobiernos nacionales involucrados en el conflicto sólo podrían agravar la situación, muy especialmente la situación de los pueblos árabes.

Paradójicamente, si una verdadera derecha fascista estadounidense surgiera de nuevos atentados en los Estados Unidos o de un futuro conflicto con Europa, quienes acusan de "fascista" a Bush y de "imperialista" a los Estados Unidos verían cumplidas sus peores profecías. En un mundo tecnológica y económicamente global basado en la fragmentación nacional del poder político democrático, los riesgos de pérdida de control sobre la tecnología y de globalización de la destrucción son crecientes, incalculables e inmanejables. Por el contrario, la globalización de la democracia y la institucionalización democrática de la Globalización constituyen la única vía racional hacia un mundo más pacífico y humano.

Los estados nacionales no son entidades metahistóricas sino simples medios constituidos en el pasaje de una sociedad agrícola a una industrial, que la civilización humana está dejando —ambas— rápidamente en el pasado. Constituidos con el objeto de defender e impulsar fines superiores que hoy podemos identificar como Paz, Bienestar General, Democracia y Derechos Humanos, los estados nacionales tienden hoy a oponerse estructuralmente a estos valores, sobre los que habían sido fundados en el inicio de la modernidad política y de la tradición que hoy denominamos "de izquierda": el fin del siglo XVIII, signado por las revoluciones francesa y americana.

Si las naciones han expresado las formas iniciales de la Modernidad y la Globalización, se han convertido en sus decididos enemigos, tanto más peligrosos cuanto más firme es la ideología nacionalista que los sustenta. Si los Estados Unidos representan hoy una amenaza a los valores modernos, esto no se debe a una característica peculiar de la sociedad norteamericana sino al papel paulatinamente desactualizado y regresivo que los estados nacionales están forzados a adoptar en un contexto global. Siendo Estados Unidos el más poderoso entre ellos, resulta inevitable que genere las más consistentes amenazas.

La abolición de la actual centralidad de los estados nacionales en el escenario mundial y su reemplazo por una red global y subsidiaria de instituciones democrático-representativas, del cual las naciones deberán constituir sólo una parte y no necesariamente la más importante, resultan una operación crucial en la defensa de los valores democráticos, instaurados por la Modernidad y prácticamente inexistentes en cualquier período anterior de la historia humana. La Globalización abre una ventana de oportunidades históricas para su promoción mundial e igualitaria, la única en grado de ofrecer una alternativa practicable y pacífica a la hegemonía estadounidense.

Si bien es comprensible en las actuales circunstancias, el antiamericanismo que impera hoy en las elites intelectuales y políticas de Europa y Latinoamérica comete el mismo error que aquellos patéticos anarquistas de fines del siglo XIX, quienes atribuían a la maldad del rey los crímenes de la monarquía y creían que una bomba o un disparo oportunamente aplicados bastaban para salvar al mundo. Después del 11 de Septiembre de 2001, no está de más recordar que una acción de este tipo dio origen a la Primera Guerra Mundial de la historia humana.

Como entonces, no se trata ya de matar simbólica o fácticamente al rey sino de suprimir la monarquía, es decir: la irracional concentración de poderes políticos y militares de que gozan los estados nacionales, actuales soberanos del mundo surgidos en 1648 de la Paz de Westfalia.

10. REFLEXIONES SOBRE LA CUESTIÓN AMERICANA[1]

◆

Carta abierta a la señora Sandra Russo, periodista de Página/12

Estimada Sra. Russo

Me había privado de leer *Página/12* durante la guerra en Irak a fin de evitarme el previsible "ataque de asco a lo norteamericano" que usted menciona en su nota sobre Michael Moore; pero hoy he sucumbido, muy lamentablemente. Decía Sartre, en sus *Reflexiones sobre la cuestión judía* (cito de memoria) que era imposible discutir con el antisemitismo ya que éste no se basaba en razones sino en una pasión malsana. Y daba un ejemplo que (creo recordar) era éste: "Si un antisemita ve un judío avaro no dirá: 'Este judío es avaro', sino 'Todos los judíos son avaros'. Pero si luego ve un judío generoso, no dirá jamás: 'Los judíos son generosos', sino más bien 'Éste es un judío pagado por la conspiración judía para demostrar que los judíos no son avaros'". No se me ocurren mejores ejemplos para ilustrar su opinión sobre Moore y su prolongado *speech* contra la guerra y contra la administración Bush en la ceremonia anual de entrega de los Oscar.

Así, si la CNN no muestra las imágenes de la destrucción de Irak es "para ocultar el drama causado por los ataques estadounidenses". Pero si lo hace, es "para intimidar a los vecinos árabes y al mundo europeo". Si los EE.UU. comercian con la Argentina y el Brasil, "los niños latinoamericanos mueren por el

---

[1] Escrito en abril de 2003 en respuesta a la crítica realizada por la periodista Sandra Russo (*Página/12*) sobre la presencia de Michael Moore (*Bowling for Columbine*) en la entrega anual de los Oscar. Dirigido a *Página/12*, su pedido de publicación fue denegado.

hambre impuesta por el Imperio", pero si deja de comerciar con Cuba o Irak, "los niños iraquíes y cubanos lloran de hambre por culpa del embargo". Si en la entrega de los Oscar sólo se hubiese escuchado el apoyo a Bush, esto se hubiera debido a "la campaña macartista de propaganda imperial". Pero si Michael Moore y otros critican la guerra públicamente, es "para hacernos creer que existe libertad de expresión en Norteamérica". Y así, todo. (A propósito: hubiera sido muy interesante saber qué le hubiera sucedido a un Moore argentino que hubiese dicho cosas similares en los muchos programas de apoyo a la guerra de Malvinas. ¿Se acuerda, Sra. Russo? Pinky, Don Atahualpa y miles de figuras estelares colaborando con la guerra de la dictadura; y "Vamos ganando", "Traigan al principito" y otras idioteces unánimemente defendidas por los medios y repetidas acríticamente por la mayoría de la población que sólo sirvieron para enviar a la muerte a unos pobres chicos en nombre —¿cuándo no?— del "antiimperialismo" de los que se quedaron en casa.)

¿Qué más decirle, querida Sandra? Acaso que desde hace meses trabajo, como periodista, escritor y voluntario de una ONG[2] *contra esta maldita guerra*. O acaso que los imbéciles que hoy queman banderas norteamericanas no sólo son injustos sino patéticamente inefectivos. El lamentable y galtierista presidente Bush debe tener un orgasmo cada vez que ve esas banderas quemadas. Le permiten decir a su auditorio interno (el único que, manifiestamente, le importa): "Los que se oponen a la guerra odian a América".

Asistí personalmente a una de las primeras de esas marchas, durante el Forum Social de Porto Alegre, pero me fui cuando quemaron la primera bandera a rayas y estrellas y ya no regresé. Seguí promoviendo las marchas contra la guerra como pude, pero ya no participé de ninguna de ellas. ¿Sabe? Me hubiera gustado volver. Hubiera llevado una bandera americana enorme y sobre ella hubiera escrito, para que la vieran Mr. Bush

---

[2] La World Citizen Foundation, con sede en Nueva York, que promueve una campaña denominada "Democracia preventiva para Irak" en abierta oposición a la "guerra preventiva" declarada por George W. Bush y al autoritarismo fascista-nacionalista del régimen de Saddam Hussein.

y todos los norteamericanos: "Martin Luther King", o "Mark Twain", o "Walter Whitman", o "Bomberos de New York"... Pero tuve miedo de que me la arrebataran los miles de enfurecidos protestones que hoy se indignan por 1.786 muertos civiles iraquíes (son cifras de su diario y la indignación, desde luego, está perfectamente justificada), pero no movieron un solo dedo cuando casi un millón de iraquíes e iraníes murieron en la batalla campal organizada durante años por sus telúricos gobiernos.

Por supuesto, conozco la respuesta: "Esa guerra, en realidad, la organizaron los Estados Unidos" (¿acerté?). Desde luego. Y desde luego, ya desde entonces —como ha vuelto a observarse últimamente— Saddam y los ayatolás eran unos chicos muy obedientes.

En fin, que el bueno de Sartre la habrá errado en muchas cosas, pero en lo de los prejuicios hostiles a la razón tenía buen olfato... a veces. Lamento que el diario que alguna vez compré se guíe últimamente por el peor Sartre, el que escribió la frase que recuerda la señora Fagale de la UTPBA (digo: ¡de la Unión de Trabajadores de Prensa!) en la página 9 de la misma edición de ayer de *Página/12*: *"En determinados momentos de la historia, la objetividad atenta contra los oprimidos. Es casi criminal"*. Me temo que en esto de calificar de criminal a la objetividad, el detestado Mr. Bush estaría perfectamente de acuerdo.

Así estamos...

11. POR EL MERCOSUR A EUROPA[1]

─────────────◆─────────────

> "En el sistema de la globalización, dónde está un país ya no importa en absoluto... Lo que ahora importa es lo que se es y eso depende de si se opta por la prosperidad disponible en el sistema."
>
> THOMAS L. FRIEDMAN

La reciente visita del presidente argentino Néstor Kirchner a Europa reactualiza la cuestión... del ALCA. En efecto, el fortalecimiento de la conexión de nuestro país a un centro avanzado (decisivo en un contexto tecnológica y económicamente globalizado) parece atascado en dos o tres opciones que nos son presentadas en forma prescriptiva: "ALCA a cualquier precio", "ALCA no-Mercosur sí" o "por el Mercosur al ALCA", que parece ser la propuesta con más aceptación en el actual gobierno.[2]

Ahora bien: ¿Por qué el ALCA sí y la Unión Europea no? ¿Cuál imprescriptible determinismo geográfico nos amarra, en plena globalización, a la peor de las alternativas disponibles? ¿Por qué no "por el Mercosur a la Unión Europea"? ¿No es evidente que las condiciones de asociación a la UE superan ampliamente las ofrecidas por el ALCA? ¿No lo demuestra la enorme fila de estados nacionales que "hacen cola" para ingresar a la UE, en tanto la diplomacia estadounidense sigue esforzándose por convencer a los latinoamericanos de las ventajas de un mer-

---

[1] Escrito en julio de 2003.
[2] (N. del A.) Con posterioridad a la redacción de este artículo, el gobierno de Néstor Kirchner ha adoptado líneas de acción coincidentes con estos enunciados, que creo, sin embargo, es necesario profundizar radicalmente.

cado común con Norteamérica? ¿Y no expresa esta diferencia fundamental el muy diverso grado de progreso alcanzado en los últimos años por —digamos— México y España?

Un somero análisis hace preferir el "modelo UE" al del ALCA por al menos tres razones:

1) La promoción de instituciones políticas democráticas asociadas al mercado económico común (de las que los ciudadanos de los nuevos países asociados forman inmediatamente parte).
2) Un modelo de sociedad más igualitario y respetuoso de los derechos sociales (decisivo en el actual contexto global).
3) Los "Fondos Estructurales de Compensación", fundamental aporte económico que la UE destina al desarrollo de la infraestructura de sus países menos desarrollados.

En el marco de la globalización, el envío de un container, un viaje en avión, una comunicación telefónica o un e-mail tienen casi los mismos costos económicos y temporales si se realizan desde la Argentina hacia el territorio europeo que hacia el norteamericano. Por lo tanto, si —como afirma Paul Virilio— la globalización implica el "fin de la geografía", ¿por qué asociarnos con Nueva York y no con Berlín y París? Afortunadamente, la existencia del canal de Panamá nos libra de los desagradables inconvenientes derivados de la obsoleta idea de "unidad continental". Por otra parte, tanto Israel como el futuro Estado Palestino (ubicados fuera del continente europeo) figuran ya en la lista de aspirantes a "países comunitarios", para no mencionar a Turquía, cuyo proceso de integración se encuentra en estado avanzado.

Alguno objetará, muy razonablemente, que la inminente incorporación de quince países a la UE representa un inconveniente objetivo para una admisión inmediata y en bloque del Mercosur. Sin embargo: ¿estamos seguros de que una Europa fuertemente preocupada por el hegemonismo estadounidense no vería con buenos ojos una propuesta de integración progresiva y a mediano plazo (digamos: entre cinco y diez años)? ¿No sería ésta una forma pacífica y constructiva de oponerse a la supremacía norteamericana, muy superior a las habituales invocaciones belicistas de esa "izquierda" antiamericanista, retrógrada y quema-banderas que después de la guerra en Irak se ha hecho mayoritaria tanto en Latinoamérica como en Europa? ¿Estamos seguros de que un acuerdo para una integración progresiva y a mediano plazo con Europa —que reciba apoyo económico y tecnológico europeo mientras ofrece la posibilidad de consolidar internamente el Mercosur con un Parlamento y una moneda comunes— no es una alternativa preferible al "ALCA a cualquier precio" o (aun peor) al simple rechazo del ALCA? En el peor de los casos: ¿no resultaría problemático para la impresentable actual administración republicana el sólo pensar en el formidable potencial de Europa y Latinoamérica asociados?, y por lo tanto: ¿no se verían los Estados Unidos obligados a ofrecer mejores condiciones de integración al ALCA que las que actualmente proponen?

Si alguna virtud ha llevado a los agentes económicos a desbordar ampliamente el poder de las instituciones políticas es su capacidad de razonar desterritorializada y globalmente en función de sus propios intereses, descartando toda lógica zombiegeográfica. ¿Cuándo habrán de incorporar este elemental principio a su actuación los funcionarios y representantes de las instituciones democráticas?

12. PENSAR NACIONALMENTE, ACTUAR GLOBALMENTE[1]

◆

*El drama de la aparición
de la primera nación global de la historia*

Cuando los Estados Unidos fueron creados, la totalidad de las fuentes energéticas de las que se abastecían se encontraban dentro de su territorio. Por otra parte, su forma de aprovechamiento, más o menos eficiente o contaminante, tenía consecuencias limitadas a la escala nacional. En esas condiciones, la idea de que un poder político nacionalmente configurado pudiera establecer democráticamente una política energética racional e independiente era perfectamente coherente con el escenario económico-tecnológico existente.

Dos siglos luego, nada de esto puede seguir siendo afirmado sino a costa de ignorar la realidad. En efecto, el formidable desarrollo tecnológico y económico del estado nacional más poderoso del mundo lo ha hecho inevitablemente dependiente de fuentes de energía externas y ha causado que las consecuencias de su utilización —ya sea en términos de contaminación ambiental y agotamiento de un recurso no renovable como de sus repercusiones concretas sobre la economía y la política internacionales— hayan sobrepasado largamente las fronteras norteamericanas. Como muestran los últimos acontecimientos, desde el rechazo de los protocolos de Kyoto hasta la Segunda Guerra del Golfo pasando por el fenómeno del recalentamiento global, los efectos de las políticas energéticas aplicadas por el gobierno de los Estados Unidos de América son hoy, manifiestamente, globales.

[1] Escrito en 2003.

En el marco surgido de la globalización de los procesos económicos y sociales, la idea de que un sistema político de escala nacional sea aún capaz de establecer democráticamente regulaciones económicas, ecológicas o de cualquier otro tipo en nombre del interés general es progresivamente desmentida por los hechos. Quien lo ha dicho con la mayor claridad ha sido el mismo presidente de los Estados Unidos, George W. Bush, quien en ocasión de justificar el abandono de Kyoto por su administración recordó que su gobierno había sido elegido para promover y defender los intereses de los ciudadanos estadounidenses y no para velar por la salud ambiental del planeta. En efecto, los efectos a corto plazo sobre la economía estadounidense que se derivarían de la aplicación de Kyoto serían enormemente más negativos para los ciudadanos norteamericanos que los beneficios derivados de la mejora a largo plazo del ecosistema global. Por lo tanto, la decisión más racional para el gobierno nacional de los Estados Unidos, ya sea en términos de aceptación popular como de futura reelección, es la anulación de los protocolos de Kyoto y la postergación de la agenda ecológica global. Esto es exactamente lo que en economía es designado como "externalización de los costos". En términos elementales, la externalización de los costos aplicada a la escala global implica que, dentro de un sistema nacional/inter-nacional que crea artificialmente "territorios externos", toda nación-estado tiende estructuralmente a causar devastaciones globales cada vez que los beneficios de esta operación pueden ser completamente apropiados por el país, en tanto los costos pueden ser repartidos con los vecinos y el resto de la humanidad.

Dado que el abandono de Kyoto por parte del gobierno estadounidense constituye una enorme ventaja comparativa para la economía norteamericana en el mercado global, éste fue previsiblemente seguido por similares políticas aplicadas por sus competidores europeos, por el incumplimiento de las metas de Kyoto por parte de la mayoría y por el virtual fracaso de los tratados inter-nacionales solemnemente suscriptos y refrendados. Se evidencian aquí dos reglas básicas del presente universo, en el cual los mercados son globales en tanto que las regulaciones ecológicas y sociales continúan atadas al marco nacional/inter-nacional:

1) La fragmentación política del mundo global estimula la externalización inter-nacional de los costos.
2) Ante la inexistencia de regulaciones globales, las más destructivas tendencias desreguladoras de los costos ecológicos y sociales son impuestas por la competencia *inter-nationes* por las inversiones y los puestos de trabajo.

Lo sucedido con los protocolos ecológicos de Kyoto era perfectamente previsible para cualquiera que hubiese observado con atención lo sucedido durante la década del 90 con las regulaciones laborales y sociales en un marco de hiper-competitividad internacional. Pero la contradicción entre regulaciones nacionales y efectos globales tiene dos caras. Si por un lado los efectos de las decisiones tomadas por las naciones más grandes y desarrolladas poseen consecuencias globales, por el otro, muchos de los procesos controlados por otros estados nacionales cuyo alcance solía ser meramente local pueden afectarlas. En efecto, la posibilidad de que un campo de entrenamiento de terroristas ubicado en Afganistán pudiera alterar las condiciones de seguridad en las zonas más protegidas del planeta (digamos: el centro financiero de Manhattan y el Pentágono), ubicadas dentro de un estado nacional cuyo poder militar no tiene precedentes en la historia, parecía absurda hasta septiembre de 2001. Pero las migraciones globales, los paraísos fiscales, los teléfonos celulares, las redes digitales mundiales, las organizaciones planetarias y otros fenómenos que solemos describir con el rótulo "Globalización" han hecho que el planeta entero se haya transformado en el espacio en el que se decide hoy la seguridad o la inseguridad de todos y cada uno de los estados nacionales.

La manipulación interesada e hipócrita de este hecho por la administración Bush no debiera ocultar su existencia. Por obvias razones relacionadas con sus dimensiones y nivel de desarrollo, el fenómeno afecta con especial intensidad a los Estados Unidos de América, que se están transformando, más allá de la voluntad de sus ciudadanos y gobernantes, en la primera nación global de la historia del planeta.

La idea de que unas fuerzas armadas nacionales avanzadas y eficientes que actuaran solamente en el marco del territorio de un estado nacional fueran suficientes para garantizar la seguridad de sus ciudadanos se desmoronó para siempre junto a las Torres Gemelas. El aprovechamiento oportunista de la paranoia generada por esta nueva situación no cambia los hechos: la percepción de que en un mundo global la seguridad se ha convertido en un asunto global es perfectamente racional para todos los habitantes del mundo y, desde el 11 de Septiembre, resulta especialmente clara para los de los Estados Unidos.

Consecuentemente, ante la enorme ampliación de las consecuencias de las acciones humanas en el marco establecido por una economía y una tecnología globales, los estados nacionales más poderosos y avanzados están estructuralmente obligados a enfrentar una difícil alternativa: 1) abdican de sus intereses nacionales en nombre de los intereses generales de la humanidad (lo que parece escasamente posible) o 2) adoptan —a pesar de su carácter internamente democrático— políticas de impacto global decididas en exclusivo beneficio de sus ciudadanos (lo que lesiona directamente los intereses del resto de los habitantes del mundo y los relega al rol de meros espectadores).

El furioso antiamericanismo desatado por la invasión anglo-norteamericana a Irak está viciado por la ignorancia de esta situación, ignorancia que resulta extrañamente mayor y más ciegamente reivindicada por una izquierda que no alcanza a comprender que es su propio nacionalismo la fuente principal de su fracaso en el escenario creado por la globalización. En efecto, para quienes continúan creyendo que un mundo finalmente mundial puede ser democráticamente gestionado por los estados nacionales; para quienes piensan que el terreno internacional es el de la colaboración y la armonía; para quienes opinan que los organismos internacionales son capaces de gestionar pacíficamente los desacuerdos entre sus miembros nacionales independientemente del poder relativo de éstos, las recientes intervenciones belicistas de los Estados Unidos sólo pueden ser atribuidas a la perversión y maldad intrínseca de la sociedad norteamericana. Esta visión maniquea e irracional, basada en la negación de las más evidentes consecuencias de la globalización de los procesos sociales, es claramente coincidente con la de Bin Laden y otros líderes antiamericanos (como los europeos Jacques Le Pen, Jörg Haider y Umberto Bossi), y su resultado es el fortalecimiento del mesianismo irresponsable de George W. Bush y sus socios, para cuya política autoritaria y militarista la tragedia de Manhattan ha sido el mejor de los regalos posibles.

Los sucesos políticos de la última década han puesto en acto un escenario exactamente opuesto al invocado por el nacionalismo antiamericanista y antimodernista, en el que los estados nacionales resultan estructuralmente incapaces de impulsar procesos progresistas, en el cual el terreno internacional sigue siendo el de la lucha por la hegemonía militar, política y económica, y en el que los organismos internacionales están inevitablemente sujetos a los dictados de los actores más poderosos. Con un mínimo de objetividad, cualquiera puede establecer que estos factores han precedido largamente la actual unipolaridad americana del mundo y son independientes de cualquier característica específica de la sociedad estadounidense.

Quienes coincidan con este análisis, acaso estarán también de acuerdo con estas conclusiones generales:

1) Los efectos destructivos de las recientes intervenciones de los Estados Unidos son el producto de actuar globalmente con criterios estrictamente nacional-territoriales, consecuencia difícilmente evitable de la aparición de la primera nación-estado global de la historia, es decir: de la primera nación-estado cuyos intereses "deben" ser necesariamente defendidos en todo el territorio del planeta.
2) Dado que la ampliación geográfica de los alcances de los procesos y sistemas sociales que denominamos *globalización* no se detendrá, a menos que sucedan eventos catastróficos, esta situación de conflicto está destinada a empeorar a medida que otros estados nacionales o unidades continentales terminen de alcanzar una escala global de intereses y capacidades, siendo la Unión Europea la más avanzada en esta dirección.
3) El orden nacional/inter-nacional y sus instituciones se tornan estructuralmente antidemocráticos en el marco de la globalización tecno-económica, porque tienden inevitablemente a marginar del poder político a quienes viven en países sin ninguna

capacidad de intervención en las cuestiones globales, es decir: a la mayoría de los habitantes del planeta.

4) Sin la paulatina pero urgente construcción de instituciones democráticas supranacionales en las escalas continental, inter-nacional y global que han adquirido los principales procesos sociales, la apropiación de cuestiones vitales para la paz, la prosperidad y la seguridad del mundo por parte de los actores nacionales más poderosos y de los sistemas tecno-económicos globalizados está destinada a generar grandes conflictos destructivos y enormes amenazas a la continuidad de la civilización humana.

El creciente rechazo global hacia los autoelegidos "Gendarmes globales de la Democracia y los Derechos Humanos" expresa la oposición a este futuro y el gradual desarrollo de una conciencia planetaria acerca de la contradicción entre poderes globales y mecanismos de representación democrática reducidos a la escala nacional. En cambio, su anti-americanismo es una forma irracional y retrógrada de anti-modernismo.

En las presentes condiciones, clamar contra del déficit democrático del orden internacional mientras se sostienen las ideas de autonomía nacional y soberanía militar-territorial absolutas resulta una contradicción evidente. Por ejemplo, quienes insisten en paradigmas nacionales carecen de argumentos para oponerse a la posesión de armamentos de destrucción masiva por parte de los mismos Estados Unidos, armamentos cuya devastadora capacidad puede acabar en pocas horas con la entera civilización humana. Por el contrario, una estrategia pacifista democrática, avanzada y no antiamericanista hubiera debido prever, más que el rechazo de la tesis sobre la "abolición de las armas de destrucción masiva", su aceptación e impulso unidos al reclamo de que la administración Bush aplicara sus propuestas en el único territorio sobre el que posee poderes cuya legitimidad democrática es indiscutible: los Estados Unidos de América.

La delegación del monopolio de la violencia y la resignación parcial de la soberanía nacional en manos de una agencia mundial encargada de establecer un plano racional de desarme constituirían una medida democrática, universalista y pacificatoria de importancia inédita, además de un posible embrión para el futuro desarrollo de instituciones democráticas globales. En cambio, que se insista en proponer un orden inter-nacional en el cual las naciones pobres y atrasadas dispongan de los mismos poderes que las ricas y avanzadas es de un utopismo ingenuo. Que se lo haga en nombre del realismo, un chiste de mal gusto.

Por lo menos desde la conclusión de la Guerra Fría, el verdadero talón de Aquiles de todo proyecto imperialista moderno es el carácter abierto y democrático de las naciones que están en condiciones materiales de impulsarlo[2]. Una opinión pública interna y externa permeada por valores como la defensa del derecho a la vida, la evitación de la violencia y la vigencia plena e igualitaria de los derechos humanos, unas instituciones democrático-representativas establecidas en todos los niveles en que decisiones políticas deban ser adoptadas de acuerdo con los mismos principios en los que se basan las naciones avanzadas, han sido —y seguirán siendo en el futuro— el único límite concreto al abuso de poder por los más fuertes. Por el contrario, la oposición militar a la hegemonía estadounidense, desde los ataques del terrorismo global hasta los proyectos de unificar militarmente la Unión Europea, sobre el rearme de Japón o la absurda estrategia de potenciar los ejércitos nacionales de los países subdesarrollados (el de Irak es el mejor ejemplo), sólo puede reforzar sus peores aspectos.

A pesar de la justificada indignación que lo sucedido en Irak despierta, las visiones religiosas y los análisis unilaterales no sólo están poco justificados sino que son fuente de amenazas aún peores. Cuando se considera el poderío sin precedentes de que disponen los Estados Unidos de América (primera potencia económica, militar y tecnológica del mundo, que en términos puramente militares podría enfrentar a cualquier otro oponente sin ninguna vacilación acerca del resultado de la contienda), la actual hegemonía americana, presentada por los antiamerica-

---

[2] Los enormes déficit comerciales y financieros estadounidenses añaden un nuevo factor de imposibilidad a la construcción de un imperio global americano: la altísima dependencia del flujo de capitales externos (ya sea vía inversiones o adquisición de deuda) de su economía.

nistas como criminalmente opresiva, aparece débil y vacilante. Por ejemplo, es hoy completamente ineficaz para establecer un régimen de terror capaz de controlar la oposición iraquí y las redes terroristas que aún operan en ese país, así como de prolongar indefinidamente el gobierno consular establecido hace solamente un año, al final de una guerra ganada casi sin bajas y en sólo tres semanas de batalla.

Mencionar que la segunda y la tercera potencias económicas del mundo, y principales competidores económicos de los Estados Unidos (Japón y Alemania), se encuentran desde hace más de cincuenta años prácticamente privadas de fuerzas armadas y sometidas al control militar americano, recordar que cuando este control fue instituido eran países destruidos por su propio delirio belicista, subrayar que fueron reconstruidos con la ayuda generosa del Plan Marshall, señalar que los Estados Unidos (aun cuando al final de la Segunda Guerra Mundial poseían un completo dominio militar sobre Europa Occidental y la ventaja decisiva sobre la URSS de contar con armas atómicas) jamás intentaron la construcción de un imperio en Europa, recordar que su contribución ha sido decisiva para derrotar a los dos grandes totalitarismos del siglo XX o mencionar las inmensas contribuciones de los Estados Unidos a la cultura y la ciencia mundiales[3] puede ser impopular en momentos en que la bandera de barras y estrellas flamea sobre Bagdad, pero forma parte de una visión equilibrada de la historia que intente integrar, por ejemplo, tanto los crímenes de Hiroshima y Nagasaki como las circunstancias en que fueron cometidos.

Lejos de poner en duda esta perspectiva, la actual seguidilla de atentados contra las fuerzas de ocupación en Bagdad la confirma. ¿Puede considerarse un "imperio mundial" un país que encuentra incontables dificultades para establecer un protectorado provisorio en una nación de segundo nivel de importancia estratégica cuyo ejército fue derrotado en un par de semanas? ¿Cuántos estados nacionales que poseyeran un predominio militar sin precedentes como del que disponen los Estados Unidos serían capaces de evitar la tentación de establecer *verdaderamente* un imperio global basado en la coerción militar, como muchos

---

[3] Contribución superior, en su conjunto, a la de cualquier otro estado nacional del planeta.

otros con capacidades mucho menores intentaron hace no tantas décadas?[4]

Los estados nacionales no pueden ya salvar al mundo, pero pueden perfectamente destruirlo. Por supuesto, el más poderoso de los estados nacionales es el que tiene las mejores chances de hacerlo. Con todo el debido respeto, las consecuencias del nacionalismo boliviano o ugandés difícilmente afecten a los ciudadanos de otros países. El nacionalismo de los Estados Unidos, en cambio, constituye una amenaza para todos los habitantes del planeta. Sin embargo, no se trata de la maldad del rey sino más bien de los principios de la monarquía, es decir: de las intervenciones zombies y suicidas que en el escenario global están obligados a llevar adelante los soberanos del mundo, es decir: los estados nacionales.

---

[4] El escándalo de las torturas a los prisioneros iraquíes a manos de soldados estadounidenses (que ha estallado en momentos en que este libro era entregado para su edición) merece —al menos— un breve comentario. Más allá de expresar con firmeza una decidida condena de estos actos criminales y la exigencia de castigo a *todos* los culpables y responsables de estos hechos denigrantes, creo necesario insistir en que no bastan para calificar a la administración Bush de fascista ni a los Estados Unidos de imperialistas. Más bien, demuestran la imposibilidad de construir un imperio en un país permeado por valores democráticos y liberales y regido por un sistema pluripartidista como los Estados Unidos, en los que una prensa libre publica en primera plana los abusos de los propios militares, en el que la opinión pública hace descender rápidamente los índices de popularidad del gobierno, en el que la oposición puede transformar el caballito de batalla de Bush —la lucha contra el terrorismo— en un *boomerang* que cause su derrota electoral y en el que el gobierno se ve inmediatamente obligado a condenar los crímenes y a enviar a corte marcial a sus autores materiales.

En otra clara irrupción de las cuestiones globales en un ámbito otrora nacional, las últimas elecciones en España han dado cuenta ya de José María Aznar, uno de los miembros de aquel "Triunvirato de las Azores" que con una espectacular conferencia de prensa global proclamó el inicio de la invasión a Irak. Las cercanas elecciones europeas en Gran Bretaña y las presidenciales de fin de año en los Estados Unidos dirán cuál es la suerte de los dos restantes, Tony Blair y George W. Bush, y establecerán, en una complementaria y dialéctica expresión de la dinámica nación-mundo, buena parte de la agenda de seguridad del planeta. Señalar el carácter antidemocrático de este hecho y reclamar juicio y castigo a los perpetradores de serias violaciones a los Derechos

Si la representatividad democrática no es una mera opinión, todo sistema social cuyos alcances sean global-planetarios debería estar regulado por instituciones mundiales guiadas por principios universales. En contraste, los estados nacionales avanzados empiezan a enfrentarse a la condena de estar obligados a pensar nacionalmente y a actuar globalmente. Tergiversar esta realidad para caracterizar a Bush como un nuevo Hitler y descalificar a los Estados Unidos como "país imperialista" no resolverá ninguno de los desafíos planteados por la globaliza-

---

Humanos no debe llevar a olvidar las enormes diferencias: no hubo, que se sepa, primeras planas de los diarios de la Alemania nazi que informaran del genocidio judío, ni Hitler castigó a sus sicarios, ni temía perder las siguientes elecciones, ni planeaba entregar los territorios ganados en la guerra a la Liga de las Naciones.

Más allá de la banalidad de estas observaciones, acaso sirvan para destacar la importancia central de las instituciones políticas liberal-democráticas como única forma de oposición efectiva al fascismo, el imperialismo y la guerra. En este sentido, lo sucedido vuelve a mostrar la insuficiencia del orden mundial existente, en el que esa Corte Penal Internacional (CPI) que pocos años atrás provocara el entusiasmo de cierto progresismo ligado a las ONGs y que desprecia el valor de las políticas institucionales, será impotente para juzgar los Crímenes de Guerra cometidos en Irak y a los responsables de que se cometieran por el sencillo hecho de que el actual gobierno de los Estados Unidos ha tenido la precaución de disociarse de la CPI. Se demuestra así también el carácter reaccionario que la idea de soberanía nacional adquiere inevitablemente en un contexto global y la necesidad de reemplazar la recientemente instaurada Corte Penal Internacional, basada en las soberanías nacionales, la adhesión voluntaria y el principio de complementariedad, por una verdadera Corte de Justicia Mundial que intervenga con carácter prescriptivo y planetario en el juzgamiento y la condena de los Crímenes Contra la Humanidad cometidos por los gobiernos de todo el planeta, y no se limite a juzgar y condenar a los Pinochets y Milosevics del Tercer Mundo. Es del todo evidente también que semejante programa sólo podrá ser desarrollado bajo el mando de legitimidad ofrecido por un legítimo Parlamento Mundial.

Más generalmente, la existencia de instituciones democrático-liberales y la paulatina elevación de éstas a la escala mundial constituye el único talón de Aquiles de todo proyecto de hegemonía planetaria, el flanco descubierto de la administración Bush y la única vía para instaurar efectivamente una sociedad mundial basada en los derechos humanos y no en los privilegios nacionales. Por lo tanto, la constitución de instituciones democráticas mundiales (y no la oposición nacionalista y violenta a los abusos norteamericanos) constituye hoy la principal tarea para una izquierda digna de este nombre.

ción sino que perpetuará el aislamiento y el fracaso de los actores políticos que adopten esta perspectiva. Aun peor, promoverá nuevas estrategias militaristas y nacionalistas de oposición a la unipolaridad norteamericana, de las cuales la propuesta de crear un estado y un ejército europeos es la más preocupante.

Quienes permanentemente insisten en que las soluciones deben ser políticas y no militares deberían aplicar este rasero a sus propias propuestas políticas. Como el 11 de Septiembre ha demostrado con eficacia, la destrucción resultante de la oposición militar a la hegemonía estadounidense puede dramáticamente transformarse en una terrible profecía autocumplida.

13. UNA *REALPOLITIK* DEMOCRÁTICA Y GLOBAL[1]

◆

Algunas propuestas sobre la reforma de las Naciones Unidas hacia un orden democrático mundial

No es ninguna casualidad que las consecuencias de la Segunda Guerra del Golfo hayan puesto el tema de la democratización de las Naciones Unidas al tope de la agenda política del mundo. Dentro del emergente contexto global, la *sumisión* y la *impotencia* definen las capacidades reales del orden inter-nacional liderado por las Naciones Unidas y constituido por agencias como el Fondo Monetario Internacional, la Organización Mundial del Comercio y el propio Consejo de Seguridad de la ONU. En efecto, ambas guerras del Golfo han mostrado a las Naciones Unidas sometidas a su habitual dilema hamletiano. Si durante la primera de ellas la ONU terminó poniendo sus banderas al frente de las fuerzas armadas de los más poderosos de sus miembros (sumisión), durante la segunda fue relegada al rol de mera espectadora de las acciones de la alianza encabezada por los Estados Unidos (impotencia).

El reciente discurso de su secretario general, Mr. Kofi Annan, acerca de la necesidad de reformar las estructuras de la organización que él mismo preside constituye la más clara de las admisiones posibles sobre la injusticia, elitismo y falta de democracia que reina en la presente *"global governance"*, es decir en el orden

---

[1] Escrito en 2003 para Civitatis, grupo de investigación sobre gobernabilidad global y *peace-building* de la Universidad de Aberstwyth, en Gales, por invitación de su director, Jan Mortier.

político mundial centrado en las naciones-estado y administrado por las instituciones internacionales. Esta expresión amable y a la moda —"*global governance*"— esconde una galaxia que carece de transparencia y responsabilidad política institucional[2]. Sin embargo, cuando el clamor por una reforma democrática de la ONU basada en el principio "una nación-un voto" crece en todo el mundo, una pregunta crucial debe ser respondida: ¿es el siempre mencionado *déficit democrático* de las Naciones Unidas el simple producto de un incorrecto manejo de la organización (y, por lo tanto, es un déficit que puede ser corregido sin superar los parámetros nacional/inter-nacionales), o se trata más bien de una característica inherente a toda estructura nacional/inter-nacional que intente regular y administrar un mundo global (y, por lo tanto, no puede resolverse en términos nacional/inter-nacionales)?

Para responder a este interrogante es necesario analizar los cinco tipos posibles de organizaciones políticas cuyos objetivos y capacidades de intervención han alcanzado una escala global:

1) Unidades políticas nacionales o continentales (como los Estados Unidos y, en menor grado, la Unión Europea).
2) Organizaciones internacionales autoelegidas o autoconstituidas basadas en reglas antidemocráticas (como el Consejo de Seguridad de la ONU y la Organización del Tratado del Atlántico Norte —OTAN—).
3) Organizaciones financieras internacionales basadas en el principio "un dólar-un voto" (como el Fondo Monetario Internacional —FMI— y el Banco Mundial —BM—).
4) Organizaciones y agencias internacionales basadas en el principio "una nación-un voto" (como la Organización Mundial del Comercio —OMC— y la Asamblea General de las Naciones Unidas).
5) Instituciones democrático-representativas basadas en el principio democrático "un hombre-un voto" (como el —aún inexistente— Parlamento Mundial).

¿Qué ha hecho y qué puede hacer cada una de ellas para crear un orden global más justo y democrático? Veamos.

---

[2] "Accountability" en el original en inglés.

1) Unidades políticas nacionales o continentales

Dado que la destructividad y los riesgos desatados por las intervenciones globales de los autoelegidos gendarmes globales de la Paz y la Democracia (como los Estados Unidos y el Reino Unido) fueron suficientemente demostrados durante la reciente invasión de Irak, y considerando que ocupan el centro mismo del presente debate acerca de la democratización del orden global, resta poco que añadir acerca de las posibles contribuciones del primero de estos grupos, cuyas acciones planetarias constituyen más bien una amenaza que una promesa.

2) Organizaciones internacionales no democráticas

El caso es perfectamente similar en lo que respecta a organizaciones internacionales autoconstituidas, autoelegidas y basadas en reglas antidemocráticas, como la OTAN y el Consejo de Seguridad de la ONU, quienes fueron los líderes de una Primera Guerra del Golfo mucho más costosa en términos de vidas humanas que la Segunda, para no mencionar el largo historial de resoluciones "doble-estándar" y de intervenciones injustas y antiigualitarias que detenta el Consejo de Seguridad.

3) Organizaciones financieras internacionales

Los recientes colapsos financieros de México, Brasil, Rusia, los países del sudeste asiático, Turquía y la Argentina, y la justificada ola de críticas que han levantado acerca del rol desempeñado por el FMI, han ofrecido una evidencia consistente sobre el carácter antidemocrático del principio "un dólar-un voto". Previsiblemente, el abuso en el campo político de métodos creados para regir y regular instituciones económicas (como los fondos y los bancos) ha favorecido la concentración de poder en las manos de los actores más ricos, lo cual es exactamente opuesto a las reglas de la democracia moderna, basada en el reconocimiento de derechos políticos iguales a las mayorías pobres.

Toda explicación acerca de este tópico suena redundante e innecesaria apenas se la traslada al ámbito de las democracias existentes. En efecto, si alguien fuera a sostener que el poder de voto de un ciudadano nacional debería ser proporcional al volumen de su cuenta bancaria o a su salario profesional, tendría lugar un justificado escándalo. ¿Cuál es pues el sentido de proponer una regla idéntica para el nivel inter-nacional/global? Por otra parte, si la democracia ha funcionado con cierta eficacia en la redistribución social y geográfica de la riqueza y el bienestar, si ha permitido la aplicación de políticas equitativas de *welfare state*[3], la superación de las crisis recesivas causadas por el capitalismo salvaje y el sostenimiento prolongado del crecimiento económico, todo ello ha sido posible gracias a la distribución igualitaria de poderes políticos entre los ciudadanos de los estados nacionales democráticos. Es precisamente éste el equilibrio que el actual modelo unidimensional, unidireccional y asimétrico de globalización ha roto, dado que la democracia sigue atada al pesado yugo de las naciones-estado en tanto la economía se torna a-territorial y global. Consecuentemente, las propuestas, sospechosamente abundantes y generalizadas, de relacionar directamente el poder de voto de los países con las dimensiones de su producto bruto interno —PBI— significarían un paso ulterior hacia un escenario global antiigualitario caracterizado por la concentración social y geográfica de la riqueza y el poder.

4) *Organizaciones internacionales "democráticas"*

La idea de que un orden global democrático pueda ser impulsado y manejado por instituciones internacionales basadas en el principio "una nación-un voto" parece ser, a primera vista, racional. Sin embargo, al menos tres grandes objeciones pueden serle efectuadas:

a) El principio "una nación-un voto" no presupone que la nación propietaria de ese voto sea, a su vez, democrática. Por lo tanto, un orden global completamente antidemocrático constituido por estados autoritarios y totalitarios es perfectamente factible bajo la fachada "democrática" de una estructura internacional basada en él. Si bien no es ésta la situación actual, la cuestión resulta más que teórica. En efecto, dentro de la actual Organi-

---

[3] En adelante "estado de bienestar".

zación de las Naciones Unidas, el carácter democrático de la mayoría de las naciones miembros, así como la vigencia de las libertades y los Derechos Humanos en sus territorios es, para decir lo menos, altamente dudosa. Cómo habrían de defender y promover los Derechos Humanos de los ciudadanos del mundo los delegados de unos gobiernos incapaces de respetarlos en su propio país se torna una cuestión sin respuesta posible.

b) La aplicación del principio "una nación-un voto" al manejo de asuntos globales pondría el mismo poder político en las manos de —por ejemplo— los 435.700 habitantes de Luxemburgo que en las de los 1.261.830.000 de China. Esto significa que cada ciudadano luxemburgués tendría alrededor de 3.000 veces el poder de voto que poseería cada ciudadano chino. Asombrosamente, es ésta la situación reinante en la pretendidamente democrática Asamblea General de las Naciones Unidas. Como es obvio, el carácter antidemocrático de este tipo de representación tiende a legitimar la hegemonía de los estados más poderosos.

c) Tanto la experiencia concreta desarrollada en la Organización Mundial de Comercio, en la que está vigente el principio "una nación-un voto" pero nunca es efectivamente aplicado al proceso real de toma de decisiones[4], como el carácter asimétrico, inicuo y unidireccional del modelo de comercio generado por la OMC, descartan la idea de que un orden global más democrático pueda ser instituido y manejado mediante el recurso al principio "una nación-un voto".

El juego de las distancias institucionales entre representantes y supuestos representados recuerda a las *matrioshkas*, esas muñecas rusas que esconden otras en su propio interior. En los mejores casos, bajo la bendición de la palabra "democracia", los ciudadanos nacionales votan por unos delegados, quienes eligen un presidente, quien designa un ministro de Relaciones Exteriores, quien designa a un delegado a las Naciones Unidas. Cada uno de estos pasos aumenta la distancia institucional entre representantes y

---

[4] Casi sin excepción, las resoluciones adoptadas por la OMC siguen el siguiente recorrido: 1) reunión de un grupo de los países más poderosos interesados en sancionar un nuevo acuerdo o resolución; 2) elaboración de un proyecto que responda a sus intereses; 3) presentación del proyecto en la OMC; 4) aprobación por unanimidad.

representados, y disuelve la responsabilidad institucional, la legitimidad democrática y el mismo concepto de representación en la escala global. "Representatividad democrática" se transforma así en "representatividad nacional", "representatividad nacional" deviene "representatividad inter-nacional", y finalmente, la "representatividad inter-nacional" queda reducida a "representatividad intergubernamental". Al final del "proceso *matrioshka*", lo que queda es un burócrata preocupado por los intereses y caprichos del gobierno nacional que lo eligió y que toma decisiones en el nombre de la humanidad y de las futuras generaciones.

Tan grave como esto, a pesar de la apariencia parlamentaria que asume la Asamblea General de la ONU, el juego inter-nacional/inter-gubernamental se desarrolla completamente dentro del campo de las mayorías nacionales y de los poderes *ejecutivos*, desconociendo el derecho de las minorías nacionales a ser representadas y en absoluto contraste con la opinión de autores como Locke y Tocqueville, quienes identificaban en el Parlamento (y no en el Poder Ejecutivo) el corazón de la democracia.

Contrariamente a los sueños de los realistas políticos, esas personas cuya especialidad suele ser la ignorancia de los hechos efectivamente ocurridos, la aplicación del principio "una nación-un voto" dentro del entero campo internacional y, más específicamente, en la ONU, no llevan al paraíso soñado de la *global governance* democrática, sino a un escenario inter-nacional elitista y determinado por las grandes potencias similar al vigente en la Organización Mundial de Comercio. Es posible que ello mejore la situación en organismos como el Consejo de Seguridad, cuya falta de transparencia y legitimidad es escandalosa; pero difícilmente resolverá el enorme déficit democrático del orden global[5]. Para demostrarlo, basta observar las barreras comerciales asimétricas, los subsidios a la producción agrícola del Primer Mundo, las murallas proteccionistas disfrazadas de regulaciones sanitarias y ecológicas que caracterizan al "libre comercio" regulado por la

---

[5] Para no mencionar que ninguna de las reformas de la Carta de la ONU puede ser efectuada, de acuerdo con la misma Carta, sin la aprobación unánime de los cinco miembros permanentes del Consejo de Seguridad, quienes, desde luego, están poco dispuestos a resignar su puesto permanente, su derecho de veto y demás prerrogativas.

Organización "Mundial" de Comercio, la cual —como el Banco "Mundial" y otras muchas agencias "mundiales"— no es mundial sino *inter-nacional*.

Las personas "realistas" que confían en el orden nacional/inter-nacional no sólo pretenden desconocer los sucesos efectivamente ocurridos durante la última década, claramente demostrativos de las incapacidades de las naciones-estado y el orden inter-nacional por ellas administrado para proteger los bienes comunes de la humanidad, sino que suelen ignorar la misma historia de la humanidad, en la que el terreno internacional no ha sido casi nunca el de la cooperación y la armonía sino el de la competencia más o menos feroz por la supremacía económica y militar. En la salvaje jungla internacional, en la que los estados más poderosos imponen inevitablemente sus intereses a los más pequeños y atrasados, cualquier intento "realista" de instaurar una lógica democrática basada en el principio "una nación-un voto" constituye el más utópico de los sueños.

5) *Instituciones democráticas globales*

Finalmente, y dado que mejores opciones no están disponibles, instituciones democrático-representativas basadas en el principio "un hombre-un voto" constituyen la única alternativa posible para la instauración de un orden democrático global. La reciente experiencia de la Unión Europea ha demostrado la factibilidad de la articulación entre sistemas políticos nacionales y supranacionales a través de la progresiva delegación de soberanía hacia una estructura democrática y federal basada en el *principio de subsidiariedad*. Este artefacto elemental de la construcción democrática, que ha sido y es universalmente aplicado con éxito para articular el nivel local y nacional de las decisiones políticas, establece dos paradigmas que son hoy perfectamente aplicables a la escala mundial:

1) Dado que decisiones políticas y públicas son necesarias en diferentes escalas (local, nacional, regional, continental, internacional, mundial), la representatividad democrática puede y debe ser aplicada en las instituciones democráticas establecidas en cada uno de estos niveles (paradigma democrático).

2) Sin embargo, en beneficio de la descentralización del poder, la transparencia y la responsabilidad institucional, las decisiones deben ser adoptadas en la menor de las escalas que permita que todos los ciudadanos directamente afectados estén políticamente representados (paradigma liberal).

De esta manera, el primero de estos paradigmas (principio de representatividad) extiende la *democracia* a la escala global, mientras que el segundo (principio de subsidiariedad) pone límites *liberales* a la concentración del poder político.

Ningún orden global democrático puede ser creado sin apelar a la representatividad democrática aplicada a todos y cada uno de los niveles del proceso de toma de decisiones políticas. A pesar de ello, algunas objeciones razonables pueden ser hechas a su constitución. Entre ellas:

1) El uso del principio democrático "un hombre-un voto" en la escala global concentraría alrededor de un tercio del poder político global en los habitantes de dos naciones, India y China.

2) El uso del principio democrático "un hombre-un voto" en la escala global implicaría una redistribución tan grande del poder político que la pequeña parte de la humanidad que habita en el Primer Mundo (y que detenta una parte desproporcionada de tal poder) se opondría a su aplicación y haría imposible la constitución de un Parlamento Mundial, de una Corte Mundial de Justicia y la sanción de una Constitución Federal Mundial.

¿Son estas objeciones insuperables o pueden ser relativizadas aplicando la *experiencia ya desarrollada* en las democracias de las ciudades y de las naciones y en la naciente democracia continental europea? ¿Cómo puede la humanidad cambiar desde el actual universo en el que los Derechos Humanos son meras abstracciones sometidas a todo tipo de discriminaciones nacionales hacia un mundo democrático en el que se tornen "perfectos" en términos de Kant, es decir, en derechos preservados, promovidos y defendidos por instituciones concretas sometidas a la representación democrática y a la rendición de cuentas? Finalmente: ¿son las Naciones Unidas un instrumento inútil destinado al basurero de la historia debido a su enorme déficit democrático o pueden aún jugar un rol relevante y constructivo en la democratización del orden global?

Para responder a estas preguntas de la manera más concreta posible trataré de presentar un programa hipotético dividido en cuatro etapas, acerca de la manera en la cual la ONU puede promover un orden global verdaderamente democrático. En nombre de la factibilidad de este proyecto (uno de los muchos que pueden ser presentados racionalmente en relación con estos objetivos), intentaré no apelar a construcciones imaginarias sino a la experiencia y los principios exitosamente aplicados en la escala nacional y continental:

1ª etapa) La Asamblea General de la ONU declara obsoleto el marco de posguerra que dio origen a las formas presentes de la organización y, contraviniendo la letra pero no el espíritu de su Carta, se proclama a sí misma como cuerpo central de las Naciones Unidas, por encima del Consejo de Seguridad. Un programa general de reformas basado en el principio "una nación-un voto" es paulatinamente aplicado a sus agencias dependientes y, en especial, a las instituciones financieras internacionales y al mismo Consejo de Seguridad.

2ª etapa) La Asamblea General de la ONU convoca una inmediata, planetaria y democrática elección de miembros para la Cámara de Diputados de un Parlamento Mundial. En sus inicios, esta cámara asume funciones meramente consultivas de la Asamblea General. Posteriormente, la Cámara de Diputados es encargada de redactar una Constitución Federativa Mundial, un Código de Justicia Mundial y un código de procedimientos de las instituciones democrático-representativas mundiales, todos ellos basados en la Declaración Universal de Derechos Humanos aprobada en 1948 por la Asamblea General de la ONU y refrendada por la casi totalidad de los estados nacionales del planeta.

3ª etapa) La Asamblea General de la ONU se constituye como Cámara de Senadores del Parlamento Mundial y prepara un programa de transferencia progresiva de poderes y soberanía, limitada a los asuntos de incumbencia mundial y en pleno acuerdo con el principio de subsidiariedad, *desde los estados nacionales y continentales hacia las instituciones democrático-parlamentarias mundiales.*

4ª etapa) Con el objeto de conciliar los intereses de los estados nacionales más poderosos (deseosos de sostener un poder decisional en los asuntos globales que sea proporcional a su importancia económica) y los intereses comunes de la humanidad (mejorar los niveles de vida en todo el planeta, impulsar el consumo y el crecimiento económico y promover la satisfacción de las necesidades humanas básicas de los ciudadanos del mundo sometidos a pobreza extrema), la Asamblea General de la ONU organiza el Parlamento Mundial de acuerdo con la siguiente estructura:

a) Mitad del poder decisional en asuntos mundiales recae en la Cámara de Diputados, elegidos democrática y planetariamente de acuerdo con el principio "un hombre-un voto". Esta cámara asume, una vez aprobadas la Constitución Mundial y sus códigos derivados, funciones legislativas limitadas a los asuntos globales.

b) La otra mitad del poder decisional corresponde a la Asamblea General de la ONU constituida como Cámara de Senadores, la mitad de cuyos miembros serán elegidos de acuerdo con el principio "una nación-un voto" y la otra mitad proporcionalmente a los aportes realizados por cada nación-estado miembro a un fondo de satisfacción planetaria de las necesidades humanas básicas, paso inicial en la creación de un estado de bienestar global capaz de garantizar agua, alimentos, educación, comunicación y sanidad a todos y cada uno de los ciudadanos del mundo.

De esta manera, la estructura de poder del Parlamento Mundial (que sería, en todo caso, sólo una de las instituciones que conformen una red local/nacional/continental/global de decisión política democrática) sería: 50% para los diputados elegidos globalmente de acuerdo con el principio "un hombre-un voto", 25% para los senadores mundiales, representantes de las naciones estado (de acuerdo con el principio "una nación-un voto"), y 25% para los delegados nacionales de las naciones que contribuyan a la creación de un estado de bienestar global (de acuerdo con el principio "un dólar[6]-un voto").

Los dramáticos hechos que han seguido al 11 de Septiembre de 2001 han mostrado que la edificación de escuelas y hospitales en el Tercer Mundo y su integración plena e igualitaria al uni-

---

[6] De contribución y no de PBI.

verso global pueden hacer mucho más por la seguridad de los habitantes del primero que las agencias de espionaje, las guerras preventivas y los proyectos faraónicos de escudos antimisilísticos nacionales. Contribuyendo a la satisfacción de necesidades humanas básicas a cambio de preservar un rol privilegiado en los asuntos mundiales, los gobiernos y ciudadanos de las regiones más avanzadas del planeta respetarían el principio enunciado por uno de los presidentes de los Estados Unidos, John F. Kennedy, quien afirmó: "Si una sociedad libre no puede ayudar a sus mayorías empobrecidas tampoco puede proteger a sus minorías ricas". Los crímenes del 11 de Septiembre han demostrado que esta afirmación se torna progresivamente válida para la emergente sociedad civil mundial.

Nada hay que se oponga con más efectividad a la institucionalización de un orden democrático mundial que la insistencia de quienes se autodenominan "realistas" en mantener los asuntos globales en manos de las naciones-estado y de sus delegados gubernamentales en las instituciones inter-nacionales. A más de una década del fin de la Guerra Fría, un programa global de destrucción de *todo* armamento nuclear, químico o bacteriológico sancionado por ambas cámaras del Parlamento Mundial podría ser un maravilloso inicio de los trabajos de las instituciones democrático-representativas mundiales. Por otra parte, no sólo llevaría a la práctica la doctrina desarrollada por otro presidente americano, George W. Bush, acerca de la "abolición de armas de destrucción masiva", sino que liberaría enormes recursos económicos y financieros para los aportes que los Estados Unidos podrían hacer a la satisfacción de las necesidades humanas básicas en el mundo. De acuerdo con la estructura propuesta para el Parlamento Mundial, estas contribuciones les permitirían preservar ese rol central que la administración Bush hoy defiende mediante métodos mucho menos pacíficos y democráticos. Es esto lo que yo llamaría una *realpolitik* democrática y global.

14. 11 DE MARZO.
EL HILO ROJO ENTRE
MADRID Y SARAJEVO[1]

No había terminado de secarse la sangre sobre las vías de Madrid que la polémica acerca de la autoría de los atentados recorría ya el mundo y determinaba las elecciones en España, demostrando —una vez más y de manera conclusiva— la irrupción de cuestiones globales en el campo político otrora centrado en las naciones-estado. Sin embargo, más allá de la necesidad de encontrar un sentido a la barbarie desatada y unos criminales a quienes hacer pagar por sus culpas, la cuestión acerca de la responsabilidad en los atentados excede los aspectos morales y jurídicos para entrar de lleno en el campo político. Y bien, lo que revela la desconcertante imposibilidad de identificar a los autores del 11 de Septiembre español por alguna vía que no sea la de la confesión es la abrumadora coincidencia de objetivos y métodos entre al-Qaeda y ETA, para no mencionar las otras muchas organizaciones que amenazan hoy con crear una multinacional del terror globalizado.

En efecto, más allá de los aspectos organizativos y técnicos de los atentados que hoy investigan los expertos, al-Qaeda y ETA coinciden en todos y cada uno de sus principios fundamentales: ambas persiguen un proyecto nacionalista basado en la unidad étnico-cultural del estado (la "Nación Islámica" de Bin Laden y la "Patria Baska" de la ETA), ambas comparten un horrendo desprecio por la vida humana, ambas emplean el terror como principal método de acción política, ambas rechazan drásticamente todo proceso globalizador que trascienda las ilusorias fronteras territoriales que pretenden establecer autónoma y

[1] Escrito en 2004.

delirantemente a contramano de los procesos económicos y sociales del mundo real. Finalmente, tanto al-Qaeda como ETA han declarado una guerra sin cuartel a los Estados Unidos y la Unión Europea, las dos unidades políticas que mejor representan la Modernidad democrática y avanzada. Por lo tanto: ¿no es la hipótesis de una colaboración organizativa entre ambas la más racional hipótesis explicativa del criminal ataque?

La nueva configuración de las redes terroristas mundiales abre un espeluznante escenario de globalización de la violencia. Como el 11 de Septiembre en Nueva York, los efectos planetarios de la pérdida del monopolio de la fuerza militar y del control de la tecnología destructiva por parte de los estados nacionales vuelve a mostrarse ante los ojos del mundo. Además del horror de la elección de miles de indefensos seres humanos de diferentes nacionalidades (más de 80 en Manhattan, más de 30 en Madrid) como víctimas predestinadas, el 11 de Septiembre de Nueva York y el 11 de Marzo de Madrid presentan muchas otras semejanzas que revelan su contenido político: ambos muestran la impotencia de los estados nacionales (aun de aquellos más avanzados) para garantizar la seguridad dentro del propio territorio y proteger las vidas de sus ciudadanos, ambos demuestran lo ilusorio de los proyectos aislacionistas nacionales y continentales en el ámbito de la Modernidad globalizada y anuncian que, por encima y por debajo de las fronteras políticas, la humanidad se ha convertido en una comunidad de sentido y destino. Finalmente, ambos apuestan a provocar una reacción zombie-nacionalista que refuerce las peores tendencias militaristas en las naciones avanzadas, con efectos autoritarios y destructivos, internos y externos, que la invasión de Irak sigue exhibiendo dramáticamente.

Ante este desafío planetario a la Modernidad, ante esta batalla entre la civilización y la barbarie frente a la cual toda distinción étnico-cultural se torna irrelevante y en la que los miembros de cada uno de los bandos se hallan distribuidos, aunque no uniformemente, a ambos lados de las barricadas geográficas, la única respuesta digna que la civilización moderna puede ofrecer debe basarse en los mismos principios que están siendo desafiados: la plena vigencia del estado de derecho, de las libertades y las instituciones democráticas, y la progresiva construcción de la unidad política y la igualdad jurídica de todos los ciudadanos del mundo.

Durante esta semana, muchos medios europeos han considerado el resultado de las elecciones españolas y el anunciado retiro de las tropas españolas de Irak como una mera victoria de al-Qaeda, y recordado con amargura los resultados de los pactos de Munich de 1938, en los que una Europa vacilante y temerosa entregó Checoslovaquia a Adolf Hitler con la esperanza de evitar la guerra. Efectivamente, en los albores del siglo XXI el mundo comienza a enfrentar problemas similares a los que afrontó Europa en los inicios del XX. Sin embargo, más que al 1938 de Munich, el 11 de Marzo de Madrid evoca el célebre pistoletazo de Sarajevo, que en 1914 acabó con la vida del archiduque Francisco Fernando y operó como campana de largada de la Primera Guerra Mundial y de un período de treinta años signado por genocidios, totalitarismos y guerras mundiales.

Los horrores del siglo XX europeo han dejado un legado que no podemos desconocer sin convertirnos en cómplices de los criminales. Como en Sarajevo, las alternativas a disposición son claras. Responder una vez más a los terroristas con el militarismo, el autoritarismo y el nacionalismo agresivo que ellos mismos promueven convertirá al 11 de Septiembre y al 11 de Marzo en nuevos pistoletazos disparados contra la paz, la democracia y la seguridad del mundo. En particular, es necesario evitar nuevas respuestas nacionales a cuestiones que, como el terrorismo, se han convertido en globales.

El hilo rojo de sangre que une Sarajevo con Nueva York y Madrid debe ser cortado por un esfuerzo conjunto de las fuerzas democráticas y humanistas de todo el planeta. Lo que está en juego es demasiado grave para seguir insistiendo con estrategias que ya han fracasado y que están largamente por debajo de las circunstancias. Como ayer para Europa, lo que el terrorismo global plantea hoy es el desafío de la elevación de los principios y las instituciones democrático-liberales por encima de los niveles nacionales, esto es: a la escala mundial que han asumido los principales procesos sociales en la Modernidad global avanzada.

15. NOTAS ARGENTINAS

━━━━━━━━━━━━━━ ◆ ━━━━━━━━━━━━━━

"Nuestra ignorancia nos tiene en este estado."

JOSÉ DE SAN MARTÍN

a) El colapso del estado nacional argentino[1]

Al comenzar este libro[2] sobre la crisis abierta por la caída de las Torres Gemelas, pocas cosas esperaba menos que deber incluir un pequeño análisis sobre sucesos cuyo epicentro ha sido la Plaza de Mayo, a escaso kilómetro y medio de mi casa. El epígrafe del primer capítulo, con la frase de Beck sobre la estrecha relación en que la globalización pone lo remoto y público con lo cercano y privado, adquiere hoy para mí nueva y singular relevancia[3].

Lejana geográficamente tanto de Nueva York como del Asia Central, la debacle argentina expresa en otro punto del planeta tendencias similares. Aun sin ignorar las innegables responsabilidades de la sociedad civil argentina en su propia decadencia, el sangriento diciembre de Buenos Aires constituye, básicamente, otro colapso de un estado nacional progresivamente inviable en el marco de la globalización avanzada. A los episodios de México, en

---

[1] Publicado en marzo de 2002 como "Postal 12: el colapso del estado nacional argentino" en "Postales afganas del mundo", capítulo final de *Twin Towers: El colapso de los estados nacionales*.

[2] Se refiere a *Twin Towers: El colapso de los estados nacionales*.

[3] "Lo más íntimo, pongamos por caso: criar un niño, y lo más distante, pongamos por caso: el accidente de un reactor nuclear en Ucrania, de pronto se encuentran directamente conectados" (Ulrich Beck).

1995; de los "tigres asiáticos", en 1997; de Rusia, en 1998; de Brasil, en 1999, y de Turquía, en 2000, se agrega —con los modos extremos y violentos que le son peculiares— la Argentina de finales de 2001. La asombrosa ciclicidad de las crisis de los "mercados emergentes" (es decir, de los países de desarrollo medio sometidos a las determinaciones del sistema económico global) muestra el carácter necesario de estos mega-ajustes estructurales cuyas consecuencias pagan hoy los argentinos pero que amenazan progresivamente la solidez del entero sistema económico y financiero global.

Llegado al poder apenas dos años atrás con un amplio consenso popular, prestigiado por una correcta gestión del gobierno de la ciudad de Buenos Aires y al frente de una alianza que se autoconsideraba progresista, democrática y capaz de revertir las políticas neoliberistas aplicadas por el anterior gobierno de Carlos Menem, el ex presidente Fernando de la Rúa ha abandonado su cargo en medio de una crisis económica incontrolable, de un ulterior enorme retroceso en las condiciones de vida de la mayoría de la población, de una declaración de *default* de la deuda pública y estableciendo inconstitucionalmente un estado de sitio que provocó más de veinte muertes en el pico de la rebelión popular y lo llevó a ser acusado por un juez de homicidio. Significativamente, su vicepresidente, Carlos Alvarez, líder de una izquierda democrática llegada al poder nacional bajo la consigna "Otro país es posible", había renunciado a su cargo pocos meses antes, a apenas un año de haber asumido sus funciones de gobierno.

Ahora bien: o De la Rúa, Alvarez y el entero gobierno de la Alianza han sufrido una violenta regresión de sus facultades políticas y mentales apenas entrados en el ejercicio del poder nacional, o es el estado nacional argentino el que ha colapsado por inviable, en cuyo caso el porvenir que aguarda a la población del país es aún más difícil y duro. Lo que lleva a una reflexión alarmante: si en el actual marco de "globalización económico-financiera sin globalización de la democracia" un país de desarrollo medio como la Argentina —dotado de grandes recursos naturales, energéticamente autosuficiente, escasamente poblado, con una amplia clase media educada y urbana, una capital digna del Primer Mundo, una clase trabajadora capacitada y un PBI anual *per capita* superior a los 8.000 dólares— es económicamente inviable; si ha perdido —al menos provisoriamente— la capacidad de emitir moneda, de organizar un régimen fiscal, de preservar a sus ciudadanos de la miseria extrema y de la violencia, ¿qué queda entonces para el resto de los estados nacionales del Tercer Mundo? ¿A qué nuevos colapsos conduce inevitablemente su generalizada incapacidad para impulsar políticas de desarrollo económico y redistribución social de la riqueza? ¿Adónde lleva el proyecto irrealizable de crecimiento económico sin redistribución de lo producido que ha naufragado global y reiteradamente en casi todos los "mercados emergentes", provocando colapsos económicos y financieros desde Rusia y los "tigres asiáticos" hasta México y Brasil, y cuyas dramáticas consecuencias se expresan hoy en la crisis nacional argentina? ¿No es también aquí manifiesto el fracaso del orden nacional/inter-nacional, es decir, el estruendoso *default económico, político y moral del estado nacional argentino y del Fondo Monetario Inter-nacional*, que desde hace una década dirigen de común acuerdo la economía del país siguiendo las imposiciones de un sistema económico desprovisto de toda regulación democrática?

Fue la negativa del FMI a erogar un tramo de "apenas" 1.260 millones de dólares (que era parte de un crédito ya otorgado por un total de 40.000 millones) la que precipitó la caída del plan económico del ministro Cavallo, primero, y la del gobierno de De la Rúa, inmediatamente después. ¿Qué mejor demostración existe de la inevitable sumisión de los organismos internacionales al poder decisorio de los estados nacionales más poderosos que el clamoroso cambio de 180 grados en la política del FMI debido a la influencia del Tesoro americano, que pasó de una aceptación virtualmente infinita de los incumplimientos argentinos durante la administración demócrata de Bill Clinton a una dureza repentina —e igualmente irracional e injustificable— durante el gobierno republicano de George W. Bush[4]?

Este cambio en la orientación del gobierno estadounidense, que ha sido decisivo en el estallido de la crisis nacional argentina, nos lleva a una conclusión paradójica en términos de repre-

---

[4] PS: Más recientemente, el decisivo —y para casi todos: inesperado— apoyo brindado por la administración Bush a la del presidente Kirchner en las tratativas con el FMI ha brindado otra demostración paradójica de esta tesis.

sentatividad democrática: las elecciones determinantes para el porvenir inmediato de la República Argentina no han sido las elecciones nacionales que llevaron a De la Rúa al poder ni las legislativas de 2001, sino las elecciones presidenciales norteamericanas, más específicamente: la decisión de un juez electoral de la Florida que llevó a la presidencia a George W. Bush. ¿No es también claro aquí cómo la ausencia de instituciones mundiales democráticas socava la misma idea de representatividad política, deslegitima la democracia, confina al rol de meros espectadores pasivos a la mayor parte de los seres humanos y crea la base política y social de ese antiamericanismo militante cuyo producto peor se ha observado en los atentados del 11 de Septiembre de 2001 y en la escandalosa ola de aprobación que han recibido en buena parte del Tercer Mundo?

Los gobiernos del Tercer Mundo se están reduciendo velozmente a una función opuesta a la que funda su legitimidad democrática. Cuando Zygmunt Bauman sostuvo que se estaban transformando paulatinamente en *grandes comisarías* previó con admirable anticipación los terribles sucesos del diciembre negro argentino, las decenas de manifestantes baleados y muertos en las plazas de una República pretendidamente democrática. Lejos de ser un instrumento de la Igualdad y la Justicia a favor de las mayorías, los estados nacionales del Tercer Mundo representan cada vez más fielmente los privilegios de las minorías internas y las exigencias de poderes percibidos como "extranjeros" —en especial: los de las corporaciones económicas globales y los organismos financieros internacionales—. Así, la reacción nacionalista, xenófoba y antimoderna de muchas sociedades civiles nacionales subdesarrolladas se torna inevitable. Fatalmente, este rechazo de gobiernos nacionales locales ineficientes y corruptos termina por extenderse al "Occidente" que los apoya, y que es percibido como la fuerza destructora de un capitalismo globalizado y elitista. Es precisamente éste el origen de la irracional reivindicación de la masacre de Manhattan por parte de un sector importante de la sociedad argentina y del Tercer Mundo que he criticado en un capítulo precedente.

Pese a sus innegables diferencias, las tragedias del Afganistán talibán, del Oriente Medio en llamas y la crisis terminal del estado argentino tienen varios denominadores comunes: pobreza y miseria crecientes de la mayor parte de la población, desesperación individual y colectiva por una situación que se percibe "sin salida", sensación de ser objeto pasivo de decisiones ajenas, justificado descreimiento en la democracia (más exactamente: en las democracias nacionales) como agente del progreso económico y social, actitudes zombies y autodestructivas de las instituciones nacionales, fracaso de las inter-nacionales. Todo ello conduce inevitablemente a un rechazo compacto de los valores de la Modernidad y de los principios de la convivencia civil, desde el respeto de la vida propia y ajena al de la propiedad privada, y al de las instituciones que regulan una existencia pacífica y a salvo de la violencia y el crimen. Esto es lo que dicen hoy no sólo los saqueos a los supermercados y la devastación de las calles de Buenos Aires sino el ataque al Parlamento, las piedras de la rebelión popular arrojadas contra las sedes (Casa de Gobierno, Parlamento y Tribunales de Justicia) de los tres poderes en que se expresa la soberanía nacional, y las agresiones indiscriminadas a los miembros de la clase política. Ésta es la terrible realidad que muestra la patética huida en helicóptero de un presidente democráticamente elegido hace sólo dos años y el escape hacia la Patagonia de su ministro de Economía, llegado al cargo pocos meses atrás con generalizado consenso popular.

En un mundo global, los riesgos son inevitablemente globales. Pequeñas o grandes, estas crisis aparentemente nacionales se abren a un escenario económico-social planetario. Si algo mostró el 11 de Septiembre, es que en el mundo globalizado las reacciones antimodernas del Tercer Mundo terminan por constituir una amenaza a la paz y a la democracia en todo el planeta.

Hoy, aunque en un grado mucho menor que la debacle afgana, la crisis argentina se reflejará también en el Primer Mundo, cerrando un mercado al cual exportar mercaderías y capitales en un momento de recesión global generalizada, acarreando graves pérdidas a quienes habían apostado a otra economía emergente que se desmorona, generando un nuevo agujero financiero global a ser controlado y cubierto por el temor al contagio, y creando una ulterior masa de emigrantes económicos desesperados y dispuestos a todo con tal de huir de la miseria en busca de un futuro vivible y previsible. Si el 12 de septiembre había que decir, con absoluta justicia, "Todos somos neoyorquinos", hoy, después de lo sucedido en la otrora rica Argentina, parece necesario agregar, con idéntico sentido de la realidad, que todos vivimos en Afganistán.

b) El país que volvió de la muerte

No es posible realizar ningún análisis honesto de la actual situación argentina[1] ni del desempeño del actual gobierno nacional sin considerar el estado real de lo que quedaba del país hace poco más de un año. Todas y cada una de las funciones constitutivas del estado nacional, que habían sido fuertemente recortadas o canceladas durante una década de globalización asimétrica y unidimensional y de irresponsabilidades políticas nacionales, terminaron de esfumarse bajo el embate combinado de la debacle económica y de la crisis político-social consiguiente. Así, para diciembre de 2001, el estado nacional argentino se había tornado completamente incapaz de garantizar la seguridad personal de los ciudadanos, amenazada por hordas de delincuentes y desesperados y por las mismas fuerzas encargadas de preservar el orden civil; había perdido el control de los espacios públicos, el monopolio de la fuerza y el de la emisión de moneda (doblemente erosionada por lo insostenible de la Convertibilidad y por la aparición de las monedas provinciales), y era inepto hasta para desarrollar las funciones más elementales, como la recaudación y redistribución federal de impuestos, la asistencia a la población sometida a pobreza extrema y la defensa de la propiedad privada de miles de pequeños comerciantes y ahorristas, en los pocos casos en que no era su principal confiscador.

El museo mundial de impotencias nacionales en un mundo globalizado contiene ya muchas imágenes de la República Argentina: a las pantallas de televisión en los despachos del Congreso Nacional siempre fijas en los subibajas del riesgo-país que caracterizaron el 2001 de De la Rúa se sumaron, después del estallido, las reuniones sostenidas durante el año 2002 por el Fondo Monetario Internacional con los gobernadores provinciales, en las que el presidente nacional en ejercicio, Eduardo Duhalde, desempeñó el papel de mero anfitrión, el plan de 14 puntos acordado directamente entre el FMI y las provincias, y la recomendación del eco-

---

[1] Escrito en la primera semana de mayo de 2004.

nomista del MIT Rudiger Dornbusch[2] de que la República Argentina pusiese su política económica en manos de un grupo de expertos internacionales, propuesta que gozó, en el pico de la desesperación general, de amplio consenso en las encuestas.

La debacle argentina revelaría descarnadamente cuán frágiles pueden resultar hoy el estado de derecho, la convivencia civil y el orden democrático en manos de un estado nacional. La descripción de Zygmunt Bauman, quien a mediados de los '90 denunciaba que los estados nacionales se estaban transformando en "grandes comisarías", encontraría el 20 de diciembre en la Plaza de Mayo, la más literal de las aplicaciones. Inmediatamente después, las movilizaciones masivas, el estado de asamblea general reinante en las calles, los llamados alucinados a derrocar la democracia representativa y reemplazarla por la democracia directa, el repudio unánime de la clase política que se manifestaba en el célebre "¡Que se vayan todos!", así como las piedras y detritos de la rebelión popular arrojados indistintamente contra los tres símbolos de los poderes políticos nacionales (los Tribunales, la Casa de Gobierno y el Congreso), se convertirían —más allá de las intenciones conscientes de sus ejecutores— en la expresión evidente de una desconfianza generalizada y perfectamente justificada acerca de la eficacia, legitimidad y honestidad de los partidos, gobiernos y sistemas políticos *nacionales*. Como en muchos otros tristes episodios de la historia, el fracaso de la nación había puesto en riesgo la democracia.

De *mercado emergente* proyectado a las delicias de un mundo globalizado por la economía, la República Argentina se había

---

[2] Rudi Dornbusch, un economista estadounidense ajeno a la ortodoxia y crítico del Consenso de Washington, expresó magistralmente la contradicción de razonar el tema de la deuda únicamente sobre supuestos nacionalistas. Consultado en marzo de 2002 sobre si el Tesoro de los Estados Unidos debía realizar un rescate económico de la Argentina, Dornbusch respondió "¿Por qué el dinero que yo pago de impuestos en los Estados Unidos debería ir a la Argentina, si después Duhalde y los empresarios argentinos se lo llevan a Miami?". No se trataba de meras especulaciones sino de un fenómeno perfectamente comprobado en el pasado por la experiencia argentina del "blindaje" del gobierno De la Rúa, y por las crisis mexicana y rusa.

transformado en el primer *estado fracasado* de desarrollo y riqueza intermedios, amenazando con un contagio de escala planetaria y denunciando el avance de la crisis financiera hacia el centro del sistema mundial.

Desde mediados de los '90 y a razón de un colapso por año, el sistema financiero global se autoaplicaba un ajuste estructural de estilo schumpeteriano; una purga sistemática que derribaba al más débil de los eslabones de la cadena de los mercados emergentes poniendo al descubierto la incapacidad de los estados nacionales y de las instituciones *internacionales* (como el FMI, el Banco Mundial y la OMC) para regular democrática y racionalmente los procesos económico-financieros *globales*. La regularidad anual de los colapsos de México, Brasil, Rusia, los tigres asiáticos, Turquía y la Argentina mostró el carácter estructural e interrelacionado de los procesos que los originaron. Más allá de las peculiaridades nacionales, se trata de terremotos locales que expresan el lento avance de una placa tectónica global cuyos materiales constitutivos siguen siendo el aumento exponencial de las capacidades productivas sin redistribución geográfica y social de lo producido, y una constelación política y de intereses universalmente reconocida como "neoliberalismo", cuya base objetiva es la globalización de la tecnología, las finanzas y la economía sin mundialización de los sistemas políticos democráticos.

Si la década del 80 había dejado fuera de juego a los territorios más atrasados del mundo (el África y los países rezagados del Asia y la América Latina), las debacles de postrimerías de los '90 anunciaron que el frente de tormenta se aproxima gradualmente al centro. Y si los tempranos '90 habían desnudado la incapacidad de los estados nacionales para seguir siendo los actores centrales en la promoción y el establecimiento de los valores del sistema político (Democracia, Justicia, bienestar general), los tardíos '90 revelarían hasta qué punto las instituciones inter-nacionales eran corresponsables del establecimiento de un orden mundial inicuo y excluyente, de una *global governance*[3] elitista y fracasada.

---

[3] El término *"global governance"* es de reciente aparición en el lenguaje político-académico. Sucintamente, significa gobernabilidad mundial sin instituciones políticas mundiales.

Discurso contra la euforia

Eximir de sus muchas y graves culpas a la sociedad argentina y sostener la demagógica (y hoy predominante) teoría acerca del "pueblo inocente, maravilloso y esforzado, eternamente traicionado por sus clases dirigentes" es cerrar los ojos a la realidad y abstenerse de intentar mejorarla. Pero ignorar las raíces globales de la crisis argentina equivale a suponer que bastan un gobierno nacional honesto y una política nacional correcta para impulsar el progreso social generalizado, lo cual —en una sociedad que progresivamente se está tornando mundial— es utópico en el peor sentido de la palabra. Para demostrar lo injustificado de este tipo de "pensamiento eufórico", pocos datos son suficientes[4]: a pesar de la mejora de la situación durante el último año, el producto bruto interno (PBI) argentino está aún por debajo del de 1996, y aun si repitiese su excelente *performance* del año anterior[5], sólo a fines de 2004 alcanzaría los niveles de 1997 y necesitaría otro año más para superar los de 1998. Todo ello, en el mejor de los escenarios posibles y midiendo todo en pesos argentinos, es decir: olvidando que, debido a la devaluación, el valor de la producción total argentina se ha reducido a menos de la mitad de su magnitud en términos internacionales, lo que implica innumerables problemas futuros en términos no sólo de pago de la deuda sino de importación de tecnologías, patentes y *know-how*, factores decisivos para el desarrollo económico del país.

Y no se trata aquí de "meras variables macroeconómicas que influyen escasamente en los niveles de vida de la gente", según los desvaríos de cierta "izquierda", sino de elementos que afectan directamente la calidad de vida de la población. Insistiré enseguida en la estrecha relación que han guardado las variables económicas de estos últimos años con los indicadores sociales. Baste ahora señalar que, a pesar de la sostenida recuperación iniciada con la llegada de Roberto Lavagna al Ministerio de Economía, uno de cada dos argentinos es pobre y uno de cada cinco es indi-

---

[4] Datos de diciembre de 2003.
[5] +8,7%.

gente[6], uno de cada tres está desocupado o subocupado (16,3% y 16,6% de la población[7]) y uno de cada dos trabaja *en negro* (45,4%, según datos de la CTA) y carece de toda cobertura social.

Según datos de la misma CTA, el promedio de ingresos de los trabajadores *en negro* es un 12% inferior al valor de la canasta alimentaria, y los ingresos promedio de los asalariados *en blanco* son un 27,3% menores que los necesarios para salir de la pobreza. La misma fuente, escasamente neoliberal, asegura que entre diciembre de 2001 y diciembre de 2003 el promedio de los salarios ha descendido 17,6% en pesos (es decir: alrededor del 70% en dólares), en tanto que los ingresos de los empleados *en negro* han caído el 28,7% (es decir: alrededor del 75% en dólares). ¿Los otrora siempre invocados índices sociales básicos? La pobreza afecta hoy al 47,8% de la población y la indigencia al 20,5%, valores que son casi exactamente los alcanzados en la hiperinflación de los '80. He aquí los resultados de la política económica impulsada por el radicalismo y el peronismo populistas en 1988 y 2002 en nombre de la defensa de la producción nacional y del bienestar popular, que no han hecho sino empeorar los ya graves problemas existentes.

Que los dos más grandes ataques al salario de los argentinos (el Rodrigazo de Isabelita y el semestre de la dupla Duhalde-Remes Lenicov) se hayan efectuado bajo los acordes del himno al primer trabajador y no bajo fanfarrias militares, expresa con espeluznante claridad hasta qué punto la sociedad argentina se ha manejado y sigue manejándose con mitos y leyendas en vez de enfrentarse al duro material con el que están construidas las realidades sociales. Es este mismo apego al pensamiento mágico el que hoy lleva a proclamar el 8,7% de crecimiento alcanzado en 2003 por la economía argentina como "el fin del neoliberalismo"

---

[6] Datos del Ministerio de Economía y Producción publicados por el INDEC. Se define como "pobre" al ciudadano cuyos ingresos no logran cubrir la Canasta Básica Total. Se define como "indigente" al ciudadano cuyos ingresos no logran cubrir la Canasta Básica Alimentaria.

[7] Según cálculos del mismo Ministerio de Economía y Producción, el índice de desocupación subiría a 19,7% si no se computase como *"ocupados"* a los beneficiarios del "Plan Jefas y Jefes de Hogar Desocupados".

y la "demostración evidente del renovado poder del estado nacional"[8], cuando las bases sobre las que está asentado son la caída abismal del PBI (10,9% *en pesos* en 2002) y el correspondiente efecto rebote, la confiscación de buena parte del valor de los depósitos de los pequeños y medianos ahorristas en el "corralón", la devaluación brutal de las propiedades y el capital nacionales, la acentuación del perfil agroexportador del país y, finalmente, la más rancia de las recetas de la economía clásica, monetarista y neoliberal: la licuación del valor del salario, reducido a un tercio de su valor en dólares por la devaluación y en alrededor del 40% por la inflación con salarios congelados del 2002. Si éste ha sido "el fin del neoliberalismo", de acuerdo al análisis alucinado y alucinante de cierta "izquierda", es mejor no imaginar lo que hubiera resultado de su hipotética victoria.

Tampoco está de más mencionar que un crecimiento anual superior al 8% distinguió a los cuatro primeros años de la ahora masivamente odiada convertibilidad[9], circunstancia que sus críticos solían aprovechar para recordar la importancia de los mismos índices sociales que hoy procuran olvidar, acaso debido a que todos los índices sociales son hoy, a pesar de la recuperación, peores que en el peor momento del menemismo y sólo similares a la otra gran epopeya de la economía populista: la hiperinflación provocada por el gobierno de Raúl Alfonsín.

Pese a la evidente mejora de la situación respecto del abismo precedente, cuando aún faltan años de progreso sostenido para retornar a esos índices de 1998 que la mayor parte de la izquierda y el progresismo juzgaban entonces insoportables, parece por lo menos prematuro sostener que el gobierno de Néstor Kirchner "ha recuperado definitivamente el valor de la política" o que ha demostrado que "el de la globalización era un mero discurso que

[8] Según declaraciones efectuadas, por ejemplo, por el doctor en Historia y Economía Mario Rapoport, director del Instituto de Investigaciones de Historia Económica y Social de la Facultad de Ciencias Económicas de la Universidad de Buenos Aires (UBA) y por el profesor de la UBA y director de Relaciones Internacionales de la Universidad de Belgrano, Víctor Beker, en la "Jornada de Pensamiento" organizada el 20 de octubre de 2003 por el CEPES.

[9] La serie completa es, según el INDEC: +10.50% en 1991, +10.30% en 1992, +6.30% en 1993, y +5.84% en 1994.

basta dejar de lado para restablecer un proceso progresista en el país", como se escucha decir hoy por todas partes.

Más allá de estas observaciones, toda crítica a la gestión de Kirchner debe contemplar que, aun con sus errores y su estilo personalista y hasta autoritario, ha sido éste el gobierno que ha hecho que la Argentina volviera de la muerte a la que la habían condenado los errores y horrores sumados durante la segunda administración de Menem, el gobierno de la Alianza y la gestión de Eduardo Duhalde; y el que, mediante la abolición de inicuas leyes de Obediencia Debida, Punto Final y del indulto menemista, ha sentado las bases morales imprescindibles para el fin de la impunidad y la corrupción en la Argentina. Para ser justos, el actual gobierno de la República Argentina parece haber demostrado que, aun en el marco omnicomprensivo de la globalización neoliberal, los gobiernos nacionales continúan siendo capaces de determinar algunos elementos de la situación interna, al menos por cierto tiempo.

En efecto, el alto grado de aceptación y popularidad de que goza el presidente Kirchner se basa en una *agenda mínima* cuya importancia es decisiva para un país en crisis recurrente como la Argentina: la asistencia social a los sectores sometidos a la indigencia extrema, la disputa del poder político a sectores corporativos del sistema nacional (como las fuerzas militares y policiales o la Suprema Corte de Justicia), la preservación (parcial) del orden público sin hacer recurso a la represión directa (en el caso de los piqueteros), el replanteo e impulso de la agenda democrática y de Derechos Humanos abandonada a medio camino por el radicalismo alfonsinista y —principalmente— el delicado manejo de la economía a través del desfiladero estrecho que pasa entre la ruptura de relaciones con los organismos internacionales, por un lado, y la aceptación incondicional de sus dictámenes, por el otro. Pero de aquí a inferir que lo peor ha definitivamente pasado y que el gobierno nacional será capaz de impulsar un proceso de crecimiento económico y de progreso social sostenido y sustentable en el largo plazo media un enorme paso, que sólo la inconsciencia de ciertos eufóricos sin brújula puede dar por descontado.

Si lo logrado, que no es poco, constituye un piso o un techo del posible accionar de un gobierno nacional democrático en las presentes circunstancias, nadie puede afirmarlo con certeza. Sin embargo, los límites evidenciados tras varios años de acertada gestión socialdemócrata en Chile, así como los primeros resultados obtenidos por el gobierno de Lula y el PT en Brasil, parecen mostrar parecidas realidades: una *agenda democrática mínima* es aún sostenible a escala nacional, y debería ser defendida por toda izquierda consecuente con sus principios. En cambio, disminuciones drásticas en las tasas de desempleo y pobreza o modificaciones radicales en la distribución de la riqueza forman parte de una galaxia inalcanzable que sigue alejándose del planeta Tierra. Por eso, el actual gobierno de la Argentina debería estar bien atento a sus falsos aliados, esos que hoy gritan al milagro y mañana, apenas el crecimiento descienda por debajo del 8%, como inevitablemente lo hará, enarbolarán la mágica palabra que para el populismo explica todos y cada uno de los fracasos de sus sueños incumplidos: ¡Traición!

Una cosa es la centralidad de la política y otra muy distinta el delirio autista. Previsiblemente, en una sociedad mundializada en la que los fenómenos globales tienden a determinar cada vez con mayor claridad los territoriales, el espacio para las democracias nacionales se reducirá gradualmente a menos que un orden democrático mundial sea progresivamente instaurado. Pensar que las fuerzas progresistas de la Argentina y de Latinoamérica lograrán grandes éxitos en el mismo terreno en el que las de los Estados Unidos y Europa están fracasando vistosamente constituye una negación voluntarista de los límites objetivos de la acción política, una ceguera deliberada que tiende a confundir los sueños con la realidad y anuncia nuevas catástrofes. Para evitarlas, no está de más recordar el derrumbe estruendoso de todos y cada uno de los proyectos nacionales que se han pretendido "de izquierda" asumidos por la sociedad argentina en los últimos treinta años: el peronismo en los setenta, el radicalismo alfonsinista en los ochenta, la Alianza en los noventa. Si quiere conjurar un fin similar, el gobierno de Kirchner deberá evitar con cuidado la repetición de aquellos errores y horrores, muy especialmente el de sobrestimar las posibilidades de acción de los gobiernos y estados nacionales y el de confundir una política redistribucionista moderna con los delirios nacional-populistas.

A más de veinte años de iniciado el ciclo democrático, la sociedad argentina no logra abandonar el estado de adolescencia. Oscila maníacamente entre la euforia y la depresión. Sigue sin hacerse cargo de las consecuencias de las propias acciones, cuyos peores efectos atribuye paranoicamente a un complot externo. Pasa, sin solución de continuidad, de la indignación puritana a la transgresión. Confunde las reglas necesarias a la convivencia civil con una imposición de poderes ajenos y alienantes. Mezcla inextricablemente autoridad con autoritarismo, para después descalificar indistintamente a toda autoridad por "fascista". Es incapaz de realizar esfuerzos sistemáticos y ordenados. Define su propia identidad en relación al padre/hermano-mayor simbólico que se ha inventado, y alterna relaciones carnales con un rechazo apriorístico e indiscriminado de todo lo que de los Estados Unidos venga.

De esta prolongación indefinida de la adolescencia nacional, para llamarla de alguna manera, provienen buena parte de los males del país. De ella son también responsables los psicopáticos padres políticos, militares y civiles, que la misma sociedad argentina se ha sabido conseguir, tan proclives al amiguismo demagógico, adulatorio y anómico como al sadismo pseudo-justificado en la necesidad de purificación.

En estas graves circunstancias, toda euforia es injustificada, absurda, desmedida y, sobre todo, irrespetuosa con la enorme mayoría de ciudadanos que continúa sufriendo las consecuencias brutales de la crisis. Cuando los márgenes son tan estrechos, la racionalidad debería prevalecer sobre el mesianismo y la responsabilidad sobre el voluntarismo y la demagogia. En una crisis acaso terminal como la que aún atraviesa el país, los errores suelen pagarse con sangre propia y ajena.

Creer que la Argentina puede seguir basando su subsistencia económica y su equilibrio fiscal en un saldo comercial altamente positivo al mismo tiempo que rehúsa pagar tres cuartas partes de la deuda con sus acreedores privados, esperar que los precios globales de la soja y otras *commodities* sigan subiendo eternamente, pensar que las empresas pueden ser obligadas a invertir mediante alocuciones presidenciales o atribuirles las responsabilidades de planeamiento que competen al estado y para las cuales dispone hasta de un ministerio, llevará a un nuevo fracaso y a volver a adjudicar a la perversidad de los otros lo que es producto de las propias incapacidades.

Basar la economía en las exportaciones pero pretender demorar indefinidamente el pago de la deuda; abonar puntualmente a los grandes organismos financieros internacionales corresponsables de la crisis pero ofrecer una quita inaceptable a los pequeños ahorristas extranjeros y a los fondos de pensión cuya única culpa es la de haber confiado en la solvencia argentina; haber enviado los ahorros de la propia provincia al exterior pero acusar a las empresas privadas de no invertir en el país; seguir creyendo que la justicia social se construye "combatiendo al capital" en tanto se deja intacto el inicuo y regresivo sistema fiscal argentino, que requiere una reforma radical que centre la recaudación en el impuesto a las ganancias y no en la tasación salvaje del consumo; definir la política exterior nacional en función de las conveniencias electorales y por la simple oposición a la de un tercero[10]; demonizar a las privatizadas por no respetar los contratos después de haberles pesificado las tarifas a contramano de lo establecido en esos mismos contratos y —al mismo tiempo— seguir aceptando la existencia de monopolios y oligopolios que caracteriza a los servicios argentinos, con el inigualable récord de un país dividido en dos para garantizar la debilidad de la competencia a las empresas telefónicas, etc., puede ayudar a constituir una buena (aunque fluctuante) base de apoyo político-social para el gobierno, pero difícilmente contribuirá a construir un país en serio. Tan cierto es que no hay gobierno que haya paliado el hambre popular mediante la aplicación de ajustes extremos, como que tampoco ninguno lo ha logrado por el camino del aislamiento autista, las arengas demagógicas o el hostigamiento a aquellos de quienes se espera un aporte en términos de inversión y creación de riqueza.

---

[10] Como se ha hecho, muy lamentablemente, en lo referente a la cuestión de la violación de los Derechos Humanos en Cuba.

Claroscuros de una "década perdida"

Pero acaso el peor de los errores que comete el progresismo antimenemista es el de condenar en bloque la entera experiencia histórica de la década del '90, injustificadamente caracterizada como "década perdida". Esta tendencia es particularmente fuerte en una "izquierda" meramente contestataria y testimonial constituida como nuevo partido de la indignación moral, de estilo intolerante y puritano. Resulta llamativo que quienes suelen llamarse herederos de Hegel y de Marx apliquen análisis dignos del mejor maniqueísmo persa y sean completamente indiferentes a las contradicciones, rugosidades y medios tonos con que se presentan las realidades sociales. Aún más peligroso es el éxito que han logrado en instalar en la sociedad argentina una serie de nociones sobre el período menemista que pueden ser muy útiles para alentar la siempre edificante indignación propia, pero que presentan el serio inconveniente de ignorar la realidad y de tender a empeorar la situación de aquellos a los que pretenden salvar.

Dado que la mejora de la macroeconomía argentina en los '90 ha sido concluyente, los críticos de la década neoliberal-menemista se han concentrado en sostener que los avances en términos de variables macroeconómicas no han influido (ni influyen) *verdaderamente* en las condiciones de vida de los sectores más desprotegidos, transformando así la justificada crítica de los déficit sociales del neoliberalismo y el menemismo en una interesada distorsión de la realidad. En efecto, basta comparar las curvas "macroeconómica" y "social" por excelencia (las del PBI total y *per capita*; y las de habitantes por debajo de la línea de pobreza y de indigencia) durante los '90 para descartar estas manipulaciones.

Los ingenuos entusiastas de Internet, quienes aseguran que se trata de un avance irreductible hacia una mayor democratización de la información, exageran, pero no demasiado. Quienes "desde la izquierda" insisten en la "independencia de las *ilusorias* variables macroeconómicas y las condiciones de vida *reales* de la población" y, consecuentemente, creen que el bienestar general puede obtenerse sin un desarrollo completo de la economía capitalista, encontrarán sorprendente el siguiente gráfico, elaborado por el autor en una tarde de otoño usando los datos

EVOLUCIÓN DEL PBI *PER CAPITA*, LA POBREZA Y LA INDIGENCIA DURANTE LA "DÉCADA PERDIDA"[11]

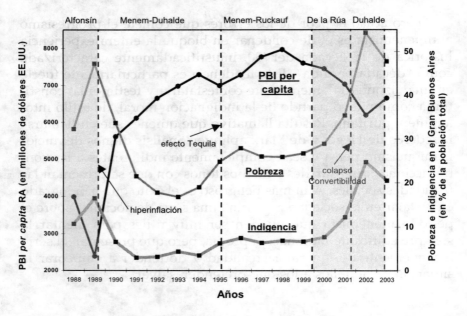

del INDEC y las Naciones Unidas — disponibles en las correspondientes páginas de Internet—, unos pocos conocimientos de planillas de cálculo digitales y algo de paciencia[12].

---

[11] Datos del INDEC (Ministerio de Economía y Producción y Encuesta Permanente de Hogares). La metodología de medición del PBI cambió en 1993, por lo que ha sido "empalmada" por el Ministerio de Economía y Producción y supone cierto grado de inexactitud. Los datos sobre pobreza e indigencia se refieren solamente al Gran Buenos Aires porque no existe información de este tipo y en este período para todo el país.

[12] Desde luego, la paciencia para encontrar los datos ha sido el factor crítico para este trabajo. Invito a los lectores a hacer el experimento de visitar las páginas de Internet en las que se acumulan datos estadísticos de la economía argentina. Obtendrán un cuadro de situación general exacto y triste. Aquéllas de los organismos estatales nacionales presentan un caos de información incompleta y confusa, en la que los cambios de parámetros de medición y de monedas hacen inhallables muchos datos elementales (la serie histórica del PBI *per capita*, o los datos anteriores a 1993, por ejemplo). En la del FMI, sucesivas capas de cebolla esconden bajo su manto poco transparente lo que se quiera buscar. La de la ONU parece ser la mejor de todas, pero implica pagar un precio (en dólares) para acceder a la información seleccionada, y su complejidad y diseño dan por supuesto que se dispone de un servicio *on-line* de banda ancha para poderlos descargar.

Hayan o no muerto las ideologías, subsiste una forma de razonar ideológica que funciona más o menos así: los economistas monetaristas, neoliberales y de la *supply side economics* sostienen que existe una relación proporcional y directa entre las variables macroeconómicas (el PBI y su crecimiento anual) y el bienestar de *toda* la población, indiferenciadamente. Entonces, sus opositores populistas demuestran que esto no es cierto e, inmediatamente después, agregan que no existe *ninguna* relación entre las variables macroeconómicas y el bienestar de los más pobres. La verdad, por supuesto, está muerta de risa en algún punto del camino entre ambas afirmaciones ideológicas, y puede enunciarse aproximadamente así: la relación entre las variables macroeconómicas no es proporcional ni directa, pero existe. Más exactamente: una mejora de las variables macroeconómicas es condición *necesaria* de la mejora de la calidad de vida de toda la población, pero no constituye su condición *suficiente*. El gráfico de la página anterior sugiere, por su parte, que esta relación es *fuerte*, dado que aun bajo un gobierno cuyas políticas sociales eran escasas y clientelistas como el de Menem, la mejora de los índices generales repercutía clara y favorablemente en la situación de los más humildes.

Cualquiera que observe con atención y objetividad los resultados obtenidos en el gráfico precedente coincidirá en que la sensibilidad de todas estas variables a los acontecimientos político-sociales y a los cambios de la política económica (desde la hiperinflación hasta el reemplazo de Remes Lenicov por Lavagna, pasando por el Tequila y la debacle aliancista) es tan impresionante como su mutua interdependencia. Para ser conclusivo: a cada avance del PBI *per capita* ha correspondido, en los noventa argentinos y sus alrededores, una disminución casi exactamente proporcional de la miseria popular. A cada retroceso de la macroeconomía, las variables "sociales" han respondido con un aumento de los índices de pobreza e indigencia producto de una sensibilidad digna de un sismógrafo.

Keynes es, en mi modesta opinión, el mayor economista del siglo XX y el creador de una alternativa *económicamente viable* al capitalismo salvaje de inicios de siglo y al comunismo soviético que ha cambiado, para mejor, la historia del mundo. Sigo siendo su admirador más decidido, pero lo evidenciado por este gráfico no ha dejado de sorprenderme.

La disminución de la pobreza durante los '90 que casi todos los índices, nacionales e internacionales[13], expresan, sonará paradójica a la mayoría de los lectores y contrasta con mi propia percepción subjetiva. Sin embargo, los datos parecen ser serios y concluyentes. Uno de los más expresivos y difícilmente falsificables me parece el del índice de mortalidad infantil publicado por el INDEC, que ha pasado de los 25,6 niños muertos (por mil nacidos vivos) en 1990 a los 17,6 de 1999, una reducción de más del 30%[14].

No tengo explicaciones científicas y ni siquiera convincentes sobre las razones de la contradicción entre mediciones y percepciones sobre la pobreza, pero acaso cabría suponer —digamos: con Marx, o al menos con Engels o Comte— que las mediciones objetivas son más confiables que las percepciones subjetivas, y que el aumento de la *visibilidad* de la pobreza para un habitante de clase media de la Capital Federal no necesariamente coincide con su incremento real. Es sólo una hipótesis difícil de verificar, pero podría suceder exactamente lo contrario, es decir: que a una mejora de la situación en el Gran Buenos Aires correspondan mejores oportunidades de trabajo en los núcleos urbanos desarrollados, una mayor movilidad geográfica de los pobres, un mayor acceso a los núcleos comerciales urbanos de la Capital y una mayor visibilidad social para sus clases medias, que no suelen visitar asiduamente las villas de emergencia. Es aproximadamente esto lo que sucede en el Primer Mundo, en el que la mayor parte de los inmigrantes no proviene de las clases más postergadas de sus países de origen, alejadas por barreras económicas y culturales del proceso de emigración, sino de sus clases medias cultas pero empobrecidas. Un fenómeno similar se expresa también en las paradojas que provoca en todo el mundo la disminución de la oferta laboral, la cual suele estar acompañada por un descenso del índice de desocupación ya que muchos desempleados renuncian a buscar trabajo y desaparecen de las encuestas y del espacio social visible.

Si esta tesis es correcta, acaso las consecuencias de la desapa-

[13] Ver, inmediatamente a continuación, los datos aportados por el PNUD.
[14] Según el INDEC, la serie completa para los años entre 1990 y 1999 es: 25.6; 24.7; 23.6; 22.9; 22.0; 22.2; 20.9; 18.8; 19.1; y 17.6.

rición del "impuesto inflacionario" (de 3.079,5% en 1989 y 2.314,0% en 1990) son, para los más pobres, más concretas y determinantes de lo que habitualmente se estima, y el apoyo de las clases populares a Menem se deba más a factores objetivos que a un fenómeno meramente simbólico o de propaganda. El masivo voto "de clase baja" que lo llevó a ser el candidato más elegido en las presidenciales de mayo de 2003 debe tener alguna relación con que la cantidad de argentinos pobres se había duplicado desde el final de su mandato hasta esas elecciones (de 26,7% a 51,7%), en tanto la de indigentes se había cuadruplicado (de 6,7% a 25,2%)[15]. Quienes permanentemente teman con la "memoria histórica" y la "memoria popular" deberían recordarlo.

No está de más tampoco subrayar que la aparición fantasmal de una verdadera subclase social en condiciones extremas de privación en los centros urbanos del país (desde los sin-techo que duermen en los umbrales de los edificios *chic* de Buenos Aires a los cartoneros) data del período posterior a la devaluación, la pesificación asimétrica y el corralón propiciados y aplicados por Duhalde y Alfonsín, quienes podrían decir, como Bouvard y Pécuchet después de la explosión: "¡Acaso se deba a que no sabemos nada de química!".

De todas maneras, más allá de lo engorroso o errado de la tesis sobre la "visibilidad de la pobreza" y de lo efectivamente tendencioso de las aporías del "goteo automático" defendidas por los economistas de la oferta[16], a menos que se considere que miles de funcionarios nacionales e internacionales forman parte de un oscuro complot para tergiversar la realidad social argentina en favor de Menem, la coincidencia entre las variables macroeconómicas y sociales de la "década perdida" merece una atenta consideración por parte de quienes no confunden "ser de izquierda" con formar parte de una secta esotérica.

Si no se quiere seguir sometiendo a los ciudadanos a la difícil opción entre una derecha rapaz, pero modernizadora y eficiente, y una izquierda bienintencionada, pero atrasada e ineficaz, algo debería cambiar en las convicciones económicas del progresismo argentino. Entre otras cosas, la comprensión de que existen enormes

---

[15] Datos del INDEC.
[16] *Supply side economics*.

diferencias entre keynesianismo y populismo, y la certeza de que una izquierda que ignora la realidad económica y social en nombre de sus convicciones semirreligiosas es una izquierda destinada a causar desastres apenas llegada al poder y no es, por lo tanto, una izquierda popular sino *populista*.

Más allá de sus éxitos macroeconómicos, lo que ha constituido un déficit enorme e indiscutible de los '90 menemistas ha sido la generalización de la desocupación, que llegó a los dos dígitos en pleno efecto Tequila para jamás retornar a los parámetros anteriores. Si bien es éste un fenómeno mundial y un problema que debe afrontar toda economía que apueste a la modernización tecnológica y el aumento de la productividad, hay que decir que la Argentina de los '90 alcanzó incomparables *records* en estos aspectos, que el gobierno de Menem careció de toda estrategia de seguridad social y recapacitación laboral para los despedidos de baja calificación que su misma política económica causaba inevitablemente, que se aprovechó clientelísticamente de la desesperación de vastos sectores sociales, y que fue impotente y hasta beneficiario y cómplice del aumento de la marginalidad y de la inseguridad que el nacimiento de una subclase social establemente desempleada había generado.

Sin embargo, es necesario señalar también que el actual crecimiento de la ocupación se basa fuertemente en sectores de baja productividad, escasa calificación laboral, salarios de hambre y derechos laborales inexistentes[17]. Según el informe del Ministerio de Economía y Producción, desde el segundo trimestre de 2002 se crearon 1.980.000 puestos de trabajo, pero si se excluyen los planes sociales "con contraprestación" (Plan Jefas y Jefes de Hogar Desocupados), que constituyen una forma de subsidio a la desocupación encubierto y, por lo tanto, inevitablemente clientelista, el número de empleos nuevos se reduce a 1.130.000, la mayoría de los cuales son *en negro*[18]. Esta estrategia de apostar a la creación de trabajo de baja calificación, casual o buscada que haya sido, puede constituir una política correcta para el momento de emergencia que afronta la Argentina, pero promete poco en términos de futuro dado que implica una fuerte pérdi-

---

[17] Textiles, metalmecánica y construcción, según la CTA.
[18] Datos de la CTA.

da en términos de competitividad y de perfil productivo y, por lo tanto, supone bajos salarios y desocupación a futuro.

A medida que el país abandona la sala de terapia intensiva, una política de reemplazo de los planes asistenciales por subsidios estatales a la capacitación laboral se hace urgentemente necesaria. Dada la lentitud que el proceso de aprendizaje de nuevas técnicas de producción supone, sería necesario que se pusiera inmediatamente en marcha. De esta intervención y de la capacidad de volver a atraer capitales y tecnologías avanzadas (la inversión bruta interna ha caído verticalmente desde los 60.781 millones de dólares de 1998 hasta los 26.553 de 2002 y los 36.652 de 2003[19]) dependerá en gran parte que el pan de hoy no se transforme en el hambre de mañana.

La competitividad, ya se sabe, es un axioma neoliberal, es decir, presumiblemente falso. Pero si un grupo social emplea el doble de tiempo y recursos que otro para hacer una torta, al final del proceso tendrá una torta cuando los otros tienen ya dos. No deja de ser una opción legítima para las clases medias argentinas, quienes —especialmente cuando la economía se desploma sobre sus cabezas— suelen detestar "el inhumano y estresante consumismo de las sociedades desarrolladas"; pero es necesario apuntar que no vale decir después: "Los del Norte tienen dos tortas. ¡Deben habernos robado una!".

Todos y cada uno de los estudios avanzados resaltan el rol decisivo de los hábitos sociales, de las seguridades jurídicas, de la capacidad de respetar las normas y trabajar en equipo como determinantes severas de la productividad y la riqueza. Quienes crean que son éstas banalizaciones erradas o tendenciosas, quienes piensen que las diferencias de desarrollo se explican llanamente por la rapiña imperial o deseen adjudicar enteramente el *gap* de productividad entre la Argentina y el mundo avanzado a factores tecnológicos y de inversión, harían bien en darse una vuelta en automóvil por la más rica y moderna de las ciudades argentinas, Buenos Aires, y calcular el costo de cada kilómetro recorrido en términos de tiempo y combustible utilizado, de desgaste del material rodante por conducción irresponsable, de daño por accidentes evitables, de vidas humanas perdidas por desor-

---

[19] Datos del INDEC.

ganización, infantilismo suicida y falta de respeto de las normas de convivencia en ese holocausto de la sociedad civil que es el tráfico porteño.[20] Si ésa es la ley de la jungla que impera en las relaciones sociales entre los argentinos, si ésa es la solidaridad y colaboración que promueven sus ciudadanos, si ésa es la productividad que expresa el sistema nacional (y no hay razones que hagan suponer lo contrario), el calamitoso estado en el que se encuentra el país es cualquier cosa menos casual.

Otro de los axiomas más radicados en el populismo nacionalista argentino que se pretende "de izquierda" sostiene que a las naciones menos desarrolladas les conviene evitar abolir fronteras comerciales y aduaneras con las más avanzadas para evitar los efectos deletéreos de los "términos distorsionados del comercio" y los horrores del "intercambio desigual". La cuestión no es meramente retórica cuando el país necesita definir urgentemente una estrategia acerca de su integración al conjunto de la economía global. Y bien, dejando momentáneamente a un lado que las recientes experiencias de Italia y España[21] parecen demostrar que la asociación a un polo avanzado se ha convertido en una precondición del desarrollo y la riqueza, en tanto que la subida de los "términos de intercambio" (como en el caso del aumento enorme del precio del petróleo para los países árabes) no basta para mejorar las condiciones de vida de la población, resulta paradójico que esos

---

[20] Las estadísticas de las asociaciones civiles (como *Luchemos por la vida*) que se dedican al tema son concluyentes: entre 6.000 y 9.000 personas mueren cada año en la Argentina en accidentes de tránsito, lo que equivale a diez veces la cifra de muertos por automóvil de países altamente civiles (como Suecia), quintuplica la de los países avanzados de regular performance (como Gran Bretaña y los Estados Unidos) y triplica la de países de desarrollo similar (como Chile). En palabras pobres, si los argentinos fueran capaces de manejar como los chilenos, aproximadamente 5.000 vidas por año serían salvadas. A estas muertes se agrega el saldo de heridos (cercano a las 100.000 personas/año) y su secuela de dolor y handicap. Otros datos espeluznantes especifican que el costo económico de los accidentes se eleva a alrededor de 10.000 millones de dólares anuales (aproximadamente el valor de los pagos anuales de la deuda externa en la Argentina precolapso) y que el 44% de los muertos son peatones, lo que explica que entre las víctimas la primera mayoría etaria sea la de mayores de 60 años. También en este terreno se muestra el escaso apego por las normas de convivencia civil, el estado de derecho y la igualdad que caracteriza a la sociedad argentina.

[21] Para no mencionar a Grecia, Irlanda o Portugal, o a los efectos de la conexión a la economía global en los tigres asiáticos y China.

mismos sectores políticos insistan con reducir las posibilidades de apertura de la Argentina al Mercosur, versión *aggiornada* de la Patria Grande bolivariana. Debieran reparar en que si el axioma que defienden fuera correcto ("a las naciones menos desarrolladas les conviene evitar abolir fronteras comerciales y aduaneras con las más avanzadas para evitar los efectos deletéreos del intercambio desigual"), Paraguay, Bolivia, Ecuador y Perú tienen tan buenos motivos para denegar su integración al Mercosur brasileño-argentino como la Argentina para rechazar el ALCA. Un antiimperialismo bien entendido debería comenzar por casa.

Pero son los mismos datos de la situación económica realmente existente los que llevan a descartar la ingenuidad de los binomios "Mercosur-Patria Grande solidaria" y "ALCA-imperialismo yanqui". En efecto, según los últimos datos del Ministerio de Economía y Producción sobre la balanza comercial[22], la Argentina tiene un déficit comercial de 77 millones de dólares con los "países hermanos" del Mercosur y de sólo 47 millones con los "demoníacos" Estados Unidos de América. En palabras pobres, para la República Argentina y en términos de intercambio comercial real, el Águila Imperial se comporta mejor que la Patria Grande. Para no mencionar que es el otro polo avanzado del mundo —la Unión Europea— el que sostiene la mayor parte del actual superávit comercial argentino (390 millones de dólares, que representan el 22% del total). Quienes estén más preocupados por el progreso del país y la abolición del hambre y la miseria de sus ciudadanos que por los mitos fundacionales deberán tomar en cuenta estos datos no triviales de la realidad[23].

Otra de las objeciones insistentes acerca de la década del 90 ha sido la acusación de "desindustrialización". Ahora bien, no resulta para nada descontada la solidez de esta crítica en tiempos en que la mayor parte de las economías avanzadas se está desindustrializando sin que ello afecte necesariamente los niveles de vida de sus poblaciones[24]. Lo que en cambio parece cierto

---

[22] Correspondientes al primer bimestre de 2004.
[23] Para un desarrollo de este tema en términos de propuesta, véase "Por el Mercosur a Europa", en este volumen.
[24] Para ser más exacto, creo que muestra la complementariedad del par nacionalismo-industrialismo en el pensamiento anquilosado de cierta izquierda mesozoica-nacional-industrialista.

es que la crítica no se ajusta a la realidad. En efecto, el volumen físico de la producción industrial argentina creció rápida y sostenidamente durante todo el menemismo (con excepción de 1995, año del efecto Tequila), con picos de +10,1% en el '91, +13,4% en el '92 y +9,3% en el '97[25]. Asimismo, el salario por obrero no sólo no disminuyó sino que aumentó enormemente en los inicios de la convertibilidad (+149,0% en 1991, +30,1% en 1992, +12,2% en 1993 y +6,2% en 1994), para después descender leve y continuadamente hasta el 2000[26] y desbarrancarse en el 2002 del "retorno al trabajo nacional" de Duhalde y Remes Lenicov. También aquí (y no en la "sempiterna incultura de los cabecitas negras") deberían rastrearse las razones de la persistente popularidad de Carlos Menem entre las clases menos pudientes del país.

Pero no son sólo las cifras del INDEC las que reafirman una perspectiva sobre los '90 que difiere grandemente de la sostenida por la "izquierda" nacionalista argentina. Basta citar los datos de la más insospechable de las agencias de la ONU, el Programa de las Naciones Unidas para el Desarrollo (PNUD), usualmente desdeñada en el ambiente de la *realpolitik* internacional como una "cueva de ex comunistas" fuertemente críticos del Consenso de Washington y entre cuyas convicciones no se encuentra, seguramente, el neoliberalismo. Y bien, el "Índice de Desarrollo Humano" (IDH) del PNUD, en el que se expresan tres datos acerca de longevidad, nivel educacional y nivel de vida de la totalidad de la población, creció sólo 10 puntos entre 1980 y 1990 (de 0,797 a 0,807) y 42 puntos (de 0,807 y 0,849) entre 1990 y 2000[27]. La cuadruplicación de la *performance* de la década anterior no parece un resultado tan malo para una "década perdida".

---

[25] La serie completa, entre 1991 y 1998 es: +10,1%, +13,4%, +3,4%, +4,6%, -6,7%, +6,0%, +9,3% y +2,3%, con un saldo netamente favorable respecto al inicio de la década. Datos del INDEC.

[26] La serie completa, entre 1991 y 2000 es: +149,0%, +30,1%, +12,2%, +6,2%, -1,8%, +0,7%, -3,3%, -0,3%, 0,8%, y +0,5%, con un saldo netamente favorable respecto al inicio de la década. Datos del INDEC.

[27] La secuencia completa de datos disponibles es +14 (1975/80), +6 (1980/85), +3 (1985/90), +12 (1990/95) y +14 (1995/2000).

Contrariamente a lo sostenido por el sentido común hoy reinante y en perfecto acuerdo con los índices graficados en la página 174, a los excelentes resultados en términos de aumento del PBI logrados en los '90[28] y la cancelación de la inflación[29] ha correspondido una mejora generalizada de las condiciones de vida de la mayoría de la población. Según el PNUD, en la "década perdida" por la Argentina, no sólo el PBI *per capita* en dólares se triplicó (de 4.295 dólares en 1990 a 12.377 en 2000) sino que la esperanza de vida subió de 71,0 años a 73,4; el grado de alfabetización de adultos, de 95,3 a 96,8; la población con acceso a asistencia sanitaria adecuada, de 72% a 85%; la mortalidad infantil bajó de 35 muertes a 18 (por 1.000 nacidos vivos)[30] y la tasa de mortalidad materna, de 140 a 41 muertes (por 100.000 nacidos vivos). La participación de las mujeres en la fuerza de trabajo subió de 21,0% a 35,6% del total; las parlamentarias pasaron de ser un pobre 5% a representar el 30,7% de los diputados y el 33,3% de los senadores; el gasto militar bajó de 3,3% del PBI al 1,3%[31], en tanto las Fuerzas Armadas reducían en un tercio sus efectivos[32] y el gasto en educación aumentaba del 1,4% al 3,5% del PBI[33]. Los teléfonos pasaron de 93 a 213 (cada 1.000 habitantes), a lo que debe sumarse la incorporación de 163 teléfonos celulares cada 1.000 habitantes; la exportación de productos manufacturados pasó del 29% al 32% del total exportado y la de productos de alta tecnología de menos del 1% al 9% del total.

Si bien la mejora de algunos de estos índices puede atribuirse a la evolución global, fuertemente influenciada por la revolución tecnológica y de las comunicaciones, también es cierto que el desempeño general de la Argentina de los '90 superó la media mundial, hecho bien reflejado por el ascenso del país en las estadísticas generales del "Índice de Desarrollo Humano" desde el 46° al 34° lugar.

---

[28] Se ha pasado de una media de crecimiento de 0,7 entre 1940 y 1990 y de -2,6% entre 1980 y 1990 (según R. Cortés Conde basado en datos del MEyOSP) a una de más del 4,0% entre 1990 y 2000, con un crecimiento del PBI del 50% en una década, una de las mejores *performances* de la historia nacional.

[29] Se ha pasado de una media anual de 395,1% en los '80, con dos picos hiperinflacionarios de 3.079,5% y 2.314,0%; a un 8,9% en los '90.

[30] Según otros datos del mismo PNUD, la mortalidad infantil era de 30 (muertes por 1.000 niños nacidos vivos) en 1990.

[31] Según otros datos del mismo PNUD, el gasto militar se mantuvo estable.

[32] Respecto de 1985.

[33] El gasto en salud, sin embargo, cayó de 4,2% a 2,4% (del PBI).

Lamentablemente, si en alguna estadística la República Argentina de los '90 obtuvo un verdadero *récord* mundial fue en el de la corrupción, con 30,2% de la población víctima (y *partícipe*) de sobornos, sólo superada en el mundo por la Albania en desintegración. Por ello, si adjudicar a los '90 el mote de "década perdida" es irracional, acaso no resultaría del todo injustificado aplicarles el apelativo de "década infame", signada por la corrupción y las tragedias (como la de la AMIA o la de Río Tercero), por los papelones planetarios (como el envío de armas a Ecuador en un conflicto en el que simultáneamente se oficiaba de mediador), por una sumisión mecánica e innecesaria a la política exterior de los Estados Unidos (las relaciones carnales)[34], por un consumismo desenfrenado y un *farandulerismo* de pésimo gusto y previsibles consecuencias en el campo cultural. Ninguna de estas calamidades escapa a la responsabilidad política del Dr. Menem y de la clase política que supimos conseguir. Todas aluden al descalabro general de las instituciones argentinas. No pocas dan una certera referencia sobre las características de la sociedad crecida a la sombra del indulto y del "uno a uno = deme dos".

Más que una década perdida, los '90 argentinos han sido una década de *oportunidades* perdidas, en la que los efectos positivos del contexto en que se desenvolvió la economía fueron ampliamente desaprovechados y malgastados. Buena parte del enorme flujo de capitales hacia los mercados emergentes fue convertido aquí en una nueva versión de la *plata dulce* de los '70 y fue a parar a los bolsillos de una clase empresarial impotente para modernizar radicalmente la infraestructura productiva del país (como en cambio hicieron muchos países asiáticos o el mismo Chile) y de un sistema político corrupto e incapaz de redistribuir socialmente los beneficios del incremento de la productividad. Otra buena tajada de los capitales ingresados a la Argentina se destinó al clientelismo organizado por los punteros políticos, alimentó el parasitismo estatal en las provincias e impulsó el consumismo

---

[34] El reciente ejemplo de Chile, que rechazó las iniciativas de los Estados Unidos acerca de Irak en el Consejo de Seguridad de la ONU en el mismo momento en que estaba negociando un tratado bilateral de integración comercial, ha mostrado lo innecesariamente obsecuente que fueron las "relaciones carnales".

superficial de una clase media sedienta de Fiat Dunas a 15.000 dólares, de viajes a Miami —la nueva capital cultural de la República— y de últimos-modelos-de-no-importa-qué.

Si los resultados de los '90 en términos de mejora del bienestar general no han sido mejores a pesar del fuerte endeudamiento externo (alrededor de 4.000 dólares *per capita*, el más alto del mundo), no todo ha de ser culpa del FMI y de Menem sino que algo tendrá que ver la parte de la sociedad que lo eligió en 1989, se convirtió en la mayoría absoluta que lo refrendó en 1995, plebiscitó la convertibilidad y el "modelo" votando a De la Rúa y volvió a consagrar a Menem como el candidato con más preferencias en la primera ronda de las elecciones presidenciales de 2003. Como ya he sostenido, no todo fue engaño y estupidez en estas decisiones políticas, que muchos tomaron vergonzantemente, pero tampoco es legítimo justificarse ahora atribuyendo la culpa a factores incontrolables o externos, como si los derechos democráticos no implicaran la asunción responsable de los efectos derivados de su aplicación.

En descargo de los pequeños y medianos ahorristas extranjeros y de los jubilados del Primer Mundo que hoy detentan buena parte de los bonos incobrables de la deuda argentina, ha de recordarse que el volumen total de esa deuda es casi exactamente igual a los depósitos en manos de medianos y grandes titulares argentinos en los bancos de todo el mundo. Y en honor de la verdad y la buena memoria, debe mencionarse que cada vez que el gobierno nacional debió recurrir al crédito provisto por el mercado interno terminó pagando tasas más altas que las que aplicaba el odiado FMI[35].

---

[35] Las penurias del último Cavallo para refinanciar bonos de la deuda externa argentina en el sistema financiero local y su recurso a la compulsividad para obligar a las AFJP a hacerlo fueron los ejemplos finales de esta dinámica. Si la Argentina está tan fuertemente endeudada con los organismos de crédito internacionales (FMI, Banco Mundial y BID) es porque éstos le ofrecían mejores tasas que el resto del mercado mundial. Pero la más importante consideración que invalida la interpretación del problema de la deuda externa argentina en clave nacionalista-antiimperialista es el hecho de que el primer grupo nacional de los acreedores privados de la deuda "externa" ar-

Desde luego, pretender que los agentes económicos internacionales hagan beneficencia mientras que los argentinos se dedican a vaciar el país no es defensa del interés nacional sino una simple estupidez. Si gran parte de las empresas privatizadas han quedado completamente en manos extranjeras es porque los empresarios nacionales que oficiaron de *partners* obligados en las privatizaciones remataron sus propiedades al mejor postor, demostrando menor apego al país y menor confianza en su futuro que las siempre denostadas multinacionales. Tenían, desde luego, todo el derecho a manejar libremente sus inversiones, que de eso se trata el capitalismo; pero es también legítimo reclamar ahora que renuncien a las prebendas que se obtienen invocando el amor a la bandera y mencionando los siempre

---

gentina es precisamente el argentino, con 38,4% del total hoy en *default*. Por otro lado, el grupo está constituido mayoritariamente por pequeños ahorristas y fondos de las AFJP responsables de las futuras jubilaciones de los trabajadores argentinos. Para ilustrarlo, supongamos el caso de una pareja de jubilados que para el año 2000 hubiera tenido ahorrados veinte mil dólares y los hubiera depositado en una cuenta en moneda extranjera del Banco de Boston bajo el amparo de la ley de convertibilidad. Una vez cambiadas unilateralmente las reglas por parte del estado nacional a través de la devaluación y la pesificación asimétrica, el Banco de Boston intenta devolver en pesos lo que recibió en dólares. Desde luego, la izquierda argentina se indigna y se pone incondicionalmente del lado de los pobres jubilados (lo que es perfectamente comprensible y justificado), exigiendo que el banco pague en dólares sus deudas con los ahorristas mientras recibe en pesos sus acreencias (digamos: la del hijo de esos mismos jubilados, que ha sacado un crédito en dólares para comprar un auto o un departamento). Como cualquiera comprende enseguida, esto sólo es posible en el reino de las contabilidades mágicas del Tesoro Nacional Argentino, pero ninguna entidad financiera puede asumir este programa sin ir directamente a la quiebra. Al mismo tiempo, una izquierda preocupada en denunciar el complot del capital extranjero contra el sacrosanto pueblo de la nación subestima ampliamente el rol central jugado por el gobierno nacional democráticamente elegido y reelegido por los argentinos en todo este *pandemonium*.

Supongamos ahora que esos mismos jubilados, en lugar de ahorrar en dólares y en el Banco de Boston, hubieran confiado en la nación argentina y comprado bonos de su deuda pública. En este caso, la "izquierda" nacionalista computará este crédito como parte de la intolerable "deuda externa", apoyará la iniciativa del gobierno de pagar sólo el 25% en bonos a treinta años y acusará a quienes rechacen la oferta (digamos: nuestra pareja de jubilados) de

heroicos "capitales nacionales", así como que cierta "izquierda" abandone sus prejuicios nacionalistas que bendicen el "capital argentino" (cualquier cosa que pueda significar esta expresión en un mundo globalizado y en un país que ahorra en dólares y, cuando puede, en el exterior) y demonizan a otros actores económicos de acuerdo con su origen nacional e independientemente de su actuación concreta.

No existe acaso en el mundo tarea económica de éxito mejor garantizado que la gestión de un club de fútbol argentino. Poseen un público cautivo que los provee de incalculables beneficios en concepto de cuotas sociales, entradas, abonos de platea, merchan-

---

ser responsables del hambre de los niños tucumanos. En palabras pobres, una interpretación de los recientes sucesos argentinos en clave "antiimperialista" lleva a defender a quienes invirtieron en dólares en bancos extranjeros y a condenar a quienes compraron bonos de la deuda nacional. ¿Se trata quizá de casos aislados? De ninguna manera, desde que la mayor parte de la deuda en *default* con acreedores privados está en manos argentinas (38,4%) y de pequeños ahorristas extranjeros, por ejemplo: los 450.000 acreedores italianos cuyos depósitos corresponden a una media de 25.000 dólares *per capita* y constituyen la segunda parte de la deuda en volumen total (15,6%). ¿Adónde han ido a parar los dineros de los pequeños ahorristas argentinos e italianos? A la licuación de las deudas de las sagradas empresas nacionales comprometidas en dólares con bancos extranjeros y al salvataje posterior de esos mismos bancos, sometidos a las delicias de la pesificación asimétrica y la devaluación, pero mencionarlo es ponerse en contra de la "defensa del interés nacional", principal valor para una "izquierda" que un tiempo supo analizar los acontecimientos desde una óptica *social*.

Más allá de la anécdota, estos hechos sirven para remarcar los desatinos derivados de aplicar una lógica caducamente territorial, basada en las oposiciones entre "nacional" y "extranjero" y entre "interno" y "externo", a sucesos globales cuyo principal efecto es anularlas y convertirlas en meras categorías *zombie* al servicio del mejor manipulador. ¿El resultado? Un país en *default*, incapacitado para acceder a las inversiones provenientes del extranjero, en el que la población ahorra en dólares que deposita en el exterior o bajo un colchón, cuya deuda pública continúa marcando insuperables récords y cuya deuda externa posterior al aclamado trío *devaluación-pesificación-default* se ha prácticamente duplicado en relación al valor del Producto Bruto Nacional, gracias a otro trío que merece aclamación, el de Rodríguez Saá, Duhalde y Remes Lenicov, reconocidos salvadores de la patria.

dising y derechos televisivos, entre otros. Cuentan con la benevolencia de políticos siempre atentos a los votos y a la tranquilidad social, o simplemente devotos de uno u otro color, quienes sistemáticamente ignoran y periódicamente condonan sus faltas más ignominiosas con oportunas moratorias y leyes de salvataje *in extremis*. Son presididos por la flor y nata de la pequeña, mediana y gran burguesía nacional, pletórica de contactos e influencias en los círculos que cuentan. Tienen agencias gratuitas de publicidad que responden al nombre de *hinchadas*. Gozan del subsidio anual de la fortuna que los clubes extranjeros pagan por sus mejores jugadores[36] y no por ello pierden competitividad en el mercado local, dado que sus rivales hacen exactamente lo mismo todos y cada uno de los años del calendario gregoriano. Deberían nadar en la abundancia, pero están casi unánimemente quebrados más allá de toda racionalidad.

Lo curioso del caso es que en la Argentina post-noventa, la prosperidad —o la mera administración equilibrada—, originan inmediatamente sospechas de desfalco y corrupción. Así, pocos años atrás la ciudad de Buenos Aires se cubrió con un *grafitti* que era una rara variante local de los silogismos aristotélicos y que decía: "AFA rica-Clubes pobres-Grondona chorro". Nótese bien que no se achacaba a Julio Grondona, presidente vitalicio de la AFA, el haber medrado con las arcas de la institución, sino simplemente lo próspero de su administración, que contrasta con la debacle imperante en los clubes miembros. Existen excelentes motivos para que la sociedad argentina haya sacado estas conclusiones sobre las formas en que se obtiene el dinero en este país (es decir: sobre sí misma), pero habrá de convenirse en que la criminalización de la riqueza que de ella resulta no es el mejor *humus* para el desarrollo de una economía capitalista avanzada.

Se insiste siempre, y muy justificadamente, en la corrupción de la clase política argentina, pero se deja siempre a un lado el hecho evidente de que los sindicatos, los cuerpos policiales, las empresas, los tribunales, los clubes deportivos y hasta los consorcios de propiedad horizontal no suelen exhibir condicio-

---

[36] Cualquier parecido con los "subsidios" ofrecidos a la economía nacional por la inflación o la deuda externa *no* es mera coincidencia.

nes morales y de sociabilidad superiores a las del Congreso de la Nación; para no mencionar los heroicos actos acometidos hace no tanto tiempo por las sagradas Fuerzas Armadas Argentinas. Hasta los profesionalísimos, poco violentos y simpáticos *escruchantes* de otrora, que González Tuñón inmortalizara en una de sus mejores poesías, forman hoy parte de una sociedad en vías de extinción. Han sido reemplazados por los "pibes chorros", con consecuencias que no hace falta mencionar.

En nombre de la indignación antipolítica se olvidan también sistemáticamente los actos de una clase empresarial prebendaria y voluntariamente dependiente de la corruptible discrecionalidad estatal, que se salvó de la quiebra a la que la llevaba su endeudamiento irresponsable y su incapacidad para modernizar el país gracias a la licuación de sus deudas por la devaluación y la pesificación asimétrica, pagadas con la erosión del valor de las propiedades y con el dinero de todos los argentinos en nombre (¿cuándo no?) de la defensa del patrimonio nacional. Debajo de los vergonzosos carteles con que la Confederación General del Trabajo ha llamado hace algunos años a boicotear los productos españoles, habría que haber pegado las fotos de las principales figuras del impresentable empresariado argentino y, debajo, una gran leyenda que dijera "Compre nacional".

Los ciudadanos preocupados quedaríamos también eternamente agradecidos si alguno de los ominosos gordos que ocupan los sillones de la CGT pudiera explicar en qué ha diferido la gestión de Aerolíneas por Iberia de la del Correo Central por el argentinísimo Macri, o qué diferencia a Telefónica de los cientos de patrióticas y esforzadas PyMES de la construcción que lucran violando las reglamentaciones sobre seguridad y provocan una hecatombe diaria de albañiles, o qué distancia separa a Repsol de las heroicas patronales nacionales que organizan diariamente la destrucción de la salud de los habitantes de las ciudades argentinas a manos de esas máquinas infernales de polución acústica y ambiental que son los colectivos (¡un invento nacional!). Que la economía argentina se haya "desnacionalizado" en los noventa, es un hecho. Que sea un hecho negativo, queda todavía por demostrar.

Pero, denegar el carácter de "década perdida" a los '90, ¿equivale a atribuir unilateralmente al menemismo sus mejores resultados o a defender en bloque su actuación como actor político? ¿Implica ignorar las asimetrías y desequilibrios crecientes de la década neoliberal? ¿Constituye un llamado a retornar a aquellos paradigmas? ¿Avala de alguna manera el aumento de las desigualdades sociales, el endeudamiento irresponsable (versión neoliberal de la maquinita inflacionaria estampa-billetes de las décadas anteriores) o la apropiación de la mayor parte de los beneficios resultantes por una elite incivil? ¿Condona la feroz desprotección a la que fueron arrojados muchos sectores o absuelve la fragmentación erosionadora de toda convivencia a la que fue sometida —y se sometió gustosamente— buena parte de la sociedad argentina?

Desde luego la respuesta es: "No, de ninguna manera". En cambio, la experiencia de los noventa debería aconsejar a una izquierda consecuente con sus valores una atenta consideración de los efectos de la conexión de la economía nacional a la global, iniciada con los primeros pasos no retóricos dados por un gobierno argentino hacia la creación del Mercosur y con la apertura a las inversiones extranjeras[37], y que ha sido, junto a la estabilidad macroeconómica, el acierto decisivo del menemismo en el poder. En efecto, aun un gobierno corrupto, clientelista e ineficiente como el de Menem obtuvo logros, no sólo macroeconómicos sino sociales, que ninguna de las otras administraciones democráticas de la Argentina de fin de siglo ha logrado alcanzar; aunque es también cierto que superar la *performance* de Alfonsín, De la Rúa o Duhalde no instituye por sí mismo ninguna epopeya político-social.

Cuando se critica indiscriminadamente la apertura de la economía argentina durante el menemismo, se olvida distinguir entre la apertura comercial-tecnológica-informativa y la financiera, y se renuncia a diferenciar la necesidad de inversiones, productos competitivos, informaciones, tecnologías y *know-how* globales que una economía moderna supone, del flujo especulativo de capitales, cuyo único resultado visible y previsible es la volatilidad y la inestabilidad. En tanto siga sin existir una regulación

---

[37] La inversión extranjera directa (IED) —es decir: las inversiones extranjeras no especulativas— creció del 1,3% del PBI (en 1990) al 4,1% (en 2000). Esto es: a pesar de la recesión que llevaba ya dos años, triplicó abundantemente su magnitud en un PBI que a su vez se triplicaba.

democrática del mercado financiero mundial y, por lo tanto, sean los estados nacionales los únicos responsables de poner un freno a las especulaciones inter-nacionales de los capitales globales, medidas que favorezcan la inversión extranjera directa y limiten los movimientos especulativos[38] son imprescindibles. En cambio, clamar por un nuevo proteccionismo comercial que en nombre de supuestos intereses nacionales proteja la ineficiencia y el atraso productivo, esquilme a los consumidores, genere nuevos monopolios artificiales, aumente el ya enorme *gap* tecnológico que separa al país de los territorios avanzados y obstaculice la llegada de inversiones imprescindibles para sostener la recuperación una vez que el efecto rebote se haya terminado y la capacidad instalada se halle trabajando a régimen normal, es parte del delirio antiglobalizador/antimoderno del nacionalismo populista que pretende ser "de izquierda".

En este aspecto, el caso argentino no es una excepción sino que constituye uno de los muchos ejemplos de las *posibilidades* que ofrece la conexión a la economía global en términos de mejora de la condición de los más pobres aun cuando esta apertura haya sido abrupta e indiscriminada y gobernada por una camarilla desaforadamente partidaria de una de las partes: la del capital. En esto de las posibilidades que crea el siempre denostado mercado mundial de capitales y productos, el mejor ejemplo es el de China, pasada de los 50 millones de muertos por hambruna provocados por la Revolución Cultural maoísta al 10% de crecimiento anual en la década de los 90, y de los 260 millones de pobres de 1978 a los 65 millones de 1995; una reducción del 75% y otra demostración concluyente del nexo entre la conexión al mercado global, el crecimiento macroeconómico y la mejora de los índices sociales[39]. Curiosamente, este cambio desde la China cerrada, claustrofóbica y autoritaria de Mao-Tsé-Tung a la actual suele ser descripto por los autores de la teoría del "fin del neoliberalismo" como la demostración del rol omnipresente del estado nacional y de los males inherentes a la globalización[40].

---

[38] Como las aplicadas exitosamente por Chile, país que estableció períodos temporales mínimos de "residencia" del capital por debajo de los cuales el retiro implicaba una quita.

[39] Datos de Marco Zupi, en *Si puó sconfiggere la povertá?* (Laterza, 2003).

[40] Ídem nota 8 de este mismo capítulo.

En estos términos, ser de izquierda en la Argentina significa hoy no renunciar a uno de los valores centrales de la tradición histórica progresista, la Modernidad, sino intentar combinarlo, dentro de los márgenes que el sistema económico global concede, con los otros dos grandes valores fundantes de la izquierda: la defensa de los Derechos Humanos y la promoción de la Igualdad[41]. Reconocer públicamente que tanto la democracia como el capitalismo han demostrado ser las formas más eficientes de organizar la política y la economía modernas, y dejar de identificar a la izquierda con el anticapitalismo y el antiparlamentarismo sería otro acto de honestidad y dignidad en quienes se consideran atentos lectores de la historia y partidarios del progreso social. Lo peor del caso es que todas estas afirmaciones, que en cualquier lugar del mundo serían consideradas de una banalidad extrema, resultan todavía revulsivas para buena parte de la sociedad civil argentina que se dice "de izquierda".

Atribuir las debacles de la izquierda a los complots de la derecha es, en el peor de los casos, simple paranoia, y en el mejor, tan inteligente como atribuir las derrotas del propio equipo deportivo a la maldad de los rivales que se empeñan en hacernos goles. Si la aparición de la globalización como fenómeno epocal central ha coincidido con la pérdida de eficacia de las corrientes de izquierda en todo el mundo, habrá que concluir que alguna relación existe entre ambos fenómenos y aceptar que las fuerzas neoconservadoras y neoliberales han hecho una mejor lectura de la nueva situación. He sostenido ya que el factor oculto en la persistente desorientación de la izquierda en un universo globalizado es la pegajosa relación de sus fuerzas políticas y sociales con sus antiguos instrumentos de poder y financiación: los sindicatos, organizaciones, partidos y gobiernos nacionales, y su consecuente incapacidad para adaptar sus estrategias de intervención a un contexto global. Para superar estas murallas ideológicas, todo proyecto progresista deberá abandonar los esquemas obsoletos a cuyo aprendizaje obligatorio fuimos sometidos desde la escuela primaria por el estado nacional y considerar, descarnada y objetivamente, los hechos efectivamente sucedidos en la última década, en especial: la cre-

---

[41] Para un desarrollo más completo de este tema, ver el capítulo "Qué significa hoy ser de izquierda".

ciente incapacidad de las naciones-estado para llevar adelante por sí solas el programa proclamado por la modernidad política: Libertad, Igualdad, Fraternidad.

La globalización de los procesos sociales y financieros no implica la desaparición de los estados nacionales sino la pérdida de su centralidad económica y social. No por casualidad, las regiones más ricas y prósperas del mundo, en las que no se ven indigentes *cartoneando* por las calles ni niños salvajemente desnutridos, son las más interconectadas y ligadas a la economía global, y no los devastados territorios del África, el continente económicamente más autárquico del mundo, en los que la "desconexión" (paradigma defendido por muchos "marxistas" setentistas[42]) ha traído el aumento de la miseria, el apogeo de las pestes globales, la opresión de las mayorías por las minorías en el poder y la liquidación criminal de las minorías étnico-religiosas.

Resulta difícil imaginarse el mundo que sueñan aquellos que claman por la soberanía absoluta de las naciones, por la "liberación de la dependencia" y por una oposición decidida (cuando no *armada*) al "imperialismo". La aplicación de la más mínima dosis de buen sentido basta para prever que, en el escenario de competencia y disputa internacionales resultante de la aplicación de estos paradigmas, las naciones más ricas y avanzadas tendrían aún mejores chances de imponer sus intereses a las más pobres y subdesarrolladas. Quienes ven en el nacionalismo de las naciones pobres una respuesta a las asimetrías inter-nacionales, ¿creen acaso que las naciones avanzadas, cuyos intereses están alcanzando una escala global, renunciarán a defenderlos planetariamente? ¿Confían en que la ONU y sus agencias (como el FMI) las controlen? ¿Consideran que las fronteras nacionales, convertidas por el avance tecnológico y la globalización de la economía en un colador por el que todo puede filtrarse[43], serán capaces de preservar un aislamiento nacional o continental que, por otra parte, es difícil pronosticar en

---

[42] Como Samir Amin, cuyo libro *La desconexión* (uno de cuyos capítulos intenta establecer una "vocación asiática y africana del marxismo" (SIC)) es acaso el más conclusivo en la defensa de estos paradigmas.

[43] Que les pregunten a los habitantes de Manhattan hasta dónde el estado más poderoso y tecnológicamente avanzado del mundo es impotente para controlar los flujos globales.

qué pueda favorecer a los países menos desarrollados? Mucho me temo que quienes sostienen estos despropósitos no están pensando en el hambre de los niños pobres del Tercer Mundo sino en el catecismo nacionalista que les fue inculcado en la escuela primaria antes de que tuvieran uso de razón. Se trata de lo que he llamado, en otros escritos: el cerebro *zombie* del mundo global, que actúa con similar delirio autista e idénticas consecuencias destructivas tanto en el Primer Mundo como en el Tercero.

El principio nacionalista de independencia y soberanía nacionales debe ser reemplazado por el universalista de globalización de la democracia. El de la diplomacia y la razón de estado, por la institucionalización de un estado de derecho global. El escenario nacional/internacional que acumula ya cinco décadas de fracasos debe dar paso a un orden global progresivamente democrático. Los programas tercermundistas de un populismo que tiende a confundir la defensa de los pobres con la defensa de la pobreza, y que consisten básicamente en la africanización y cubanización del Tercer Mundo, deben ser evitados y superados por la idea de la extensión igualitaria de los Derechos Humanos a todos los ciudadanos del mundo.

En un plano más estrictamente argentino, es necesario comprender que negociar con firmeza no significa aislarse, como el inesperado pero sostenido apoyo de la administración Bush a la gestión de Kirchner y Lavagna frente a los organismos financieros internacionales, así como el reciente voto unánimemente favorable obtenido por la Argentina en el directorio del FMI demuestran. Una negociación mutuamente beneficiosa es necesaria y todavía posible, a condición de evitar tanto la obsecuencia como la belicosidad inútil. En cambio, el truco del "policía bueno-policía malo", empleado con profusión por Lavagna y Kirchner, difícilmente seguirá teniendo éxito en gente habituada al cine de Hollywood. Tampoco resolverá ninguno de los dilemas de un país que, tarde o temprano, deberá elegir entre pagar razonablemente su deuda o quedar aislado del escenario global. Quienes están convencidos de que la Argentina debe ser en el mundo convendrán en que volver a cantar la Marcha Peronista mientras se anuncian nuevos *defaults* no sería la mejor manera de empezar.

Si el FMI ha sido cómplice de algún crimen, de cometerlo se ha encargado el estado nacional argentino. En todo caso, cualquiera sea el grado de responsabilidad que se atribuya a las instituciones nacionales e internacionales en la debacle, ningún país puede ya prescindir por largo tiempo del aporte de capitales y tecnologías que se han tornado globales. Si la Argentina ha sido capaz de crecer más del 8 por ciento durante el año 2003, ello se debe en gran parte a la modernización, insuficiente pero significativa, del aparato productivo y al enorme aumento de la capacidad instalada durante los odiados años del menemismo, para no mencionar la crucial relación con Brasil a través del Mercosur que el gobierno del Dr. Menem instauró.

Raro animal político el menemismo. Su ocaso inició algún ignoto día en que, por razones difíciles de entender e imposibles de explicar, la misma sociedad argentina que lo había prohijado y aplaudido se miró en él y retrocedió espantada, con una mueca de disgusto y desaprobación. Desde el "Síganme" de los inicios hasta la retirada final, para una parte decisiva de la Argentina mientras el menemismo duró, de todo hizo placer; cuando se fue, nada dejó que no doliera[44]. Quienes no compartimos nunca aquellos entusiasmos acaso tengamos derecho hoy a rechazar su demonización indiscriminada.

Curiosamente, también otro de los más importantes logros del gobierno de Kirchner se apoya en los éxitos de la "década perdida". En efecto, la agenda política desarrollada por el actual gobierno en el decisivo tema de los Derechos Humanos (que había sido abortada por el gobierno de Raúl Alfonsín) está asentada en la abolición de la conscripción obligatoria y del poder político-económico del Ejército Nacional ocurrida durante el gobierno del Dr. Menem; las que sumadas a la evolución democratizante de la sociedad argentina han hecho imposible la repetición de los chantajes carapintadas. También el Mercosur, caballito de batalla de todos los sectores "antiimperialistas" que se oponen a cualquier tipo de acuerdo comercial con los países avanzados, sólo adquirió entidad real durante el gobierno del Dr. Menem, el mismo de las famosas "relaciones carnales". Por supuesto, no son estas líneas escritas con el afán

---

[44] Aludo a uno de los mejores poemas de la lengua española del siglo XX, salido de la pluma de Macedonio Fernández.

de reivindicar a uno de los gobiernos más faraónicos y socialmente regresivos de la historia nacional, ni es posible ignorar que la corrupción de las prácticas políticas deviene inevitable cuando se indulta y deja libres a reconocidos genocidas. En cambio, intentan establecer un balance racional de los '90 e insistir en que una adecuada política progresista no puede basarse en la mera aplicación mecánica de paradigmas opuestos a los defendidos por Menem en la Argentina o por el neoliberalismo mundial.

Los ídolos que se eligen nunca son casuales, ni gratuitos. Tampoco lo es que la sociedad argentina haya elevado a la categoría de ícono nacional a quien hizo de la contradicción y la desmesura un estilo de vida: Diego Maradona, tan entrañable en lo privado[45] e insoportable en lo público como la mayoría de quienes lo idolatran.

Atacado por el virus de la excepcionalidad obligatoria y del destino de gloria o de muerte ("¡O juremos con gloria morir!"); antes difunto que "serio" o "normal", que en la escala de valores nacionales quiere decir "mediocre", tan capaz de perpetrar una estafa descarada ante los ojos estupefactos del mundo y de justificarla invocando la intervención de Dios (que vino así a confirmar su condición de argentino), como de tejer el más maravilloso de los goles de la historia de los mundiales; siempre oscilando entre lo genial y lo inadmisible, Maradona es la manifestación viviente del modo de ser que imperó en la Argentina de los '90. Si la repercusión de sus declaraciones y actitudes durante esa década, la de su decadencia deportiva, ha sido superior a la de los tiempos de su esplendor en los '80, es porque su figura ha expresado con inigualable fuerza y claridad todos y cada uno de los aspectos contradictorios de la ambigüedad nacional *fin du siècle*.

La omnipotencia megalomaníaca paradójicamente unida a un delirante victimismo, el desprecio por el esfuerzo ordenado y sistemático extrañamente balanceado por una enorme

---

[45] Resulta imposible encontrar a alguien que haya mantenido una relación personal con Maradona, especialmente sus ex compañeros de equipo, que no exprese una opinión altamente favorable acerca de él.

capacidad para el sacrificio ocasional, la completa incapacidad para la autocrítica y el correspondiente apogeo de comedidos y aduladores, el desdén por las reglas del juego social y por las instituciones (el "caretaje") curiosamente asociado a un farandulerismo extremo, la afición a las relaciones peligrosas, a los pactos de familia de estilo napolitano, a las declamaciones ampulosas y urticantes seguidas por la pasividad más absoluta y la permanente atribución a terceros de los resultados desastrosos de las propias acciones constituyen la marca de Diego Maradona sobre la tierra y son también la del país que lo admira. Como a todos los ídolos populares argentinos, el fantasma del exilio, el del complot contra su persona y el del final trágico lo rondan en todo momento. Como la Argentina, pudo tenerlo casi todo pero ya no le queda casi nada. Como la Argentina, no ha estado a la altura de las circunstancias y ha sido inferior a sus enormes posibilidades. Como la Argentina, continúa vivo cuando casi todos lo daban por muerto.

Por si no he sido claro, no intenta ser ésta una crítica personal a Diego Maradona sino más bien un modo de enumerar las debilidades de la sociedad que lo ha elevado a la categoría de modelo. Su relación de amor y odio con el poder, desde su apoyo a Menem-Cavallo en el momento crucial de la reelección hasta los desafíos a la FIFA y las fotos con Fidel Castro, desde los disparos con balines a los periodistas hasta su siempre declamado amor por el pueblo, desde su consumismo desenfrenado y orgiástico hasta su reivindicación de la villa (pizza y *champagne*), desde los tatuajes del Che Guevara hasta la Ferrari pintada de negro (otro símbolo exquisitamente menemista, incluso superior a la Ferrari *roja* del mismo Menem), desde las declaraciones de amor altisonantes a su "Argentina es un país de buchones", todos y cada uno de los gestos públicos de Maradona constituyen un muestrario perfecto de la reciente sociedad argentina, convenientemente ampliado para la observación por el incomparable talento futbolístico y la excepcionalidad del personaje, y por el inclemente zoom de las cámaras de los *mass media*. Acaso quien mejor y más sucintamente ha expresado la ideología maradoniana que caracterizó a la Argentina de los '90 y su relación a la vez adictiva y rebelde con los poderes establecidos es el hincha de Boca que, en una pared de la Bombonera, escribió recientemente "Coppola = FMI".

Diez años atrás, cuando regresé de ocho años de Europa decidido a vivir en Buenos Aires, el atentado a la AMIA y la indiferencia generalizada ante la masacre, sumados, pocas semanas más tarde, al lloriqueo histérico provocado por la descalificación de Maradona en el Mundial de Fútbol de los Estados Unidos me hicieron dudar. No pretendo ser la excepción ni tengo las manos inmaculadas como para arrojar primeras piedras. Digo sí, muy simplemente, que el victimismo es más una forma de muerte que de vida y que es tiempo de dejar de adjudicar los errores de la sociedad argentina a espectrales agentes extranjeros, servidores de la sinarquía internacional o del imperialismo anglosajón, según la preferencia personal y la hora. Un país en serio empieza por gente que hace bien su trabajo y frena cuando los semáforos se ponen en rojo, y por funcionarios dedicados a recaudar impuestos y no coimas y gente que los paga, aunque sea a regañadientes, como en cualquier otro lugar del mundo. Quien mire el planeta con los ojos abiertos sabrá reconocer estas modestas verdades. Es tiempo también de que quienes asumen la responsabilidad de las cargas políticas estatales den el ejemplo, no sólo de honestidad sino de trabajo consciente, responsable, sistemático y bien hecho, y de tolerancia democrática aun en el disenso político más feroz.

Deberes y obligaciones constituyen la contracara ineludible de los derechos, que no surgen de la divinidad o la naturaleza sino que son una producción social. Si los ciudadanos, una vez puestos a funcionarios o trabajadores, desempeñan sus tareas sin idoneidad ni entusiasmo, los derechos de los demás se ven inevitablemente perjudicados. Cualquier niño del mundo avanzado aprende esto inmediatamente después de la tabla del cuatro, pero quien lo mencione en la Argentina post-noventa se verá enfrentado a la acusación de justificador de la miseria y promotor de la explotación social. El resultado es este país de derechos inalienables y deberes excusables, en el que los derechos son consignas coreadas en las calles sin ninguna entidad real, en tanto los deberes suelen ser considerados como producto indeseable de "apretadas" de los "botones". Desautorizar con la palabra y desmentir con los actos la idea de que responsabilidad y eficiencia son patrimonio de una sola parte del arco político es también ser hoy de izquierda en la Argentina. Insistir en que los derechos son un mero territorio de disputa entre las clases sociales y en que una política de izquierda se define por la oposición indiscriminada a todo tipo de poder o de sistema es seguir contribuyendo al conflicto y a la confusión.

Los países más ricos son también los más igualitarios y civiles, por lo menos, fronteras adentro. Combatir la hegemonía del pensamiento mágico y las autoabsoluciones del partido de la indignación moral, desterrar el clientelismo de las prácticas políticas tanto de arriba como de abajo y estar a favor de la eficiencia, la responsabilidad y la excelencia son tareas cruciales para los tiempos que vienen. No parecen éstos objetivos sencillos ni fáciles de cumplir para la Argentina del nuevo milenio, pero tampoco lo fue el volver de la muerte a la que parecía condenada en el primer semestre de 2002. Si la rebelión de diciembre de 2001 ha servido para enterrar definitivamente aquella Argentina y para reemplazarla por un "país en serio" (según el eslogan del actual gobierno), quizá los veinte muertos y el enorme costo pagado en términos institucionales y de condiciones de vida para reemplazar a De la Rúa con Duhalde puedan encontrar alguna justificación.

No existe nada más difícil para la mente humana que conservar una visión completa de las cosas cuando los elementos que la componen son fuertemente antagónicos. El análisis de los '90 argentinos presenta este serio inconveniente. Una década fantasmagóricamente similar a la del '30, oscilante entre una corrupción social abrumadora y el progreso y la modernización acelerados, sus claroscuros son especialmente difíciles de percibir para unos actores políticos dados al maniqueísmo que suelen describir en términos de "blanco" y "negro" una realidad multicolor y calidoscópica de la que ni siquiera los tonos grises pueden dar cuenta acabadamente. La ambigüedad de los personajes políticos de los '90 constituye también hoy un misterio inextricable para una sociedad habituada a las divinizaciones con posterior crucifixión.

Afortunadamente para la Argentina, el doctor Carlos Saúl Menem se ha transformado en un cadáver político. Sin embargo, pensar que todos los actos de su gobierno se basaron en errores o en la perversión y corrupción de sus miembros, olvidar la dramática situación que reinaba en el país en los inicios de su administración, ignorar el plebiscito por el cual accedió a su segunda presidencia y el hecho de que ha sido el candidato más votado en las últimas elecciones nacionales, o atribuir estos hechos a la simple ceguera popular constituye un nuevo recurso a la peor tradición política argentina, basada en la demonización y excomunión del adversario considerado como enemigo al que no se debe ni justicia y en la negación acrítica de todas y cada una de sus razones. No constituye esta estrategia una demostración de la fortaleza de las fuerzas progresistas, sino que desnuda su alarmante fragilidad.

Así como el reinado reaganiano-thatcherista se asentó en el mundo gracias al fracaso de la política económica redistribucionista y estatalista del gobierno de François Mitterrand en 1981, los diez años de menemismo sólo fueron posibles después de la debacle causada por las políticas económicas del alfonsinismo que, siete años más tarde que Mitterrand, terminaron en la hiperinflación. Quienes quieran evitar aquellos lodos harán bien en abstenerse de usar estos polvos. Resulta, por otra parte, altamente paradójico escuchar hoy opiniones simplistas y descalificadoras del voto popular a Menem ("voto licuadora", "voto irracional y clientelista", "voto cabeza", etc.) en personajes políticos de corte populista que simultáneamente sostienen que el pueblo nunca se equivoca.

Para decirlo con las palabras que Carlos Quenan, un economista argentino residente en Francia, pronunció en su conferencia "El virus argentino"[46]: "Lo peor de la Argentina es que es un país que nunca aprende". Tirar al niño por la canaleta

---

[46] Carlos Quenan, "El virus argentino", conferencia en el auditorio del Banco Nación pronunciada en mayo del 2002.

junto al agua sucia del baño nunca ha sido la mejor de las políticas, y el gobierno y la sociedad argentinos harían bien en desoír los consejos de los muchos exorcistas que creen que basta demonizar el pasado para instaurar el futuro y sostienen que lo opuesto a una mentira es necesariamente una verdad. En términos más generales y mundiales, existe el serio riesgo de que el fracaso del llamado "pensamiento único" de corte neoliberal genere un "pensamiento único" de corte antiliberal y antiglobalizador, tan religioso, dogmático y fundamentalista como aquél. Si esto sucediese (y está sucediendo), nuevos tiempos difíciles esperan a la izquierda y al mundo, como el anterior episodio de retroceso desde un escenario incipientemente globalizado hacia uno nacionalista-proteccionista —ocurrido en el mundo avanzado exactamente en 1913— ha demostrado con contundente efectividad.[47]

Sobre el "neoliberalismo" y los valores liberales

Buena parte de los errores de evaluación política de la izquierda dependen de la confusión, deliberada o involuntaria, de *neoliberalismo* con *globalización*. Pero son las mismas denominaciones de "neoliberalismo" y "neoliberal" las que deberían ser cuestionadas y rechazadas, lo que es especialmente difícil en este extraño país en el cual la idea de liberalismo es automáticamente asociada a militares golpistas como el capitán Álvaro Alsogaray, y en el que una izquierda que no es de izquierda acusa del crimen de "liberalismo" a unos autoritarios que propiciaron un genocidio estatal (como Alfredo Martínez de Hoz), el cual constituye la negación prototípica de todo principio liberal.

Para cualquiera que prefiera no ignorar la historia del mundo, el liberalismo ha sido la primera de las fuerzas políticas impulsoras de lo que hoy llamamos Modernidad a través de una larga y costosa batalla política democratizante contra el despotismo del orden monárquico, eclesiástico y oligárquico que reinaba en la Europa semifeudal. Por ello, no

---

[47] Para un estudio técnico-económico de este proceso, véase Ángel Martínez González-Tablas, *Economía política de la globalización*.

se puede rechazar la herencia liberal sin desechar la separación entre Iglesia y Estado, el derecho a la vida y al *habeas corpus*, el estado de derecho, la intangibilidad de la propiedad privada de los ciudadanos frente a la avidez del monarca y el estado, la libertad de prensa, de reunión y de asociación y tantos otros valores *liberales* sin los cuales la convivencia civil se hace imposible.

Para el liberalismo, la construcción de instituciones democráticas no es amenazadora sino necesaria, más exactamente: constituye la única vía posible para preservar al individuo de las consecuencias del "todos contra todos" y de la imposición del poder de los más fuertes. Las páginas de los principales autores liberales, desde Adam Smith hasta Karl Popper, Ralf Dahrendorf y Norberto Bobbio, están llenas de desconfianza hacia las corporaciones económicas, de oposición al puro *laissez-faire* y de preocupación por las limitaciones a la libertad que se derivan de la miseria. Como se ve aquí, el tema de la Libertad y el de la Igualdad presentan no sólo contradicciones sino profundos puntos de acuerdo.

En una sociedad moderna, inevitablemente abierta a los contactos y a los intercambios interpersonales, la libertad individual —preocupación central del liberalismo— sólo es posible en el marco del goce igualitario de los derechos civiles, políticos y sociales por parte de todos los ciudadanos —preocupación central de la izquierda. Al liberalismo corresponde un individualismo universalista; a la izquierda, un humanismo individualista; a ambos, la oposición cosmopolita al colectivismo tribal particularista, racista, nacionalista, clasista, fundamentalista, sexista, religioso.

¿Qué otra cosa que grandes liberales fueron Montaigne, Voltaire, Stuart Mill, Hume, Locke, Madison, Tocqueville, Jefferson y Dewey, para no mencionar al argentinísimo Juan Bautista Alberdi cuyas *Bases para la organización política de la República Argentina* fueron decisivas para la redacción de la Constitución liberal de 1853 y cuyo *El crimen de la Guerra* se encuentra entre las más radicales críticas al nacionalismo que se hayan escrito? ¿Qué otra cosa que un liberal fue Kant, ese entusiasta de la Revolución Francesa que razonaba en términos del *sumo bien mundial* y entendía a los estados nacionales en el marco más amplio de una *sociedad de las naciones* basada en la paz entre sus miembros, que sostenía la *unidad del género humano* fundada en la *universalidad de la razón y de la moral* y en la *prioridad de la ética sobre las razones de estado*, que se preocupaba por los *derechos de la humanidad* y, entre ellos, por el *derecho a la común posesión del territorio del planeta*, que se escandalizaba por la entonces novedosa pretensión de algunos estados nacionales por regular el ingreso al propio territorio, que soñaba con una *constitución civil perfecta y cosmopolita* estructurada conforme a los conceptos del *derecho humano*, y que sostenía que cada uno de los seres humanos debía ser tomado como un *fin en sí mismo*[48]?

Durante el pasado siglo, en el que los totalitarismos y las diversas formas de violencia organizada desde los estados nacionales han constituido la amenaza más consistente al orden democrático y a la supervivencia, la felicidad y la realización humanas[49], el liberalismo, no ya como organización partidista sino como teoría política defensora de los derechos del individuo y de las minorías contra las prepotencias de las mayorías y del estado, ha cumplido un invalorable rol en la batalla contra las formas nacionalistas, racistas y clasistas adoptadas por el tribalismo moderno. Los nombres de Bertrand Russell, Karl Popper y Hannah Arendt y, más recientemente, de Isaiah Berlin, John Rawls, Norberto Bobbio y Ralf Dahrendorf, están indiscutiblemente ligados a las mejores tradiciones políticas progresistas, al punto de que es arduo separar sus ideas de las de la izquierda democrática.

También en la República Argentina hemos asistido a esta

---

[48] Para una exposición sintética de las ideas políticas de Kant, ver *Ideas para una historia universal en clave cosmopolita*, *Escritos sobre la filosofía de la historia* y *Por la paz perpetua*.

[49] Las más recientes estadísticas (1997, Russell Committee, publicadas y avaladas por el Programa de las Naciones Unidas para el Desarrollo —PNUD—) detallan: 2 millones de ciudadanos indefensos asesinados *intencionalmente* durante el siglo XX por gobiernos nacionales "democráticos", 29 millones por gobiernos nacionales "autoritarios", 138 millones por gobiernos nacionales "totalitarios".

comunión de ideales y acciones. Aunque la acotación no será bien recibida por muchas de sus destinatarias, las principales exponentes del credo liberal de la defensa del individuo frente al poder absolutista del estado, del *habeas corpus*, la preservación de las libertades y el derecho a reunión y asociación, han sido las Madres de Plaza de Mayo, quienes —más allá de las interpretaciones que ellas mismas y otros muchos han dado a sus actos— se constituyeron como un baluarte de la sociedad civil y de los derechos individuales de los ciudadanos frente a los poderes despóticos y asesinos del estado nacional en el más trágico momento de la historia argentina.

En apretada síntesis, dos grandes tradiciones políticas ilustradas han impulsado la aplicación social de los principios políticos de la Modernidad: la izquierda democrática y el liberalismo progresista, siempre unidos por la oposición al colectivismo nacionalista y clasista, y diferenciados más por los acentos que por los contenidos: *en el liberalismo, Derechos Humanos*, entendidos principalmente como libertad, derechos civiles y preservación del individuo y la sociedad civil de los poderes estatales. *En la izquierda, Igualdad*, entendida como goce equitativo de los derechos políticos, económicos y sociales[50]. Y bien: la más reciente experiencia nos lleva hoy a afirmar que es esta distinción entre derechos civiles y políticos, por una parte, y derechos económicos y sociales, por la otra, la que está caduca; ya que —como ha sido abundantemente demostrado a lo largo de todo el siglo XX— ambos tipos de derechos, que durante mucho tiempo fueron comprendidos como de índole diversa, se refuerzan, complementan y sostienen mutuamente[51].

Y dado que sólo la vigencia de derechos civiles y políticos permite el establecimiento de derechos económicos y sociales, y dado que únicamente en una sociedad en donde los derechos

---

[50] Para un estudio de estas diferenciaciones, ver Norberto Bobbio, *El futuro de la democracia*.

[51] Para un estudio del estándar común de los derechos humanos, ver los informes anuales del PNUD a partir de 1995.

económicos y sociales son respetados es posible un orden civil y democrático, es la distinción entre liberalismo progresista e izquierda democrática la que tambalea, y ya no la que sigue separando a Derecha e Izquierda. No es ninguna casualidad que el liberalismo haya completado recientemente su defensa de la libertad económica con la teoría de los fallos del mercado y la de las condiciones materiales para la libertad, con la de la justicia como equidad y con el desarrollo completo del principio de la igualdad de oportunidades. El remanido recurso al término "progresismo" es un intento exacto, aunque antiestético, de expresar esta unificación entre liberalismo e izquierda en desarrollo.

A contramano de estas consideraciones, los actores políticos que se reivindican a sí mismos como "izquierda argentina" continúan despreciando una de las principales lecciones políticas de los '90, que versa sobre las consecuencias inevitables de regalar el espacio liberal y los valores fundamentales que conforman esa tradición política a la derecha, y más exactamente, a la derecha autoritaria. Los efectos desastrosos y mundiales de más de diez años de alianza victoriosa entre populismo neoconservador de derecha y neoliberismo globalista parecen no haber sido suficientes para que algunos saquen la elemental conclusión de que una izquierda aislada del liberalismo progresista debido a su deriva nacional-populista está condenada al retroceso, a la derrota y a arrastrar detrás de ésta a los sectores que pretende defender.

Es esta ceguera voluntaria la que ha llevado, increíblemente, a que cuando buena parte de la sociedad argentina[52] se levantó para exigir a la democracia que enfrentara uno de sus mayores déficit —la protección de la vida y la seguridad de los ciudadanos y el control de las fuerzas de seguridad del estado[53]— la "izquierda" populista estuviera nuevamente ausente. Aun peor, muchos de sus miembros y organizaciones se han dedicado a denunciar una impresionante y pacífica movilización convocada por un pa-

---

[52] Aproximadamente 150.000 personas movilizadas en el centro de la ciudad de Buenos Aires.
[53] Me refiero a la gigantesca "Marcha por Axel" del 1° de abril de 2004, convocada por el padre de Axel Blumberg.

dre desgarrado por el dolor (hablo de Juan Carlos Blumberg), que no pedía pena de muerte ni gatillo fácil, como parte de una "maniobra política de Hadad y la derecha". Nuevamente, como en aquel 1976 en que muchos alentaron el golpe de Videla porque "quitaría al sistema su máscara democrática y evidenciaría más claramente las contradicciones históricas en acto" o llamaban a "defender a Videla del golpe fascista"[54], una "izquierda" atontada por el virus nacionalista (y por ende incapaz de recordar que fue el estado nacional argentino, y su gobierno y sus fuerzas armadas, el responsable directo de la mayor tragedia de nuestra historia) se ha demostrado inepta para concebir que las fuerzas del estado nacional, encarnación hipotética del bien sobre la Tierra, pudieran tener sus manos manchadas otra vez con sangre.

En la primera fila de la marcha "Todos por Axel" debería haberse presentado el presidente de la Nación, pidiendo y ofreciendo apoyo y solidaridad en la batalla contra las fuerzas de la barbarie enquistadas en el corazón del estado nacional[55], en vez de encontrarse participando en un acto de reivindicación nacionalista de un tristísimo episodio (Malvinas) en el que el nacionalismo ya se ha cobrado su habitual tributo de sangre y destrucción. Y en la segunda fila deberían haber estado las Madres de Plaza de Mayo y las organizaciones de Derechos Humanos, diciéndole a Blumberg que su lucha era también contra un estado ineficiente o antropófago, nuevamente dedicado a fagocitar a sus propios hijos, y demostrando con actos que la reivindicación del derecho a la vida y del castigo a los culpables no reconoce barreras sociales ni pertenencias políticas.

Desde luego, no se trata de asimilar las actuales muertes por inseguridad pública con el terrorismo de estado que masacró impunemente a 30.000 argentinos, sino de sumarse a una nueva batalla civil por la vida frente a un estado asesino o cómplice de los asesinos. Infaustamente, penosamente, como en aquel tristísimo 12

---

[54] Me refiero a la dupla ERP-Montoneros y al Partido Comunista Argentino.

[55] "El cáncer de la Bonaerense", las llamó Blumberg. "La mejor policía del mundo" las había declarado, pocos años atrás, un cierto Eduardo Duhalde, entonces gobernador de la provincia de Buenos Aires.

de septiembre de 2001 en que me tocó compartir el repudio a la masacre de Manhattan con el embajador de la administración Bush y los señores De la Rúa y Cavallo, ni un solo pañuelo señalaba la presencia de quienes debieron haber estado allí continuando su admirable batalla de los '70. Acaso, la Asociación Madres de Plaza de Mayo no ocupó el lugar que le hubiera correspondido porque la señora Hebe de Bonafini estaba aún muy atareada en otorgar absoluciones y excomuniones en el mejor estilo papal y del puritanismo anglosajón, y en transformar los actos del estado democrático (hablo de la toma de posesión de la ESMA para construir el Museo de la Memoria) en ceremonias sectarias; como si la propiedad de la lucha por los Derechos Humanos fuese pasible de privatización, como si los innegables méritos de las Madres acreditasen su canonización y el acatamiento incondicional de sus *diktats* y como si las responsabilidades del estado democrático por la subsistencia de la tortura en las comisarías[56] se detuvieran mágicamente en el nivel provincial del poder político. Si cierta parte de la sociedad argentina ha sabido pasar de la reivindicación del bandolerismo asesino del ingeniero Santos[57] a la civil actitud de Juan Carlos Blumberg, la izquierda no ha sabido siquiera acompañarla.

Aunque el asombro acerca del grado de pulverización en que ha caído la "izquierda" argentina suele ser un tópico en toda velada que se precie, lo asombroso es que, considerado su sectarismo, voluntarismo y mesianismo, los grupúsculos en que ha estallado no sean aun más numerosos. Por supuesto, no es éste un obstáculo para aquellos que razonan y actúan de acuerdo con las convicciones del escaso seis por ciento que —sumados— suelen obtener en los comicios pero insisten en hablar en nombre de todos usando la siempre ubicua categoría "pueblo".

Nada casualmente, a la pulverización de la izquierda le hace eco la desesperante fragmentación de la sociedad argentina, presente hoy en todos y cada uno de los resquicios de la trama pública. Si dos piqueteros son asesinados por la Policía Bonaerense

---

[56] Que fue el argumento usado por Hebe de Bonafini para descalificar la presencia de los gobernadores justicialistas en aquel acto.

[57] Célebre por haber asesinado, en los albores de los '90, a un pobre *raterito* que intentó robarle el reproductor de casetes de su auto.

(Kosteki y Santillán), se movilizan los extremadamente pobres y los desempleados. Si se trata de los desaparecidos, la composición es —abrumadoramente— de clase media. Cuando se secuestra y asesina al hijo de un industrial (caso Blumberg), los que participan son casi exclusivamente de la clase medio-alta y alta de la sociedad nacional. Desde luego, es éste el dramático saldo de las políticas económicas neoliberistas de los '90, pero también es el resultado deleznable de las ausencias políticas de una izquierda incapaz de decir que cada joven argentino muerto por acción u omisión del estado es una víctima injustificable e intolerable, y que nada separa a Axel Blumberg de los cientos de víctimas diarias de la violencia y corrupción policiales, doblemente peligrosas para los más humildes; en suma, de reivindicar el más elemental de los principios de la izquierda: la Igualdad.

Como es ya costumbre, en lugar de intentar instaurar los principios que le son propios con acciones de construcción política, en lugar de insistir en la línea de causalidades que acomuna los crímenes de María Soledad Morales y José Luis Cabezas con el de Axel Blumberg y tantos otros asesinatos impunes de ciudadanos inermes, una izquierda cautiva del nacionalismo y del clasismo (es decir: enemiga de la igualdad republicana) se dedicó a la que parece considerar su actividad única: la denuncia de "complots" por parte del "enemigo", acusando a Hadad y a la derecha autoritaria de un pecado que es su destino: ocupar los espacios vacíos que le dejan las deserciones de la izquierda. En los días previos a la Marcha por Axel se ha escuchado abundantemente en los corrillos de la "izquierda" y leído en sus pasquines una insistencia maníaca en dividir a los muertos en ricos, pobres, y no tan ricos ni pobres, entre militantes revolucionarios y los que no lo eran, entre los tuyos, los míos, los nuestros y los de ningún tiempo ni lugar; todo ello durante las vísperas, para virar oportunamente a un tono de aprobación neutro ante lo masivo de la manifestación.

A contramano del sectarismo delirante y suicida, que se autotitula "de izquierda" en la sociedad argentina, si algún límite entre diversas visiones políticas de la realidad se está desdibujando en el mundo, éste no es la frontera entre Derecha e Izquierda sino más bien la distinción entre izquierda democrática y liberalismo progresista; fenómenos que muchos autores tienden a confundir y asimilar.

Lo que el proceso globalizador tiende a determinar no es el fin de la izquierda sino el fin del "pueblo" como sujeto político significativo y, por lo tanto, el fin del populismo; procesos que —ante la existencia de una vasta y anacrónica "izquierda" populista— tienden también a ser mezclados. Desdibujada la nación-estado como objeto ideológico y desaparecida su centralidad política, el pretendido sujeto histórico de la era de las Modernidades Nacionales —el "Pueblo de la Nación"— tiende a disolverse en el aire. La invasiva aparición de la palabra "gente" en el vocabulario *massmediático* y coloquial refleja la necesidad de referirse a un grupo de personas sin aludir a una precisa adscripción nacional, ni a una determinación cultural o clasista uniformizadora, ni a una identidad colectiva. Si un "Pueblo de la Nación" siempre en mayúsculas invocaba un sujeto colectivo unificado, monolítico e indisoluble, la "gente" —en modestas minúsculas— alude a una pluralidad de individuos diferenciados que, aunque constituyan ocasionalmente un grupo capaz de intervenciones unitarias, no han perdido su individuación en aras de su solubilidad.

La unidad entre nacionalismo y populismo y el carácter conservador, reaccionario y *de derecha* del intento de conservación de las categorías de "Nación" y "Pueblo" han marcado el entero siglo XX y quedan aún más claramente al descubierto en la era global. Sin embargo, el ocaso del "Pueblo" es por ahora más tendencial que efectivo, ya que los peligros derivados del populismo y el nacionalismo no dependen casi nunca de sus fortalezas sino de la debilidad de las posiciones y proyectos universalistas. La batalla universalista y liberal librada en las décadas del setenta y el ochenta por las Madres de Plaza de Mayo contra un régimen nacional y nacionalista que justificaba sus actos en la "defensa del ser nacional" y el perdón pedido por el presidente Kirchner "en nombre del estado nacional" durante la inauguración del Museo de la Memoria en la Escuela de Mecánica de la Armada constituyen dos hitos de la mejor historia *liberal* de la Argentina. Hubiera sido aún mejor si se hubiera evitado cualquier reivindicación elíptica de las ignominiosas batallas libradas por cierta "izquierda" nacionalista y antiliberal en los '70, y si ese perdón no se hubiera invocado con relación a las muchas debilidades efectivamente demostradas por el estado democrático argentino, sino por el mismo crimen genocida cometido en defensa del "Ser Nacional" y contra un enemigo "apátrida" por el Ejército Argentino, la Armada Argentina y la Fuerza Aérea Argentina, en ignominiosos campos de concentración sobre los que ondeaba la bandera celeste y blanca, y bajo órdenes del entonces gobierno nacional.

Si alguna forma del "ser nacional" verdaderamente subsiste en el universo globalizado, suele estar representado por esa tendencia al genocidio y a la guerra, y a exorcizar los propios crímenes mediante la apelación a una conjura externa perfectamente ejemplificados por la célebre "campaña antiargentina" denunciada durante la dictadura militar y por el famoso "los argentinos somos derechos y humanos". Quienes en nombre de la izquierda siguen temando con la identidad nacional, esa versión del Ser Nacional videliano, deberían recordarlo en nombre de otro de sus slogans preferidos: la memoria histórica.

Que se insista en reivindicar los '70, la más terrible década de la historia nacional, "desde la izquierda", es otro signo de la monumental confusión reinante. Si ser de izquierda es estar por la vida contra la muerte, por la paz contra la violencia y por la democracia contra el autoritarismo, entonces ser de izquierda en Argentina significa hoy, a despecho de tanta nostalgia a contramano, preferir los '90 a los '70. Para cualquiera que no esté afectado por el "vivir peligrosamente" del nihilismo, siempre es mejor una década infame que una década ensangrentada.

¡Qué curiosa es la "izquierda"! Cuando la unidad política del mundo era una completa utopía, buena parte de la izquierda —desde Marx a Victor Hugo— la sostenía o la promovía a su manera. Cuando el desarrollo de las tecnologías y de la economía la han hecho factible, la "izquierda" se repliega en el nacionalismo populista, cubierto desde siempre bajo un manto "antiimperial".

Acomunar, como hace el populismo, el liberalismo a las teorías y prácticas *neoliberistas* que ven en el estado democrático una simple amenaza a los intereses económicos de los poderosos, que sostienen como única política posible el *laissez-faire*, que postulan al mercado como el supremo territorio de realización de las potencialidades humanas, que reducen la libertad a libertad económica y la ciudadanía democrática a los derechos del consumidor, no sólo es injusto y estúpido, sino peligroso, ya que deslegitima una de las más importantes tradiciones progresistas de la modernidad política, abriendo paso al populismo antidemocrático y a nuevas formas de autoritarismo. Por eso, los presentes voceros políticos de los valores y principios del mercado económico capitalista no son "neoliberales" sino *neoliberistas*. La distinción entre ambos no es accesoria, sino crucial, para una izquierda digna de sus tradiciones fundantes y a la altura de las actuales circunstancias históricas.

Acerca de la transversalidad y el movimientismo

La transversalidad, recurso obligado para un gobierno estrujado por la contradicción entre su programa político y los intereses y prácticas de la estructura partidaria que le ha permitido llegar al poder, amenaza convertirse en un nuevo capítulo de la "especificidad argentina", es decir: de la manía nacional por encontrar soluciones riesgosas, personalistas y provisorias a problemas que otros países han resuelto hace ya tiempo mediante el recurso al estado de derecho y la actuación de las instituciones liberal-democráticas.

Nadie con convicciones progresistas puede racionalmente culpar a Kirchner por tratar de librarse del abrazo mortal del aparato peronista bonaerense. Menos transparentes resultan los recientes intentos de miembros de su gobierno[58] por presentar al líder político del peronismo bonaerense, Eduardo Duhalde, como un nuevo "salvador de la patria", pretendiendo hacer olvidar el rol jugado por Duhalde durante la década menemista (vicepresidente de la Nación, gobernador de la provincia más importante del país y segundo referente político del partido de gobierno) e ignorar su intervención u omisión culposa en las circunstancias que pusieron al país al borde del abismo, desde la participación del aparato peronista bonaerense en los desórdenes públicos y saqueos que interrumpieron la regularidad institucional en diciembre de 2001, hasta la desastrosa gestión de la política económica durante el primer semestre de 2002 (más específicamente: el corralón, la devaluación salvaje y la pesificación asimétrica).

Que el gobierno de Kirchner intente salvar su programa del acoso de los sectores más retrógrados y corrompidos del Partido

---

[58] Me refiero, por ejemplo, a la intervención del jefe de Gabinete, Alberto Fernández, en las "Jornadas de pensamiento: Políticas de estado para el presente y el futuro", convocadas por el CEPES en noviembre de 2003.

Justicialista, desde Luis Barrionuevo a los Juárez de Santiago del Estero, es una demostración de coherencia política. Que imagine una prolongación indefinida de la transversalidad, transformada ahora en sistema de funcionamiento institucional permanente, es un error gravísimo de previsibles y funestas consecuencias.

Confirmando la broma borgeana sobre los peronistas, que no son malos sino incorregibles, el Partido Justicialista es hoy el último gran baluarte de una vieja manera, populista y antipopular, de hacer política en la Argentina, y su supervivencia sólo puede explicarse con aquella razón enunciada por su líder en los tiempos del exilio madrileño: "No nos quieren porque hayamos sido muy buenos; es que los que vinieron después fueron mucho peores". En efecto, basta la simple mención de *todos* los gobiernos llevados al poder nacional por el peronismo para coincidir, por una vez, con el difunto general: Perón-Quijano, Perón-Teissaire, Cámpora-Solano Lima, Perón-Isabel, Isabel (López Rega), Menem-Duhalde, Menem-Ruckauf, Rodríguez Saá, Duhalde y Kirchner-Scioli. Hasta el más ferviente de los peronistas encontrará difícil sostener que el balance final es, pese a todo, positivo. Por otra parte, sólo los crímenes de las dictaduras militares, la gravedad de la situación en la que los últimos gobiernos radicales han dejado al país, la inexistencia de verdaderas alternativas liberales y de izquierda, las insuficiencias del proceso de modernización de la Argentina y el déficit histórico de transparencia, libertad y democracia de la sociedad política nacional pueden explicar la supervivencia del animal jurásico en que se ha convertido hoy el Partido Justicialista.

Existe una oculta relación entre el proyecto de la transversalidad, que el gobierno impulsa, y la decadencia y putrefacción del PJ y los aparatos partidarios, de la que el gobierno se lamenta. Esta relación se denomina "movimientismo" y es una de las principales claves explicativas de la corrupción de la política en el país. En efecto, si el apoyo y oposición a un gobierno se definen en forma "transversal", si los proyectos de sociedad y de país que cada partido político defiende son múltiples y hasta opuestos, si el "ala izquierda" de un partido está mucho más cerca del "ala izquierda" de otro que de la propia "ala derecha", en suma: si el vínculo que une a los miembros y funcionarios de cada partido es solamente *organizativo* en vez de ser *político*, ¿en qué otra cosa pueden transformarse los partidos sino en meras corporaciones productoras de consenso, en simples mafias traficantes de influencias, en descarnados aparatos de concentración y redistribución de dinero y poder, siempre dispuestos a resignar los serpenteantes principios políticos a las rectilíneas ambiciones personales y los intereses económicos privados?

Significativamente, el congreso del Partido Justicialista de marzo de 2004, que ha marcado un punto de no retorno en la relación entre *este* PJ y el actual gobierno, no ha hecho más que confirmar estas tendencias: no se discutió allí ninguno de los temas que preocupan a la desgarrada sociedad argentina sino el reparto de poder entre las fracciones en pugna.

La corrupción y debacle de los partidos políticos en la Argentina, de la cual la supervivencia del PJ es quizá la última anacrónica expresión, es hija directa del populismo movimientista radical, primero, y peronista, después; movimientismo que llegó a incluir bajo el mismo techo partidario a adversarios que se combatían con ametralladoras, bombas Molotov y dinamita por las calles. Nada casualmente, la mención del asesinato del sindicalista peronista José Ignacio Rucci a manos de los —también peronistas— Montoneros por parte de José Manuel de la Sota constituyó el emblemático vía libre a las hostilidades en el reciente congreso justicialista y el principio del sálvese quien pueda.

¿Un proyecto mundial democrático o más nacionalismo "popular"?

Como la crisis desatada recientemente en RECREAR, marcada por el enfrentamiento entre Ricardo López Murphy y los partidos provinciales de la coalición ha demostrado, el anquilosamiento de las formas tradicionales de hacer política en la Argentina no es patrimonio exclusivo del justicialismo. En cambio, es particularmente grave en un partido en el gobierno que parece carecer de oposición efectiva y que carga en sus espaldas con esa vieja tradición peronista que comienza deslegitimando toda crítica a través de la identificación del "movimiento" con la "patria" y termina en la despectiva aplicación de los motes de "antiperonista" y "gorila" a sus opositores políticos.

No son antiperonistas quienes critican al peronismo sino quienes discuten su derecho a la existencia política, es decir: casi nadie para el día de la fecha. Si he entendido bien el significado de la palabra Democracia, quienes creemos que el saldo histórico del populismo nacionalista ha sido esencialmente negativo y, consecuentemente, consideramos que la desaparición de la centralidad política del peronismo y del radicalismo constituye una buena noticia para la sociedad argentina, tenemos derecho a expresar esta opinión sin ser perseguidos por los intolerantes de turno, con la simple condición de que respetemos el indudable derecho de peronistas y radicales a seguir organizándose y a actuar políticamente en un marco de disenso civil y democrático.

Lamentablemente, es posible que la inviabilidad de la relación entre Kirchner y el PJ impulse a algunos de los miembros del gobierno hacia el espejismo de una relación directa, no institucional, entre el presidente y sus partidarios, en otra lamentable versión de la comunión entre rey (o líder) y pueblo, de ingrata memoria. Nada hay más peligroso para el propio gobierno y para la misma gobernabilidad democrática del país, aún tambaleante después del sangriento diciembre de 2001, que esta transversalidad entendida en clave monárquico-populista.

La popularidad de que hoy gozan el presidente y sus equipos no debe hacer olvidar la altísima volubilidad de la opinión pública argentina, que suele acostarse aplaudiendo la acción de grupos revolucionarios y violentos, dormirse apoyando la llegada de los militares al poder, para despertarse —décadas después— defensora incorrupta e incorruptible de los Derechos Humanos, por supuesto, *desde la primera hora*. Incinerar líderes políticos y cualquier tipo de figura pública con el mismo entusiasmo con que minutos antes se los había encumbrado es otra de las especialidades nacionales de más difundida aceptación, y los equipos que han integrado la anterior experiencia que despertó entusiasmos e ilusiones en la sociedad argentina, desde el ex presidente De la Rúa hasta el ex ministro Cavallo, podrían brindar buenos consejos al actual *staff* de gobierno acerca de lo volátil del humor nacional.

Atrapado en la presente disyuntiva entre el abrazo mortal del PJ y la soledad política, no se ve cómo el gobierno pueda escapar del laberinto en el que se encuentra sin elevar la mirada por sobre el provincialismo de las visiones nacionalistas y populistas y sin apelar a la abundante experiencia mundial sobre la forma de estructurar democrática y racionalmente las sociedades políticas nacionales. En efecto, más allá de las diferentes modalidades locales con que el esquema centro-derecha/centro-izquierda es aplicado, no existe hoy prácticamente ninguna sociedad medianamente próspera y civil que no se base en la alternancia entre dos grandes partidos o alianzas de partidos unidas por el común respeto por las instituciones *políticas* liberal-democráticas y las *económicas* capitalistas, las cuales son —ambas— el resultado más avanzado y progresista de la modernidad social.

Un "país en serio", como el que el discurso del gobierno propone con lúcida percepción, supone también la renuncia a la manía argentina de la originalidad, es decir: el abandono de la práctica política de inventar soluciones dudosas en terrenos en los que otras de eficacia comprobada están a disposición. Un país en serio implica partidos políticos unidos por un proyecto más o menos común de sociedad y no por la inextricable tela de los intereses y favores recibidos y otorgados, o por la memoria osificada de lo que fue y ya no será. La transversalidad puede ser una buena tabla de salvación para un gobierno que opera en situación de naufragio general, siempre que no se insista en cruzar el mar con ella, en cuyo caso significará su perdición.

Por supuesto, propugnar el reemplazo de la argentinísima polarización entre radicales y peronistas por la más universal entre (centro)izquierda y (centro)derecha no obedece a un ejercicio de europeísmo o a un intento de americanización. A una década de su desaparición en el terremoto generado por *Mani Pulite*, nadie en Italia se lamenta ya por el fin de la Democracia Cristiana, el Partido Socialista o el Partido Comunista; mucho menos se considera su licuación una catástrofe para el pueblo italiano y su especificidad histórica o como una debacle de la identidad nacional. ¿Por qué habría de ser distinto en la Argentina con el radicalismo y el peronismo sino por esa persistencia de intereses mafiosos y corporativos internos que desde hace décadas empujan sistemáticamente fuera de sus fronteras a sus mejores activistas y dirigentes?

La antigua polaridad radical-peronista, que había monopolizado el campo de las alternancias políticas democráticas en la Argentina de la última mitad de siglo, no corresponde ya a ningún valor discernible y reconocible respecto de la Argentina del milenio que vendrá. Se trata ya de una simple discusión historiográfica si no de algo peor: la lucha de dos aparatos anquilosados por su supervivencia, sólo defendible a través de unas legitimidades y unas herencias que la sociedad argentina ya no les reconoce. Se trata también de una disputa entre identidades orientadas al pasado y, por ello, de una batalla tendencialmente antimoderna. La Argentina, como toda nación moderna, necesita en cambio orientar sus energías al futuro global que incumbe sin que ello implique el olvido de la memoria histórica sino su elaboración en una clave orientada a la acción. Por este motivo, se hace imprescindible enfatizar que la distinción política entre Izquierda y Derecha debería manifestarse organizativamente y no transversalmente, dado que es una distinción que sí responde a los valores que determinarán la Argentina que vendrá y su inserción en el contexto global, dos formas de nombrar la misma cosa.

Una vez finalizadas las guerras inter-institucionales argentinas ("Congreso vs. Corte Suprema", "Poder Ejecutivo vs. Partido Justicialista", "Gobernadores vs. Poder Ejecutivo", "Corte Suprema vs. Resto del mundo", etc.), versión *aggiornada* de las guerras civiles decimonónicas que dieron nacimiento a la República, y en un marco más racional de articulación de los intereses y visiones de la sociedad civil, los partidos tradicionales como el radicalismo y el peronismo deberán definir sus pautas programáticas y decidir a cuál conjunto de valores adhieren, en beneficio de la claridad, la transparencia y la honestidad. Si alguno de ellos aspira a un lugar en el escenario post-colapso, de cuya lejanía con la vieja política depende el grado de civilidad que alcanzará el país, tendrá seguramente que renunciar a sus ambiciones movimientistas, a sus sueños de comunidades armónicas imaginariamente organizadas y uniformizadas, y a las prácticas ambiguas que siguen distinguiendo, a casi tres años del trágico diciembre de 2001, a la mayoría de sus dirigentes.

¿Podrá el peronismo transformarse, como auspician muchos de sus mejores elementos, en una suerte de partido socialdemocrático argentino, a la manera del proyecto ilustrado de cierto alfonsinismo ochentista? ¿Puede Kirchner, con el instrumento para ello poderoso del control del estado nacional, acabar con los reductos del caciquismo provincial peronista, con el clientelismo anquilosado de la estructura partidaria y con la imposibilidad de autorreforma de uno de los aparatos más formidables de producción de consenso *a-cualquier-precio-y-en-cualquier-circunstancia-y-lugar* que ha forjado la historia de la Argentina? La respuesta depende enteramente de la capacidad de los dirigentes peronistas para comprender que un ciclo completo de la política argentina se ha cerrado para siempre en aquel diciembre negro, y que el siempre invocado "respeto a la gente" no es otra cosa que el respeto a las instituciones y a las reglas civiles del libre juego político democrático. En todo caso, para hacerlo deberán ir no sólo contra la tradición peronista sino contra su propio fundador, quien nunca consideró al justicialismo un partido, sino un movimiento nacional[59].

Todo no-peronista democrático debería augurarse el éxito de una transformación modernizadora del Partido Justicialista y la llegada de más funcionarios valiosos —como Roberto Lavagna y Rafael Bielsa, entre otros— al actual gobierno nacional. Todo peronista racional debería observar con espanto las actitudes autoritarias y antiinstitucionales que los líderes del PJ siguen asumiendo sin ninguna excepción, entre las cuales el gobierno por decreto de necesidad y urgencia, la afirmación: "En la Argentina, solamente el peronismo puede gobernar" y la consiguiente tendencia a convertir la interna peronista en una cuestión de estado están entre las más insoportables.

Es esperable también que, en un marco regenerado por la renovación del sistema de partidos, dirigentes políticos como Néstor Kirchner, Ricardo López Murphy, Aníbal Ibarra, Elisa Carrió, Felipe Solá, Patricia Bullrich y muchos otros referentes nacionales y provinciales que —con méritos y deméritos dispares— sobrevivieron a la hecatombe de 2001 hagan su aporte a una institucionalidad que constituye la carencia básica de la sociedad argentina, y que deberá superarlos para dar sus habituales frutos de democracia, riqueza y libertad.

[59] Por ejemplo: "El peronismo nunca ha sido un partido político, ni tampoco lo será en el futuro", de las declaraciones del general Perón del 22 de agosto de 1964.

En lo que respecta a la izquierda argentina, cuya presencia en la historia nacional ha sido —más allá de lo heroico de algunos aportes individuales— poco menos que inexistente, quienes quieran crear algo más que un mero sello partidario o aliancista harán bien en recordar las lecciones ofrecidas por la experiencia reciente, en especial, por el fracaso y la desintegración del Frepaso. En efecto, después del dramático desempeño de la Alianza radical-frepasista una vez que hubo llegado al poder, se hace imprescindible diferenciar una política progresista no sólo de las utopías revolucionarias y el recurso a las armas y de la crónica impotencia de la izquierda testimonial, sino de las ilusiones acerca de la omnipotencia del estado nacional, así como recordar que la simple oposición a una política no constituye por sí sola una política de signo contrario.

La batalla contra un modelo no genera mágicamente un proyecto. La siempre reivindicada "resistencia" suele ser, llanamente, el nombre que adopta la reacción. Sería también un gran logro si las nacientes fuerzas de una renovada izquierda en la Argentina fuesen capaces de superar el provincialismo absurdo de un país cuya condena al aislamiento por la geografía puede ser anulada hoy gracias a la revolución de los transportes y las comunicaciones, y se transformasen en agentes impulsores de un cambio democratizante en el orden global. Si hoy la fundación de instituciones democráticas mundiales se encuentra aún en el terreno de la imposibilidad y la utopía, la apertura de un debate planetario acerca de la construcción de democracia por encima del nivel nacional resulta ya perfectamente viable. Un *Forum de la Democracia Mundial* celebrado en la República Argentina aprovechando la experiencia del Forum Social Mundial de Porto Alegre constituiría un vínculo de acción concreto entre las diversas organizaciones y fuerzas democráticas y democratizantes del mundo y —además de los indudables resultados turístico-económicos que supondría— permitiría borrar la dramática imagen de la Argentina de los saqueos y el *default* que persiste en las retinas del planeta, ofreciendo el espectáculo de un país que no sólo ha vuelto de la muerte sino que quiere constituirse en modelo de apertura democrática al mundo.

La urgente necesidad de conectar el proyecto de integración económica y política regional (el Mercosur) con la experiencia desarrollada desde hace medio siglo en Europa constituye otra buena razón para reunir, en la capital de la República y bajo la luz de los reflectores de los *massmedia* globales, a las fuerzas progresistas que luchan por una democracia de escala mundial[60].

Dado que la conexión al flujo global de tecnologías, informaciones, mercancías y capitales se ha tornado una condición *a priori* del desarrollo económico y social de toda nación, la cuestión política central en todas ellas se refiere a los modos en que esta conexión tiene y tendrá lugar y no si ésta debe existir o no. Para un Tercer Mundo que quiera dejar de ser tercero, no se trata de edificar barreras proteccionistas en el Sur sino de derribar las que aún existen en el Norte y que determinan este modelo unidireccional, asimétrico y neoliberista de globalización que está siendo justamente rechazado.

Una Argentina abierta al universo no constituye de ninguna manera una traición a sus tradiciones fundantes, sino que actualiza y reivindica sus orígenes iluministas, perfectamente expresados por las invocaciones universalistas de su himno (*"Oíd mortales el grito sagrado: ¡libertad, libertad, libertad!... Y los libres del mundo responden: Al gran pueblo argentino, ¡salud!"*) y por una Constitución dictada *"para todos los hombres del mundo"*.

Los individuos y organizaciones de izquierda cuya actuación se encuentra espacialmente ubicada dentro de los límites de la República Argentina harían bien en descartar la centralidad de los paradigmas del *nation-building*, proyecto social progresista durante todo el siglo XIX y buena parte del XX estrepitosamente fracasado en los albores del XXI. Alzar la vista desde una Argentina que sigue siendo aún un "imperio inexistente", según la precisa observación de André Malraux sobre su capital, no es renunciar a la Democracia, ni al progreso, ni a los Derechos Humanos, ni a la Igualdad, sino reconocer que en una sociedad mundial la batalla por estos principios alcanza inevitablemente una dimensión global anteriormente impensable e impensada.

Si —al menos desde los '70— los proyectos de *nation-building* argentinos han fracasado estrepitosamente en manos de la "izquierda" nacionalista-débil, y si han adoptado la paradójica formulación de la "reconstrucción nacional" en la derecha (formula-

---

[60] Un proyecto concreto de realización del Forum de la Democracia Mundial en Buenos Aires 2006 ha sido recientemente elevado por la *Fundación de los Ciudadanos del Mundo* en representación de la Coalición por un Parlamento y una Democracia Mundiales al Gobierno de la Ciudad de Buenos Aires.

ción que recuerda bien el "imperio inexistente" malrauxiano y cierto tipo de tango basado en la nostalgia de lo que nunca fue), alguna razón ha de existir. Digamos, entretanto, lo que ya todos sabemos: la Argentina que "era una fiesta" (¿cuál Argentina?, cabe preguntarse. ¿Cuál fiesta? ¿La del 45?, ¿la de los '60?, ¿la de los '70?, ¿la de los '80?), según cierta "izquierda" aficionada a la mitología, ha sido casi siempre un purgatorio difícil de sobrellevar, cuando no un infierno consumado.

No se trata de aceptar —ni mucho menos de *promover*— que la Argentina sea un estado fracasado, sino más bien de reconocer con pragmatismo que el ámbito nacional es sólo uno de los niveles posibles de articulación política democrática, de prever que su importancia será decreciente en tanto la tecnología y la economía continúen su indetenible trabajo de zapa, y de considerar que en el futuro cercano no habrá democracias nacionales sin la paulatina y racional construcción de un orden democrático mundial. Desde luego, se trata también de actuar en consecuencia.

Una verdadera izquierda democrática no puede ya basarse en un proyecto progresista meramente nacional, inevitablemente destinado al fracaso. Una verdadera izquierda universalista, como partido de la Modernidad, de la Igualdad y de los Derechos Humanos, debiera partir de un proyecto global en el cual la creación progresiva de instituciones democrático-representativas mundiales constituye la parte fundamental y decisiva. Por supuesto, esto no significa sostener que todo esfuerzo en la escala nacional o inter-nacional sea inútil o dañoso, sino más bien comprender que su carácter es inevitablemente defensivo y limitado, o —para decirlo con estilo aristotélico— *necesario* pero *insuficiente* ante el avance exponencial y acelerado de la globalización económico-tecnológica.

Hoy, que los sueños revolucionarios y las utopías seculares han ido merecidamente a parar al basurero de la historia, si algún saldo indiscutiblemente positivo ha dejado la acción política de la Izquierda en el mundo, éste ha sido su decisiva contribución a la construcción institucional de sistemas democráticos en la escala nacional, proceso iniciado en la Asamblea Nacional Francesa de 1789 en la que la Izquierda recibió su nombre. Ser hoy de izquierda significa pues enfrentar el desafío que la globalización plantea: la construcción de Modernidad, Igualdad y

Derechos Humanos en el nivel supranacional que han asumido los principales procesos y sistemas en la sociedad humana finalmente mundializada.

A pesar de la confusión reinante en las fuerzas democráticas y de izquierda, básicamente derivada de la incapacidad para adecuar sus acciones políticas al contexto global creado por la economía y la tecnología, no parece haber motivos para la desesperación ni el nihilismo. La emergente Modernidad-mundo ha hecho irrupción en nuestras vidas y —por primera vez en la historia humana— el programa universalista y progresista de la izquierda democrática es económica y tecnológicamente realizable. Contra la globalización de las desigualdades, de la guerra y del terrorismo debemos oponer el programa ilustrado de la Modernidad: la mundialización de las instituciones democráticas, del estado de derecho, de la Justicia, de la Paz, del estado de bienestar y de los Derechos Humanos. Paradójicamente, el colapso del estado nacional argentino ha colocado a sus ciudadanos en una mejor situación para comprender la urgente necesidad de un orden mundial más democrático e igualitario. Si otro país no fue posible, acaso otro mundo sí lo sea.

CODA:
DOS DIGRESIONES CULTURALES

◆

a) El tango no es argentino[1]

El tango es la mejor demostración de la reductividad extrema en que se basa todo nacionalismo. El tango, ya se sabe, es "argentino". Sin embargo, el tango muere de inanición apenas se abre un espacio de más de doscientos metros entre las casas, quiero decir: el tango es una música ciudadana y no puede, por lo tanto, ser la música de un entero país, mucho menos de un país que es prácticamente un desierto. Más simplemente: el tango es la música de Buenos Aires (y no la de Córdoba o Rosario), y tiene mucho más que ver con cualquier gran ciudad del mundo (Córdoba o Rosario incluidas, para no mencionar a Montevideo y a París) que con la Quebrada de Humahuaca o la Bahía de Lapataia.

Tómese un walk-man con una casete de Troilo y concúrrase a escucharlo al Valle de la Luna, a la Pampa de Achala o a cualquier punto de la provincia de Misiones y se obtendrá una idea aproximada de la magnitud del dislate que se comete al decir: "El tango es argentino". Por nacimiento mayoritario de sus autores, compositores, directores de orquesta, cantores, músicos y acólitos, el tango no es argentino, sino *porteño*. Por las tradiciones musicales de las que bebe (africano-españolas —candombe y milonga— y cubanas —habanera—), el tono trágico y los te-

---

[1] Publicado en *BA Tango* (N° 112, Buenos Aires, junio de 2000) y en *El Farolito* (N° 2, París, julio de 2003).

mas dramáticos de sus letras (la *canzonetta* napolitana), el idioma en que se canta (siempre europeo, ¿no lo habían notado?), la proveniencia (perennemente ambigua y dudosa) de sus máximos creadores, los instrumentos con los que se toca (el bandoneón es alemán, la orquesta típica es una variante popular de la orquesta sinfónica, cuyos instrumentos son de origen mayoritariamente italianos e invariablemente europeos) y hasta por su nombre (africano), el tango es *mundial* (otra vez: no inter-nacional, sino *mundial*). Para los que insisten en confundir mundialización con McDonaldización: un legítimo hijo de la cultura global de este siglo, es decir: del siglo pasado.

Anécdota demostrativa: un músico de tango se queda afuera de un departamento en Nueva York y le pide ayuda a un chico argentino de Brooklyn, nieto de italianos, que se encontró casualmente en la escalera. El pibe sube por la escalera de incendio, entra al departamento y despierta a un cantor (¿uruguayo o francés?) para que le abra la puerta al violinista. Cuando le agradecen, el chico, que se llama Astor, anuncia al cantor, que se llama Carlos, que sabe tocar el bandoneón, cuyos misterios está desentrañando con la ayuda de un maestro húngaro. Lleno de curiosidad, el mundialmente famoso Carlos Gardel le pide a Astor Piazzolla que se toque un tanguito. ¿Qué le dice el cantor (¿uruguayo o francés?) al chico argentino descendiente de italianos y criado en Nueva York que aprendió bandoneón con el húngaro? Le dice: *"Pibe, vos tocás el bandoneón como un gallego"*[2].

En fin: que pese a la estrechez de nuestros hábitos mentales que insisten en ponerle banderitas a las cosas para identificar su proveniencia, el tango (como casi todo, por otra parte) se resiste a una definición nacional y oscila, en cambio, entre lo local y el universo. Para decirlo en un estilo papal perfectamente adecuado a Roma, el lugar en el que ocurren estas reflexiones, el tango es *urbi et orbi*. Más provocadoramente: el tango NO es argentino, no importa lo que digan —por razones deplorables— Silvio Soldán y Julio Jorge Nelson.

---

[2] La anécdota ha sido extractada de *A manera de memorias*, la bella biografía de Piazzolla que escribió Natalio Gorin.

b) Buenos Aires:
viejos rastros de una globalización periférica[1]

Sombra deshilachada   purgatorio
donde un puente que es un puente no es un puente
inmóvil frente al río inmóvil
que pardo y ancho   o de viscosa tinta china
espera detenido un tiempo que no pasa

País que pudo ser ciudad que no será testigo de derrotas previsibles
Margen de un margen

Por esa calle tampoco viene nadie
está vacío el puente   la fábrica
cerrada.
Cuáles son tus orillas Cuál tu centro
Dónde comienzan tus ruinas sin historia
Este silencio entre los hombres
cuándo acaba
En qué esquina   qué palanca   con qué fuerzas
hace girar la Cruz del Sur la madrugada

Cada galpón   o casa   aquella torre
es demasiado nueva aún para ser bella
es vieja ya para tener futuro
Apenas nació ayer
Está gastada

---

[1] "Buenos Aires: vecchie traccie di una globalizzazione periferica" y "ContraBuenosAyres" fueron escritos para *En el fondo del ojo*, reseña sobre Buenos Aires de la fotógrafa romana Roberta Vassallo presentada en Roma, Buenos Aires, Lisboa y Viena. "ContraBuenosAyres" fue también publicada en el número 101 de la revista de arquitectura *Controspazio*, junto a fotografías de Buenos Aires de la misma autora.

> *¡Ah, Buenos Aires!*
> *entre tus muros decrépitos (leprosos)*
> *es imposible ser feliz o desgraciado.*
> *Qué no daría yo por olvidar*
> *tu belleza obsoleta y escondida*
> *por escuchar mi absolución o mi condena*
> *y abandonarte*
> *buscando el rostro amado*
> *que a punto de asomar   se disipaba.*
>
> ("ContraBuenosAyres"-Fernando A. Iglesias)

Apenas se siente la fatídica palabra "globalización" nuestra mente vuela hacia imágenes de un futuro anticipado: computadoras y teléfonos celulares de última generación cuyos hilos envuelven invisiblemente el mundo, mercados financieros abiertos 24 horas sobre 24, aviones supersónicos que unen las dos riberas del Atlántico, *managers* de riguroso chaleco y maletín que asisten a convenios en los que se hablan veinte idiomas, satélites que sobrevuelan el planeta y envían mensajes herzianos, finalmente: IBM, Microsoft, OMC, pueblo de Seattle, McDonald's. En cambio, la globalización, como tantas otras cosas, tiene raíces profundas en la historia del hombre y llega lentamente, desde lejos.

Si la fuente impulsora de la mundialización de la economía, la información y la cultura es el intento, parcialmente exitoso, de abolir los costos del transporte y las comunicaciones, podemos arriesgarnos a sostener que la globalización de la civilización humana empezó cuando el primer *Homo sapiens* se hizo *Homo faber*; digamos: cuando transformó un tronco de árbol en un instrumento útil para llegar al otro lado de un río fuera de su cauce.

Hacia fines del Ochocientos y primeros años del Novecientos, un incesante río fuera de cauce de desheredados de todo el mundo se desbordó sobre las costas del río más ancho que exista, del que no fluye sino que se mueve hacia sus propias riberas, al que los conquistadores confundieron con un nuevo océano y llamaron estupefactos "Mar Dulce". Entre estos inmigrantes, muchos eran los italianos y los españoles, pero también tantos los sirio-libaneses, los judíos, los serbios, los ucranianos y armenios. Todos los rubios fueron enseguida bautizados "polacos", sin distinción entre los que venían de Varsovia con los de Kiev o Praga. Los españoles se transformaron unívocamente en gallegos. Los italianos en tanos, es decir: napoli-tanos. Para simplificar, sencillamente.

Como sostuvo Leopoldo Marechal en su *Adán Buenosayres*, si la Pampa misma era el producto geológico de la sedimentación del polvo y los detritos que el viento soplaba desde las cimas de los Andes sobre el lecho de un mar desaparecido, su ciudad capital debía obligadamente ser el producto demográfico de similares vientos aluvionales, que en aquel entonces soplaban desde el nordeste del mundo hacia su extremo sur occidental, llevando consigo las partículas fragmentadas de una humanidad enloquecida, reducida a la categoría de ganado humano por la miseria, el hambre y las guerras. Fue así como se llegó a decir que los mexicanos descendían de los aztecas y los peruanos de los incas, y los argentinos, de los barcos. Banal, pero sustancialmente verdadero.

Ya en los albores del novecientos, la "gran aldea" de Buenos Aires era la ciudad con el porcentaje más alto de extranjeros en el mundo: más de la mitad de los porteños. Mezclados promiscuamente con los descendientes de los indígenas precolombinos a los que les habían sido usurpadas las tierras, con los hijos criollos de los conquistadores y con los gauchos llegados del interior a la naciente metrópoli, los inmigrantes crearon nuevas y originales expresiones sociales y culturales, transportando hábitos y usanzas de sus tierras de origen, tomando otras de sus nuevos conciudadanos y reelaborando todo en clave propia. Para dar un modesto y querido ejemplo personal, recuerdo perfectamente a mi abuela y mis tías-abuelas —todas ellas venidas de la Galicia española— preparando ciertos "ñoquis" y "ravioles" a la gallega para la sagrada reunión dominical de la familia.

En Buenos Aires, no existía división étnica de la ciudad que resistiese. Ningún *quartier* italiano ni español. En todo caso, un porcentaje un poco más alto de judíos en el "Once" y de genoveses en la Boca, un grupo de ucranianos y armenios afincados en Palermo o algún *paese* de la Calabria trasplantado en bloque a un barrio de periferia. En los patios de los célebres conventillos, los hijos de los andaluces jugaban con los de los piamonteses y bohemios, en tanto de las piezas llegaban las voces de las madres que entonaban tarantelas, viejos *lieder* o sevillanas de ocasión. El conventillo era el lugar iniciático de la mixtura y la hibridación, una institución fundamental de lo que en otros lados llamaron *melting pot*.

¿Qué música podía resultar de una ciudad así si no el tango? ¿Qué otra *mélange* que una música de nombre africano reciclado en Andalucía, nacida de una mezcla inédita de habanera cubana, milonga de las pampas, ritmos africanos y melodías del *mezzogiorno* italiano, cuyas palabras y temas poéticos (la mujer pérfida e infiel, la madre santa y consoladora, la juventud que pasa, la emigración) recuerdan enseguida la *canzonetta* napolitana? ¿Qué música si no el tango, que se canta en un español con acentos inconfundiblemente italianos, se toca en pequeñas orquestas de cámara europeas y con un órgano portátil creado por un tal Herr Band para hacer escuchar Bach durante las misas de la campiña alemana?

No por nada el lugar de nacimiento de Carlos Gardel es aún hoy motivo de disputa entre los habitantes de Buenos Aires, Montevideo y Toulouse. Y no en vano Astor Piazzolla, quien dio un nuevo impulso al tango que agonizaba en reductos de índole geriátrica y lo lanzó a los escenarios de todo el mundo, era nieto de italianos, creció en Nueva York entre las familias de "Little Italy" y aprendió a tocar el bandoneón alemán con un maestro húngaro. Imperturbables, escuchamos decir "globalización cultural" y pensamos inmediatamente en Britney Spears, la MTV y McDonald's. ¿Y el tango, entonces?

Durante el siglo pasado, Buenos Aires pasó de sus pocos miles de habitantes a sus actuales catorce millones, y de la riqueza que venía de las pampas munificas a su presente realidad de "corralito" y "cacerolazos" para la empobrecida clase media, y de saqueos y guerras por la supervivencia entre los pobres. Quien se mantenga dentro de sus límites políticos (tres millones de habitantes entre el Riachuelo y la avenida General Paz) pensará en una ciudad no demasiado rica del Primer Mundo. Quien haga dos pasos hacia "afuera", encontrará nuevas Calcuta en muchos de sus suburbios.

Es entre estas dos realidades contradictorias que se pueden aún rescatar los rastros de una vieja globalización periférica, apenas perceptibles entre las promesas modernizantes del pasado, fatalmente incumplidas, y el presente invadido por la miseria y la frustración. Conforman hoy la historia real de esta enorme metrópoli del Sur, son piezas de la ciudad que fue y ya no será pero que se resiste a la desaparición: sobrevivientes patios de aire siciliano o catalán, viejas ruinas sin pasado ni memoria, hombres tristes con su aire criollo en el que asoman dos ojos azules que revelan la presencia de un bisabuelo croata. Son peluqueros arrancados de Madrid, panaderos y pasteleros de Catania, comerciantes de Odessa, bares y cafés que aluden un poco a Viena, un poco a Nápoles, un poco a la madre patria española. Una tierra de frontera a medio camino entre el cabo de Hornos y Europa, llevada por las corrientes marinas mucho más al sur del más profundo Sud europeo.

La entera ciudad de Buenos Aires —sus anchas calles y avenidas, sus grandes estaciones ferroviarias, sus faraónicos estadios de fútbol— ha sido construida con los restos que una historia enloquecida desparramó por estos confines del mundo. Una vez me contaron que la enorme estructura metálica de la estación Retiro estaba destinada a San Pablo, pero la tripulación del barco que la transportaba olvidó dejarla en el puerto de Santos. De esta manera, el enorme artefacto de hierro fue comprado a precio vil por la compañía inglesa de trenes y arrojado en el lugar que todavía ocupa. *Se non é vero...*

Dado que los porteños hemos devenido irrevocablemente, afortunadamente, una inextricable mezcla de razas, la arquitectura opera aquí por fragmentación y superposición. En la avenida de Mayo se está en Madrid. El obelisco de Plaza de la República —eje portante sobre el que gira el tráfico ciudadano— lleva la marca, en dimensiones cuádruples y banalizadas, de los egipcio-romanos. La plaza Dorrego de San Telmo es una fracción inconfundible de la *banlieu* parisina. La Torre de los Ingleses, un Big Ben proletario. Los docks de Puerto Madero —reciclados en salas de cine y restaurantes— pertenecen a Liverpool. El sistema de parques y avenidas sobre el que se estructura la entera ciudad y los edificios *chic* del rico norte ciudadano copian decadentemente la París inventada por Haussmann. Y así, todo.

Pero el verdadero centro simbólico de Buenos Aires y de la Argentina es sin duda la Plaza de Mayo. En su cabildo colonial fue proclamada la libertad del país respecto de los Borbones españoles. Allí, un cierto octubre de 1945 se reunieron miles de trabajadores para exigir la libertad de un militar, Juan Domingo Perón, y dieron origen al movimiento que, para bien o para mal, contradistingue mundialmente la política argentina. De los balcones de su Casa Rosada hablaban el mismo Perón y su mujer Evita al pueblo peronista. De esos balcones, que aún se asoman a la Plaza de Mayo, habló también un general borracho, Leopoldo Galtieri, para anunciar que las Fuerzas Armadas genocidas habían "recuperado" las Malvinas para dar inicio a la trágica guerra con Inglaterra. Curiosamente, la Plaza de Mayo había sido también el escenario elegido pocos años antes por las Madres para exigir la "aparición con vida" de sus hijos y el "juicio y castigo a los culpables", entre los que toda la cúpula militar dirigida por Galtieri se encontraba.

Pocos días atrás, en la Argentina del "corralito" y los saqueos, la histórica plaza fue otra vez sede de la disputa por el poder, el centro de la batalla entre manifestantes y policía, el lugar "natural" de reunión de la población que participaba en toda la ciudad y el país del "cacerolazo", y el escenario de la fuga del presidente De la Rúa, escapado en helicóptero para salvar la incolumnidad física, para decirlo suavemente.

Todas las líneas ferroviarias se vuelcan sobre el puerto de Buenos Aires con un entusiasmo que habla de la necesidad de carne y grano del Imperio británico. Al mismo tiempo, todo lo que llega del exterior a la Argentina atraviesa su puerto, sus aeropuertos internacionales, sus calles y autopistas. Como su Plaza de Mayo, Buenos Aires está destinada a ser eternamente el territorio de un intercambio y la sede de un conflicto. "Una capital que mira a Europa y se olvida del propio país", según las acusaciones esgrimidas compactamente por el resto de la Argentina. "La París de Sudamérica, vanguardia de la cultura en los confines del Polo Sur", según sus más decididos sostenedores. Cualquier parecido con la San Petersburgo, "ventana a Europa" de Pedro el Grande, es mucho más que mera coincidencia.

Fue un cierto Jorge Luis Borges el primero que dijo que Buenos Aires era la única ciudad verdaderamente europea. Según la incorregible ironía de aquel hijo de anglosajones y criollos, Roma era inconfundiblemente italiana cuanto París francesa. Berlín era sin dudas alemana. Sólo Buenos Aires merecía el cetro provisorio de esa versión reducida del cosmopolitismo universal constituido por Europa[2].

Los ojos atentos del *flâneur*, del visitante dispuesto a mirar más allá de lo evidente, de una artista como Roberta Vassallo, pueden todavía detenerse en estos detalles fragmentarios: pedazos de barracas que parecen salidos de la mano de Le Corbusier y que forman parte de un modesto galpón de la periferia, humildes casas de los barrios pobres construidas según los cánones más austeros de la Bauhaus, barcazas nacidas en quién sabe cuál armadero del mundo y acaso destinadas a los Mares del Sud, siempre esplendentes de corales, ahora naufragadas junto a su carga de visión del mundo en un Riachuelo de negra tinta china. Son astillas brownianas de un Big Bang de escala planetaria, visiones al mismo tiempo modestas y fulgurantes de un universo huidizo y deshilachado pero también lleno de sentido, fragmentos de aquella que André Malraux llamó una vez con precisión *"la capital de un imperio que no ha existido jamás"*.

De aquella Buenos Aires que el ciego Borges perdió tempranamente en las tinieblas ya queda poco. La furia de los años sesenta y setenta, que ha afeado irreparablemente todas las grandes metrópolis del mundo, tuvo un efecto deletéreo sobre una ciudad con raíces demasiado lejanas y desperdigadas, y

---

[2] Recientemente, el filme *El arca rusa* presentó esta teoría en clave rusa.

completamente devota a un futuro que soñaba luminoso y que no fue. Esparcidos aquí y allá por el viento de la historia quedan, pese a todo, los rastros fugitivos de una vieja, desgastada, claudicante, globalización periférica.

Agradecimientos

La publicación de este libro es producto de un proceso de debate e intercambio de ideas que no hubiera sido posible sin la colaboración de quienes han discutido conmigo estas ideas y me han ofrecido, pese a compartir muchas veces pocas de ellas, un espacio en el cual presentarlas. Gracias entonces a Luis Chitarroni, Juan José Sebreli, Alejandro Rozitchner, Aurelio Narvaja, Horacio González, y la gente del Foro del Bar Británico, Elvio Vitali, Troy Davis, Ken Kostyo, Jan Mortier, José Luis Ponce, Srilatha Batlilawa, Álvaro Abós, Chacho Alvarez, Juan Manuel Abal Medina (h.), Guillermo Blanco, Andrés Serbin, Marilina Estébanez, Olivier Noel, Jean Pierre Bloch, Roberta Vassallo, Daniela Preziosi, Sandro Filippini, Corrado Sannucci, Omero Ciai, Concita de Gregorio, Alessandro Ceccioni, Giampiero Rossi, Diego Antonelli, Julio Velasco, Lalla Ausiello, Nadia Batool Ahmad, Alain Blind, Didier Coernelle, y Leopold Federmair.

Bibliografía

Ackerman, Bruce
  El futuro de la revolución liberal, Barcelona, Ariel, 1995
Ahmad, Nadia (recopiladora)
  Unveiling the Real Terrorist Mind, Orlando, Xlibris, 2002
Alberdi, Juan Bautista
  El crimen de la guerra, Buenos Aires, Los Creadores, 1984
Amin, Samir
  La desconexión, Madrid, Iepala, 1988
  El capitalismo en la era de la globalización, Barcelona, Paidós, 1999
Anderson, Benedict
  Comunidades imaginadas (Reflexiones sobre el origen y la difusión del nacionalismo), DF México, Fondo de Cultura Económica, 1993
Anderson, Perry
  Consideraciones sobre el marxismo occidental, DF México, Siglo XXI, 1985
Antunes, Ricardo
  ¿Adiós al trabajo? (Ensayo sobre las metamorfosis y el rol central del mundo del trabajo), Buenos Aires, Antídoto, 1998
Archibugi, D., y Beetham, D.
  Diritti Umani e Democrazia cosmopolitica, Milano, Feltrinelli, 1997
Asamblea de la República Francesa
  Declaración de los Derechos del Hombre y el Ciudadano, 1789
Asamblea de la ONU
  Declaración Universal de los Derechos Humanos, 1948
Asamblea de Virginia
  Declaración de Derechos de Virginia, 1776

Baudrillard, J., y Morin, E.
La violencia del mundo, Buenos Aires, Libros del Zorzal, 2003
Bauman, Zygmunt
La globalización: consecuencias humanas, Buenos Aires, Fondo de Cultura Económica, 1999
En busca de la política, Buenos Aires, Fondo de Cultura Económica, 2002
Beck, Ulrich
¿Qué es la globalización? (Falacias del globalismo, respuestas a la globalización), Barcelona, Paidós, 1998
La democracia y sus enemigos, Barcelona, Paidós, 2000
Sobre el terrorismo y la guerra, Barcelona, Paidós, 2003
Benet, Stephen Vincent
Historia sucinta de los Estados Unidos, Buenos Aires, Espasa Calpe, 1955
Berman, Marshall
Todo lo sólido se desvanece en el aire, DF México, Siglo XXI, 1989
Aventuras marxistas, Madrid, Siglo XXI, 2002
Bleichmar, Silvia
Dolor país, Buenos Aires, Libros del Zorzal, 2002
Bobbio, Norberto
El problema de la guerra y las vías de la paz (Il problema della guerra e le vie della pace), Madrid, Altaya, 1998
Né con Marx né contro Marx, Roma, Riuniti, 1997
El futuro de la democracia (Il futuro della democrazia), Buenos Aires, Fondo de Cultura Económica, 1999
Bobbio N., Bossetti, G., y Vattimo, G.
La izquierda en la era del Karaoke, Buenos Aires, Fondo de Cultura Económica, 1997
Borón, Atilio A.
Tras el búho de Minerva (Mercado contra democracia en el capitalismo de fin de siglo), Buenos Aires, Fondo de Cultura Económica, 2000
Braudel, Fernand
La dinámica del capitalismo, DF México, Fondo de Cultura Económica, 1994
Bruno, A., Cavarozzi, M., y Palermo, V.
Los derechos humanos en la democracia, Buenos Aires, Centro Editor de América Latina, 1985

Buron, T., y Gauchon, P.
  Los fascismos, DF México, Fondo de Cultura Económica, 1983
Carrère d'Encausse Hélène
  Lenin, Buenos Aires, Fondo de Cultura Económica, 1999
Casullo, Nicolás (recopilador)
  El debate modernidad-posmodernidad, Buenos Aires, El Cielo por Asalto
Chávez, Hugo
  El golpe fascista contra Venezuela, Ediciones Plaza, La Habana, 2003
Chomsky, N., y Dieterich, H.
  La sociedad global, Buenos Aires, Editorial 21, 2000
Cipolla, Carlo M.
  Historia económica de la población mundial, Buenos Aires, Eudeba, 1964
CLACSO
  Los límites de la democracia I, Buenos Aires, CLACSO, 1985
  Los límites de la democracia II, Buenos Aires, CLACSO, 1985
Cohen, Daniel
  Riqueza del mundo, pobreza de las naciones, Buenos Aires, Fondo de Cultura Económica, 1998
Conferencia Internacional Americana
  Declaración Americana de los Derechos y Deberes del Hombre
Conquest, Robert
  Lenin, Barcelona, Grijalbo, 1973
Coriat, Benjamín
  Los desafíos de la competitividad, Buenos Aires, Eudeba, 1998
Dahrendorf, Ralf
  El conflicto social moderno (Ensayo sobre la política de la libertad), Barcelona, Mondadori, 1994
  La libertá che cambia, Bari, Laterza, 1994
  Reflexiones sobre la revolución en Europa, Barcelona, Emecé, 1991
Daniel, Jean
  Viaje al fondo de la nación, Santiago de Chile, Andrés Bello, 1995
Davis, Troy
  Appeal for a World Democracy, París, Desclée de Brouwer, 1998
  Por una Democracia Mundial, Barcelona, Bellaterra, 2000
De Gregorio, Concita
  Non lavate questo sangue (I giorni di Genova), Roma, Laterza, 2001

Dieterich, H., Franco, R., Peters, A., y Stahmer, C.
: *Fin del capitalismo global (El nuevo proyecto histórico)*, Buenos Aires, Editorial 21, 1998

Delannoi, Gil, y Taguieff, Pierre-André *(recopiladores)*
: *Teorías del nacionalismo*, Barcelona, Paidós, 1993

Delfaud, Pierre
: *Keynes y el keynesianismo*, Buenos Aires, Huemul, 1978

Dubash, N., Dupar, M., Kothari, S., y Lissu, T.
: *A Watershed in Global Governance*, Washington DC, World Resources Institute, 2002

Eco, Umberto
: *Cinque scritti morali*, Milán, Bompiani, 1997

Everingham, Doug
: *World Democracy*, inédito

Falk, Richard
: *La globalización depredadora*, Madrid, Siglo XXI, 2002

Faye, Jean-Pierre y de Vilaine, Anne Marie
: *La razón antisemita y su lenguaje*, Buenos Aires, Ada Korn, 1993

Fichte, Johann Gottlieb
: *Discursos a la nación alemana*, Buenos Aires, Hyspamérica, 1984

Floria, Carlos
: *Pasiones nacionalistas*, Buenos Aires, Fondo de Cultura Económica, 1998

Forrester, Vivianne
: *El horror económico (L'horreur économique)*, Buenos Aires, Fondo de Cultura Económica, 1997

Frank, Andre Gunder
: *La crisis mundial*, Barcelona, Bruguera, 1979

Frankel, Boris
: *Los utopistas post-industriales*, Buenos Aires, Nueva Visión, 1988

Freud, Sigmund
: *Consideraciones sobre la guerra y la muerte*, Barcelona, Losada, 1997

Friedman, Thomas L.
: *Tradición versus innovación*, Buenos Aires, Atlántida, 1999

Fromm, Erich
: *Tener o ser*, DF México, Fondo de Cultura Económica, 1988
: *El miedo a la libertad*, Buenos Aires, Paidós, 1996

Fukuyama, Francis
  El fin de la historia y el último hombre, Buenos Aires, Planeta, 1992
Furet, François
  El pasado de una ilusión (Ensayo sobre la idea comunista en el siglo XX), DF México, Fondo de Cultura Económica, 1996
Furet, François, y Nolte, Ernst
  Fascismo y comunismo, Buenos Aires, Fondo de Cultura Económica, 1998
Galbraith, John K.
  El dinero, Barcelona, Ariel, 1996
García Delgado, Daniel
  Estado-nación y globalización (Fortalezas y debilidades en el umbral del tercer milenio), Buenos Aires, Ariel, 1998
García Herrera, Miguel Ángel, y Letamendía, Francisco (recopiladores)
  Derechos Humanos y Revolución Francesa, Bilbao, Editora de la Universidad del País Basko, 1991
Gellner, Ernst
  Naciones y nacionalismo, Madrid, Alianza, 1988
Giddens, Anthony
  Consecuencias de la modernidad, Madrid, Alianza, 1994
  Oltre la destra e la sinistra, Bologna, Il mulino, 1997
  La tercera vía (La renovación de la socialdemocracia), Madrid, Taurus, 1998
Giddens, A., Bauman, Z., Luhmann, N., y Beck, U.
  Las consecuencias perversas de la modernidad, Barcelona, Anthropos, 1996
Giddens, A., Turner, J., y otros
  La teoría social, hoy (recopilación), Madrid, Alianza, 1990
Giussani, Pablo
  Montoneros. La soberbia armada, Buenos Aires, Sudamericana-Planeta, 1984
Glotz, Peter
  La izquierda tras el triunfo de Occidente, Valencia, Alfons El Magnánim, 1992
Gordon Childe, V.
  Los orígenes de la civilización, Buenos Aires, Fondo de Cultura Económica, 2000

Gorz, André
  Miserias del presente, riquezas de lo posible, Buenos Aires, Paidós, 1998
Goyzueta, V., y Ogier, T. (compiladores)
  Guerra e imprensa, San Pablo, Summus, 2003
Guéhenno, Jean-Marie
  El fin de la democracia (La crisis política y las nuevas reglas del juego), Barcelona, Paidós, 1993
Guillebaud, Jean-Claude
  La traición a la ilustración (Investigación sobre el malestar contemporáneo), Buenos Aires, Manantial, 1995
  La réfondation du monde, París, Seuil, 1999
Habermas, Jürgen
  Sobre Nietzsche y otros ensayos, Madrid, Tecnos, 1982
  Identidades nacionales y posnacionales, Madrid, Tecnos, 1989
  Sobre la relación entre política y moral, Buenos Aires, Almagesto, 1991
  Más allá del Estado nacional, Madrid, Trotta, 1997
Hackett, Ian J.
  The Spring of Civilization, Aylesbury, Earth Federation, 1973
Halperín Donghi, Tulio
  La larga agonía de la Argentina peronista, Buenos Aires, Ariel, 1994
Held, David
  La democracia y el orden global (Del Estado moderno al gobierno cosmopolita), Barcelona, Paidós, 1997
Herf, Jeffrey
  El modernismo reaccionario, DF México, Fondo de Cultura Económica, 1993
Hobsbawm, Eric J.
  Los ecos de la Marsellesa, Barcelona, Crítica, 1992
  Naciones y nacionalismo desde 1780, Barcelona, Grijalbo-Mondadori, 1995
  La era del capital, Buenos Aires, Grijalbo-Mondadori, 1998
  Marxismo e historia social, Buenos Aires, Treblinka, 2002
Holloway, John
  Cambiar el mundo sin tomar el poder (el significado de la revolución hoy), Buenos Aires, Herramienta, 2002

Ianni, Octavio
 Teorías de la globalización, DF México, Siglo XXI, 1996
Iglesias, Fernando A.
 República de la Tierra (Globalización: el fin de las Modernidades Nacionales), Buenos Aires, Colihue, 2000
 Twin Towers (El colapso de los estados nacionales), Barcelona, Bellaterra, 2002
 Globalizar la Democracia-Democratizar la Globalización, inédito
Infranca, Antonio
 El otro Occidente, Buenos Aires, Antídoto, 2000
Jameson F., y Žižek, S.
 Estudios Culturales (Reflexiones sobre el multiculturalismo), Buenos Aires, Paidós, 1998
Jaspers, Karl
 La razón y sus enemigos en nuestro tiempo, Buenos Aires, Sudamericana, 1977
Kant, Immanuel
 Prolegómenos, Buenos Aires, Aguilar, 1961
 Ideas para una historia universal en clave cosmopolita, Madrid, Tecnos, 1995
 Escritos sobre la filosofía de la historia, Madrid, Tecnos, 1995
 Per la pace perpetua, Roma, Riuniti, 1994 (*Por la paz perpetua*, Madrid, Tecnos, 1985)
Kets de Vries, Manfred
 Los nuevos líderes globales, Bogotá, Norma, 1999
Keynes, John Maynard
 Teoría general de la ocupación, el interés y el dinero, Buenos Aires, Fondo de Cultura Económica, 1992
Krugman, Paul
 El teórico accidental, Barcelona, Crítica, 1999
Lafargue, Paul
 Le droit à la paresse, Marcilhac-sur-Célé, Textimus, 1990
Lanús, Juan Archibaldo
 Un mundo sin orillas, Buenos Aires, Emecé, 1997
LaRouche, Lyndon
 Terror contra el estado nacional, Buenos Aires, Executive Intelligence Review, 2002
Le Monde Diplomatique
 Atlante, Roma, Il Manifesto libri, 2003

Lenin, Vladimir Illich
    Acerca del imperialismo americano, Buenos Aires, Anteo, 1985
    El imperialismo, etapa superior del capitalismo, Buenos Aires, Polémica, 1975
León, Irene, y Mtetwa, Phumi
    Globalización: alternativas GLBT, Quito, Diálogo Sur-Sur, 2003
Levi, Primo
    Se questo é un uomo (Si esto es un hombre), Barcelona, Muchnik, 1987
Livon, Gustavo
    SÍ-LOGO, inédito
Mandel, Ernest
    El capitalismo tardío, DF México, Era, 1979
Mandel, E., y Nicolaus, M.
    Debate sobre Norteamérica, Barcelona, Anagrama, 1972
Maquiavelo, Nicolás
    El príncipe, Barcelona, Losada, 1998
Marcuse, Herbert
    Eros y civilización, Buenos Aires, Sudamericana, 1985
Marshall, T. H., y Bottomore, T.
    Ciudadanía y clase social, Madrid, Alianza, 1998
Martínez González-Tablas, Ángel
    Economía política de la globalización, Barcelona, Ariel, 2000
Marx, Karl
    Introducción general a la crítica de la economía política, Carabela, sin datos
    Crítica al programa de Gotha, Pekín, Ediciones en lenguas extranjeras, sin datos
Marx, K., y Engels, F.
    Manifiesto del Partido Comunista, Buenos Aires, Catari, 1994
Mateu, Cristina (recopiladora)
    Trabajo e identidad ante la invasión globalizadora, Buenos Aires, Cinco, 2000
Mattelart, Armand
    La comunicazione globale, Roma, Riuniti, 1998
    Historia de la utopía planetaria (De la ciudad profética a la ciudad global), Barcelona, Paidós, 2000
Mendoza, P.A., Montaner, C.A., y Vargas Llosa, A.
    Manual del perfecto idiota latinoamericano, Barcelona, Plaza y Janés, 1996

Minc, Alain
 www.capitalismo.net, Buenos Aires, Paidós, 2001
Minc, A. y Nora S.
 La informatización de la sociedad, México, Fondo de Cultura Económica, 1980
Morin, Edgar
 Tierra Patria, Buenos Aires, Nueva Visión, 1999
Moynihan, Daniel Patrick
 La ley de las naciones (ensayo histórico sobre), Buenos Aires, Grupo Editor Latinoamericano, 1994
Mussa, Michael
 Argentina y el FMI (Del triunfo a la tragedia), Buenos Aires, Planeta, 2002
Nayyar, Deepak (recopilador)
 Governing Globalization (Issues and Institutions), Helsinki, UNU, 2002
Negri, Toni, y Hard, Michael
 Imperio, Buenos Aires, Paidós, 2002
Nolte, Ernst
 Después del comunismo, Buenos Aires, Ariel, 1995
Nussbaum, Martha C. (recopiladora)
 Los límites del patriotismo, Barcelona, Paidós, 1999
Nussbaum, M., Rorty, R., Rusconi, G. E., y Viroli, M.
 Cosmopolitas o patriotas, Buenos Aires, Fondo de Cultura Económica, 1997
Ornstein, Robert
 La evolución de la conciencia, Barcelona, Emecé, 1991
Ortiz, Renato
 Otro territorio, Buenos Aires, Universidad de Quilmes, 1996
 Mundialización y cultura, Buenos Aires, Alianza, 1997
 Lo próximo y lo distante, Buenos Aires, Interzona, 2003
Ostellino, Piero
 Il dubbio, Milán, Rizzoli, 2003
Paramio, Ludolfo
 Tras el diluvio (La izquierda ante el fin de siglo), Buenos Aires, Siglo XXI, 1990
Petras, James
 Globaloney (El lenguaje imperial, los intelectuales y la izquierda), Buenos Aires, Antídoto, 2000

Petrella, Riccardo
    El bien común (Elogio de la solidaridad), Madrid, Debate, 1997
    Los límites a la competitividad, Buenos Aires, Universidad de Quilmes, 1996

Petriella, Dionisio
    La doble ciudadanía en la nueva legislación italiana, Buenos Aires, Dante Alighieri, 1994

Pfaff, William
    La ira de las naciones, Santiago de Chile, Andrés Bello, 1994

Pfaller, Alfred
    Conformación social de la globalización (Hacia una agenda política redireccionada), Buenos Aires, Friedrich Ebert, 2002

Pipitone, Ugo
    El capitalismo que cambia, DF México, Era, 1986

Popper, Karl
    La sociedad abierta y sus enemigos, Barcelona, Planeta-De Agostini, 1992
    La miseria del historicismo, Buenos Aires, Alianza, 1992
    La lección de este siglo (Charlas sobre la libertad y el Estado democrático), Buenos Aires, Temas, 1998

Prigogine, Illya
    ¿Tan sólo una ilusión?, Barcelona, Tusquets

Programa de las Naciones Unidas para el Desarrollo
    Informes sobre desarrollo humano 2000, 2001 y 2002

Raurich, Héctor
    Notas para la actualidad de Marx y Hegel, Buenos Aires, Marymar, 1968

Recalde, José Ramón
    La construcción de las naciones, Madrid, Siglo XXI, 1982

Reich, Robert B.
    El trabajo de las naciones, Buenos Aires, Vergara, 1996

Revel, Jean-François
    Cómo terminan las democracias, Barcelona, Planeta, 1983
    El renacimiento democrático, Barcelona, Plaza y Janés, 1992

Ribot, Jesse
    Democratic Decentralization of Global Resources, Washington DC, World Resources Institute, 2002

Rifkin, Jeremy
    El fin del trabajo, Buenos Aires, Paidós, 1996

Rosanvallon, Pierre
    La nueva cuestión social, Buenos Aires, Manantial, 1995

Russell, Bertrand
> *Nuevas esperanzas para un mundo en transformación*, DF México, Hermes, 1953
> *Por qué no soy cristiano*, Buenos Aires, Sudamericana, 1958
> *Ensayos filosóficos*, Madrid, Alianza, 1980
> *Sociedad humana: ética y política*, Barcelona, Altaya, 1995
> *Storia della filosofia occidentale*, Milán, Editori Associati, 2000

Sagan, Carl
> *Cosmos*, Barcelona, Planeta, 1992

Salbuchi, Adrián
> *El cerebro del mundo (la cara oculta de la globalización)*, Córdoba, Del Copista, 1999

Sartre, Jean-Paul
> *Reflexiones sobre la cuestión judía*, Buenos Aires, Sudamericana, 1998

Scavino, Dardo
> *La era de la desolación*, Buenos Aires, Manantial, 1999

Scavo, Carlos E.
> *Globalización y megatimba*, Buenos Aires, LetraBuena, 1996

Schumpeter, Joseph A.
> *Diez grandes economistas: de Marx a Keynes*, Madrid, Alianza, 1990

Sebreli, Juan José
> *Tercer Mundo, mito burgués*, Buenos Aires, Siglo Veinte, 1975
> *Los deseos imaginarios del peronismo*, Buenos Aires, Legasa, 1983
> *El asedio a la modernidad*, Buenos Aires, Sudamericana, 1989
> *El vacilar de las cosas*, Buenos Aires, Sudamericana, 1994
> *Escritos sobre escritos, ciudades bajo ciudades*, Buenos Aires, Sudamericana, 1997
> *Las aventuras de la vanguardia*, Buenos Aires, Sudamericana, 2000
> *Crítica de las ideas políticas argentinas*, Buenos Aires, Sudamericana, 2001
> *Buenos Aires, vida cotidiana y alienación, seguido de Buenos Aires, ciudad en crisis*, Buenos Aires, Sudamericana, 2003

Sen, Amartya
> *Desarrollo y libertad*, Buenos Aires, Planeta, 2000

Seoane, J., y Taddei, E. (recopiladores)
    Resistencias mundiales (De Seattle a Porto Alegre), Buenos Aires, CLACSO, 2001
Serrau, René
    Hegel y el hegelianismo, Buenos Aires, EUDEBA, 1993
Shute, Stephen, y Hurley, Susan (recopiladores)
    De los derechos humanos, Madrid, Trotta, 1998
Sokal, Alan, y Bricmont, Jean
    Imposturas intelectuales, Barcelona, Paidós, 1999
Sontag, Susan
    Ante el dolor de los demás, Madrid, Alfaguara, 2003
Soros, George
    La crisis del capitalismo global (La sociedad abierta en peligro), Buenos Aires, Sudamericana, 1999
Spekke, Andrew A. (recopilador)
    Los próximos 25 años, Buenos Aires, Tres Tiempos, 1978
Steel, Ronald
    Pax americana, Barcelona, Lumen, 1970
Stiglitz, Joseph E.
    El malestar en la globalización, Buenos Aires, Taurus, 2002
Svampa, Maristella
    El dilema argentino: civilización o barbarie (De Sarmiento al revisionismo peronista), Buenos Aires, El Cielo por Asalto, 1994
Taviani, Paolo Emilio
    Cristoforo Colombo, Roma, Istituto Poligrafico, 1990
Taylor, Jim, y Wacker, Watts
    Lo que se viene y después, Buenos Aires, Granica, 1998
Thurow, Lester C.
    El futuro del capitalismo, Buenos Aires, Javier Vergara, 1996
Tivey, Leonard
    El Estado nación (recopilación), Barcelona, Península, 1987
Todorov, Tzvetan
    Nosotros y los otros, DF México, Siglo XXI, 1991
    El hombre desplazado, Madrid, Taurus, 1998
    Los abusos de la memoria, Barcelona, Paidós, 2000
Toffler, Alvin
    El shock del futuro, Barcelona, Plaza y Janés, 1974
    La tercera ola, Barcelona, Plaza y Janés, 1981
Toffler, Alvin, y Toffler, Heidi
    Las guerras del futuro, Barcelona, Plaza y Janés, 1994

Touraine, Alain
  Crítica de la modernidad, Buenos Aires, Fondo de Cultura Económica, 1994
  ¿Qué es la democracia?, Buenos Aires, Fondo de Cultura Económica, 1995
  ¿Podremos vivir juntos?, Buenos Aires, Fondo de Cultura Económica, 1997
Trímboli, Javier (compilador)
  La izquierda en la Argentina, Buenos Aires, Manantial, 1998
Vidal-Naquet, Pierre
  Los judíos, la memoria y el presente, Buenos Aires, Fondo de Cultura Económica, 1997
Wallerstein, Immanuel
  Después del liberalismo, DF México, Siglo XXI, 1996
Waterlow, Charlotte
  What is Federalism?, Londres, One World Trust, 1994
Weber, Max
  Política y ciencia (La política como profesión. La ciencia como profesión), Buenos Aires, Leviatán, 1989
Weil, Eric
  Hegel y el Estado, Córdoba, Nagelkop, 1970
Yergin, D., y Stanislaw, J.
  Pioneros y líderes de la globalización, Buenos Aires, Vergara, 1999
Zagari, A., Pérez Cancio, S., y González, A.
  Globalización (La frontera de lo político), Buenos Aires, Ediciones del Signo, 1997
Zolo, Danilo
  Cosmópolis (Perspectivas y riesgos de un gobierno mundial), Barcelona, Paidós, 2000

ÍNDICE

1. Pasado, presente y futuro de la izquierda 9

2. Aventuras de Pinocho en el país de World 25

3. Diez tesis contra la guerra perpetua 29

4. Qué significa hoy ser de izquierda 45
   Dos textos 45
   Las claudicaciones de la izquierda (a la violencia,
   al nacionalismo, al clasismo, al personalismo,
   al autoritarismo, al colectivismo, al militarismo) 47
   El partido de la Modernidad, la Igualdad
   y los Derechos Humanos 53
   La izquierda como partido de la Modernidad 55
   Las tribus de la "izquierda" 58
   ¿Victimismo colectivo o autonomía individual? 59
   Las encarnaciones del profesor Hegel 62
   La autonomía de la política 68
   Diez dimensiones de la izquierda 72

5. 11 de Septiembre: El colapso de los estados nacionales 77

6. Por un Foro de la Democracia Mundial 93

7. El cerebro zombie del mundo global 101

8. Terrores globales en el planeta-Titanic 105

9. En defensa de la Modernidad, la Globalización
   y los Estados Unidos 109

10. Reflexiones sobre la cuestión americana 121

11. Por el Mercosur a Europa 125

12. Pensar nacionalmente, actuar globalmente 129
    *El drama de la aparición
    de la primera nación global de la historia* 129

13. Una *Realpolitik* democrática y global 141
    *Algunas propuestas sobre la reforma de las
    Naciones Unidas. Hacia un orden democrático mundial* 141
    1) Unidades políticas nacionales o continentales 143
    2) Organizaciones internacionales no democráticas 143
    3) Organizaciones financieras internacionales 143
    4) Organizaciones internacionales "democráticas" 144
    5) Instituciones democráticas globales 147

14. 11 de Marzo. El hilo rojo entre Madrid y Sarajevo 153

15. Notas argentinas 157
    a) El colapso del estado nacional argentino 157
    b) El país que volvió de la muerte 163
        Discurso contra la euforia 166
        Claroscuros de una "década perdida" 173
        Sobre el "neoliberalismo" y los valores liberales 201
        Acerca de la transversalidad y el movimientismo 211
        *¿Un proyecto mundial democrático
        o más nacionalismo "popular"?* 213

Coda: Dos digresiones culturales 223
    a) El tango no es argentino 223
    *b) Buenos Aires: viejos rastros
    de una globalización periférica* 225

Agradecimientos 233

Bibliografía 235

Composición de originales
G&A Publicidad / División Publisihing

Esta edición de 4.000 ejemplares
se terminó de imprimir en
Artes Gráficas Candil S.H.,
Ing. José Estévez, 2184 Bs. As.,
en el mes de agosto de 2004.